Weiler/Schlickum
Praxisbuch Mediation

Praxisbuch Mediation

Falldokumentationen und Methodik zur Konfliktlösung

von

Eva Weiler

Rechtsanwältin und Mediatorin in München

und

Dr. Gunter Schlickum

Rechtsanwalt und Mediator in München

2., erweiterte und überarbeitete Auflage

Verlag C. H. Beck München 2012

www.beck.de

ISBN 978 3 406 62753 8

© 2012 Verlag C.H. Beck oHG
Wilhelmstraße 9, 80801 München

Druck: Nomos Verlagsgesellschaft
In den Lissen 12, 76547 Sinzheim
Satz: H. Kloos, Berlin
Gedruckt auf säurefreiem, alterungsbeständigen Papier
(hergestellt aus chlorfrei gebleichtem Zellstoff)

Vorwort zur 2. Auflage

Liebe Leserin, lieber Leser,

wir freuen uns, Ihnen die 2. Auflage unseres Buches vorstellen zu dürfen.

Durch die positive Aufnahme der 1. Auflage sehen wir uns in unserem praxisorientierten Ansatz bestätigt.

Wir haben eine gründliche Überarbeitung vorgenommen. Aktualisierungen und Ergänzungen finden sich sowohl im theoretischen wie im praktischen Teil.

Zu berücksichtigen waren wichtige Änderungen der rechtlichen Rahmenbedingungen. Das Mediationsgesetz hat die Grundsätze der Mediation in Deutschland gesetzlich verankert und die Aufgaben und Pflichten des Mediators normiert. Das Familienverfahrensgesetz hat weitere Schnittstellen zwischen Mediation und Gerichtsverfahren geschaffen.

Auch bei den Falldokumentationen gibt es Neues. Zwei Fälle sind hinzugekommen, eine außergerichtliche Wirtschaftsmediation des Kollegen Neuenhahn und eine Täter-Opfer-Mediation der Brücke München. Bei den Autoren möchten wir uns ganz herzlich bedanken.

Wir wünschen viel Freude bei der Lektüre.

München, im August 2012

Eva Weiler
Gunter Schlickum

Vorbemerkung

Liebe Leserin, lieber Leser,

Mediation ist ein Vermittlungsverfahren für Konfliktsituationen, welches in den USA entwickelt wurde und Anfang der 1980er Jahre des letzten Jahrhunderts nach Deutschland gekommen ist.

Wir wollen Ihnen zeigen, welche Möglichkeiten Mediation bietet. Das ist unserer Erfahrung nach am besten durch eine praxisorientierte Darstellung möglich. Wir haben deshalb den Falldokumentationen den größten Raum eingeräumt und die theoretischen Ausführungen mit Beispielen und Praxistipps ergänzt.

Unser Buch ist für alle gedacht, die sich näher mit Mediation vertraut machen wollen. In erster Linie wenden wir uns an Mediatoren, die an einem guten Handwerkszeug für ihre Arbeit interessiert sind. Wir wollen aber auch diejenigen ansprechen, die von Berufs wegen mit Konflikten zu tun haben und Mediation in ihre Arbeit einbeziehen möchten, sowie alle, die auf der Suche nach einer Lösung für ihr Problem sind und dafür Mediation in Betracht ziehen.

Unser Buch gliedert sich in vier Teile:

Teil 1 ist den „Basics" gewidmet. Dazu zählen die Grundlagen und Grundsätze der Mediation, die Kommunikations- und Fragetechniken. Wir hoffen, Sie stören sich nicht daran, dass wir bei unseren theoretischen Ausführungen jeweils die männliche Form (der Mediator, der Supervisor) gewählt haben, um den Text flüssig zu halten.

Teil 2 befasst sich mit den Anwendungsgebieten der Mediation und dem Beruf des Mediators.

Teil 3 ist der praktischen Seite der Mediation gewidmet, der unser besonderes Interesse gilt. Da Mediation grundsätzlich im vertrauten Rahmen abläuft und es für Interessierte nahezu unmöglich ist, live eine Mediation zu erleben, war es uns ein Anliegen, Ihnen einen „Blick hinter die Kulissen" zu ermöglichen. So können Sie die Medianden auf dem Weg zur Lösung ihrer Konflikte Schritt für Schritt begleiten.

Wir stellen Ihnen Mediationsfälle aus unterschiedlichen Bereichen vor, neben eigenen auch Fälle von Kolleginnen und Kollegen. Dafür möchten wir an dieser Stelle allen Co-Autorinnen und Co-Autoren danken. Ohne ihre Mithilfe wäre es uns nicht möglich gewesen, Ihnen ein so breites Fallspektrum vorzustellen.

Im Anhang finden Sie wichtige Dokumente und Hilfsmittel, darunter die wichtigsten Gesetze, Richtlinien und Standards für Deutschland, Österreich und die Schweiz.

Wir wünschen Ihnen viel Spaß beim Lesen!

Eva Weiler
Gunter Schlickum

Inhaltsverzeichnis

Teil 1. Theorie der Mediation

Teil 2. Praxis der Mediation

Teil 3. Falldokumentationen

Anhang

Abkürzungsverzeichnis

Abs.	Absatz
AG	Amtsgericht
Anm.	Anmerkung
AnwBl	Anwaltsblatt
AO	Abgabenordnung
Art.	Artikel
Aufl.	Auflage
Az.	Aktenzeichen
BAFM	Bundes-Arbeitsgemeinschaft für Familien-Mediation
BAföG	Bundesausbildungsförderungsgesetz
BGB	Bürgerliches Gesetzbuch
BGBl.	Bundesgesetzblatt
BGH	Bundesgerichtshof
BM	Bundesverband Mediation
BMWA	Bundesverband Mediation in Wirtschaft und Arbeitswelt e.V.
BORA	Berufsordnung für Rechtsanwälte
BRAK-Mitt.	Mitteilungen der Bundesrechtsanwaltskammer
BT	Bundestag
BVerfG	Bundesverfassungsgericht
CfM	Centrale für Mediation
DFGT	Deutscher Familiengerichtstag
DT	Düsseldorfer Tabelle
EGBGB	Einführungsgesetz zum Bürgerlichen Gesetzbuch
EheG	Ehegesetz
e. V.	eingetragener Verein
FamFG	Gesetz über das Verfahren in Familiensachen und in Angelegenheiten der freiwilligen Gerichtsbarkeit (Familienverfahrensgesetz)
FamRZ	Zeitschrift für Familienrecht
ff.	fortfolgende
GG	Grundgesetz

HausrVO . . . . . Verordnung über die Behandlung der Ehewohnung und des Hausrats (Hausratsverordnung)

InsO . . . . Insolvenzordnung

JGG . . . . Jugendgerichtsgesetz

KostO . . . . Gesetz über die Kosten in Angelegenheiten der freiwilligen Gerichtsbarkeit (Kostenordnung)

LG . . . . Landgericht

MediationsG . . Gesetz zur Förderung der Mediation und anderer Verfahren der außergerichtlichen Konfliktbeilegung

NJW . . . . Neue Juristische Wochenschrift

NJW-RR . . . . NJW-Rechtsprechungsreport

OLG . . . . Oberlandesgericht

RBerG . . . . . . Rechtsberatungsgesetz

RDG . . . . Rechtsdienstleistungsgesetz

Rn. . . . . Randnummer

RVG . . . . Rechtsanwaltsvergütungsgesetz

SGB . . . . Sozialgesetzbuch

SL . . . . Süddeutsche Leitlinien

StGB . . . . Strafgesetzbuch

StPO . . . . Strafprozeßordnung

SubvG . . . . . . Gesetz gegen die missbräuchliche Inanspruchnahme von Subventionen (Subventionsgesetz)

TOA . . . . Täter-Opfer-Ausgleich

VA . . . . Versorgungsausgleich

ZKM . . . . Zeitschrift für Konfliktmanagement

ZPO . . . . Zivilprozessordnung

Glossar

Ambivalenz	Doppelwertigkeit, Zwiespältigkeit
BATNA	Beste Alternative zur Verhandlungsübereinkunft
Beratungsanwälte	Parteiliche Anwälte zur Beratung der Medianden
Blockmediation	Mediation in einem zeitlichen Block
Brainstorming	Sammlung von Ideen und Möglichkeiten
Co-Mediation	Mediation durchgeführt von zwei oder mehr Mediatoren
Ergebnisoffenheit	Keine Vorgaben hinsichtlich der Ergebnisse einer Mediation
Fairnesskriterien	Maßstäbe für die Überprüfung der Ergebnisse auf Fairness und Gerechtigkeit
Feedback	Spiegelung von Aussagen und Wahrnehmungen
Flipchart	Verstellbare Tafel mit großen Papierbögen zum Visualisieren
Genogramm	Grafische Darstellung von Familien- und Generationenbeziehungen
Gewichtung	Reihenfolge der eigenen Konfliktthemen
Harvard-Konzept	In den USA entwickeltes Verhandlungskonzept, das zur Grundlage mediativen Verhandelns wurde
Hypothesen	Arbeitsannahmen
Interessen	Ebene hinter den Positionen, worum es im Konflikt „eigentlich" geht
Kurz-Mediation	Zeitlich komprimierte Form des Mediationsprozesses
Mediationsverein-barung	In der Mediation erarbeitete Vereinbarung zwischen den Medianden
Mediationsvertrag	Arbeitsvertrag zwischen Medianden und Mediator

Mehrparteienmediation   Mediation mit mehr als zwei Konfliktparteien
Memorandum . . . .   Protokoll der erarbeiteten Vereinbarungen
Misch-Mediation . . . .   Mediation, die aus mehr als einer Mediations-
                           form besteht

Neutralität . . . .   Ausbalancierte Haltung gegenüber allen Kon-
                           fliktparteien
Notarvertrag . . . .   Vereinbarung, die vor einem Notar geschlossen
                           wird

Optionen . . . .   Möglichkeiten und Ideen für Veränderungen
Organigramm . . . .   Grafische Darstellung von Strukturen in Organi-
                           sationen, Firmen etc.

Privatautonomie . . . . .   Teil des geschützten Rechts des Einzelnen, seine
                           Lebensverhältnisse im Rahmen des Rechts ei-
                           genverantwortlich zu gestalten

Shuttle-Mediation . . . .   Einzelgespräche mit jeder der Konfliktparteien
                           innerhalb der Mediation
Soziogramm . . . .   Grafische Darstellung von Gruppen, Teams etc.
Systemischer Ansatz . .   Ausgehen von der konstruktivistischen Annah-
                           me, dass sich Menschen ihre Wirklichkeit selbst
                           konstruieren

Team-Mediation . . . . .   Mediation mit mehr als zwei Mediatoren

Visualisieren . . . .   Sichtbarmachen von Mediationsinhalten
Vorlaufphase . . . .   Informations- und Kontaktphase vor der eigent-
                           lichen Mediation
Vor-Mediation . . . . . .   Mediation vor der eigentlichen Mediation zur
                           Klärung formeller Fragen

WATNA . . . .   Schlechteste Alternative zur Verhandlungsüber-
                           einkunft
Wertebild . . . .   Visualisierung aller materiellen und immateriellen
                           Werte aller Konfliktparteien
Window I . . . .   Arbeit mit der Autonomie und Selbstbehauptung
                           der Medianden
Window II . . . .   Arbeit mit der Wechselseitigkeit und Gemein-
                           samkeit der Medianden

Zeitmanagement . . . . .   Zeitliche Planung der gesamten Mediation

Literaturverzeichnis

Altmann, Gerhard/Fiebinger, Heinrich/Müller, Rolf
Mediation: Konfliktmanagement für moderne Unternehmen
3. Auflage 2005
Zitierweise: Mediation

Ballreich, Rudi/Glasl, Friedrich
Mediation in Bewegung
2007
Zitierweise: Mediation

Besemer, Christoph
Mediation – Vermittlung in Konflikten
1993
Zitierweise: Vermittlung

Besemer, Christoph
Mediation in der Praxis
2. Auflage 1999
Zitierweise: Praxis

Breidenbach, Stefan/Henssler, Martin (Hrsg.)
Mediation für Juristen
1997
Zitierweise: Mediation

Deutschmann, Wibke Milena
Mediation: Existenzgründung, Marketing, Kundengewinnung
2006
Zitierweise: Mediation

Dieter, Anne/Montada, Leo/Schulze, Annedore (Hrsg.)
Gerechtigkeit im Konfliktmanagement
2000
Zitierweise: Gerechtigkeit

Dietz, Hannelore
Werkstattbuch Mediation
2005
Zitierweise: Werkstattbuch

Duss-von Werdt, Josef
Homo Mediator. Geschichte und Menschenbild der Mediation.
2005
Zitierweise: Geschichte

Duss-von Werdt, Josef/Duss-von Werdt, Gisela/Mähler, Hans-Georg
Mediation: Die andere Scheidung
1995
Zitierweise: Mediation

Fisher, Roger/Ury, William/Patton, Bruce
Das Harvard Konzept
23. Auflage 2009
Zitierweise: Harvard

Friedman, Gary J.
Die Scheidungsmediation. Anleitungen zu einer fairen Trennung
1996
Scheidungsmediation

Friedmann, Gary/Himmelstein, Jack
Challenging Conflict: Mediation through Understanding
2009
Zitierweise: Challenging Conflict

Greger, Reinhard/von Münchhausen, Christine
Verhandlungs- und Konfliktmanagement für Anwälte
2010
Zitierweise: Anwälte

Greger, Reinhard
Mediation und Gerichtsverfahren in Sorge- und Umgangskonflikten.
Pilotstudie zum Vergleich von Kosten und Folgekosten
2010
Zitierweise: Pilotstudie

Haft, Fritjof/Gräfin von Schlieffen, Katharina (Hrsg.)
Handbuch Mediation
Verhandlungstechnik, Strategien, Einsatzgebiete
2. Auflage 2009
Zitierweise: Handbuch

Haynes, John M./Bastine, Reiner/Link, Gabriele
Scheidung ohne Verlierer
2002
Zitierweise: Scheidung

Haynes, John M./Mecke, Axel/Bastine, Rainer/Fong, Larry S.
Mediation – Vom Konflikt zur Lösung
2. Auflage 2006
Zitierweise: Konflikt

Henssler, Martin/Koch, Ludwig (Hrsg.)
Mediation
2. Auflage 2004
Zitierweise: Mediation

Hertel, Anita von
Professionelle Konfliktlösung - Führen mit Mediationskompetenz
2. Auflage 2008
Zitierweise: Konfliktlösung

Hohmann, Jutta/Morawe, Doris
Praxis der Familienmediation
2001
Zitierweise: Praxis

Janke, Manon
Der Täter-Opfer-Ausgleich im Strafverfahren
2004
Zitierweise: Strafverfahren

Jeckel, Ingo
Schadenswiedergutmachung gem. § 46a Nr. 2 StGB über anwaltliche
Schlichtungsstellen
2003
Zitierweise: Schadenswiedergutmachung

Jost, Peter-J.
Strategisches Konfliktmanagement in Organisationen
2. Auflage 1999
Zitierweise: Konfliktmanagement

Joussen, Jacob / Unberath, Hannes
Mediation im Arbeitsrecht
2009
Zitierweise: Mediation

Kaspar, Johannes
Wiedergutmachung und Mediation im Strafrecht
2004
Zitierweise: Wiedergutmachung

Köper, Roman
Die Rolle des Rechts im Mediationsverfahren
2003
Zitierweise: Mediationsverfahren

Lembke, Mark
Mediation im Arbeitsrecht – Grundlagen, Techniken, Chancen
2001
Zitierweise: Mediation

Nothhafft, Susanne
Partizipation durch Mediation
2004
Zitierweise: Partizipation

Oboth, Monika / Weckert Al
Mediation für Dummies
2011
Zitierweise: Mediation

Ponschab, Reiner / Schweizer, Adrian (Hrsg.)
Schlüsselqualifikationen
2008
Zitierweise: Schlüsselqualifikationen

Reitemeier, Jürgen
Mediation und Streitschlichtung
2. Auflage 2001
Zitierweise: Mediation

Rosenstiel, Lutz von
Grundlagen der Organisationspsychologie
7. Auflage 2011
Zitierweise: Organisationspsychologie

Seybold, Jan
Mediation und gerichtliches Verfahren
2009
Zitierweise: Mediation

Ten Siedhoff, Hellmuth J.
Mehr Erfolg durch soziales Handeln
1996
Zitierweise: Erfolg

Tomm, Karl
Fragen des Beobachters
Schritte zu einer Kybernetik zweiter Ordnung
5. Auflage 2009
Zitierweise: Fragen

Zeitschriften:

Anwaltsblatt (AnwBl)
Herausgeber: Deutscher Anwaltverein

BRAK Mitteilungen
Herausgeber: Bundesrechtsanwaltskammer

Spektrum der Mediation

ZKJ
Zeitschrift für Kindschaftsrecht und Jugendhilfe

ZKM
Zeitschrift für Konfliktmanagement

Teil 1. Theorie der Mediation

I. Idee und Geschichte der Mediation

Die Idee, Konflikte durch Einschaltung eines neutralen Vermittlers zu lösen, ist sehr alt. Verhandlungen und Vermittlungen zur Lösung von Konflikten gab es lange vor der Entstehung staatlicher Organisationsformen und materieller Rechtsnormen.[1] Die Geschichte der Mediation lässt sich über 2000 Jahre zurückverfolgen. Dabei treten zwei Kerngedanken hervor: Vermittlung und Ausgleich.

Der **Vermittlungsgedanke** lässt sich bereits vom Wortursprung her ableiten. Das griechische „*medos*" bedeutet so viel wie „vermittelnd, unparteiisch, neutral, keiner Partei angehörend".[2] Der lateinische Ursprung lässt sich auf „*mederi*" zurückführen. Das Wort „*mediatio*" stellt eine Ableitung davon dar. Der Mediator ist demnach eine „Mittelsperson".[3]

Der Vermittlungsgedanke wurde nach dem Zerfall des Römischen Reiches in Europa zu einer wesentlichen Grundlage des Rechts. Vermittlungsverfahren spielten besonders bei der Beilegung von Handelskonflikten zeitweise eine wichtige Rolle.[4]

Mit dem Aufkommen der europäischen Nationalstaaten setzte eine zunehmende Verrechtlichung ein, die mit einer Abkehr vom Vermittlungsgedanken einherging. Mit der Durchsetzung der Rechtsstaaten wurde das Recht zur Grundlage der Verhandlung.[5]

Der **Ausgleichsgedanke** zielt auf einen Interessenausgleich zwischen den Konfliktparteien. Der Ausgleich kann z. B. in Schadensersatz- und sonstigen Kompensationsleistungen bestehen. Ausgleichsregeln gab es bereits im alten Babylon. Im römischen Reich war nach dem Codex Diokletian ein Ausgleich zwischen Täter und Opfer vorgesehen, auch bei Kapitalverbrechen. Ausdrücklich ausgenommen war der Ehebruch.[6]

Später bildete sich das Rechtsinstitut der „Transactio" heraus: Der Verpflichtung des Täters, der Opferseite ein Sühnegeld zu zahlen, stand die

---

[1] *Hehn*, in Haft/Schlieffen, Handbuch, S. 176.
[2] *Duss-von-Werdt*, Mediation, S. 13.
[3] *Hehn*, in Haft/Schlieffen, Handbuch, S. 178.
[4] *Hehn*, in Haft/Schlieffen, Handbuch, S. 178.
[5] *Hehn*, in Haft/Schlieffen, Handbuch, S. 178.
[6] *Hehn*, in Haft/Schlieffen, Handbuch, S. 183.

Verpflichtung der Opferseite gegenüber, von einer Anklage gegen den Täter Abstand zu nehmen.[7]

Die **Geschichte** kennt viele Konfliktfälle, die im Wege der Vermittlung gelöst wurden. Das bekannteste Beispiel ist der **Westfälische Friede** von 1648. Damals sollte der 30-jährige Krieg beendet werden, der 1618 in Böhmen begonnen hatte und schließlich ganz Mitteleuropa überzog. Der Krieg führte zu einer fast völligen Erschöpfung aller Krieg führenden Parteien. Nach und nach wurde klar: keine Seite würde einen endgültigen Sieg erringen können.

Eine zentrale Rolle spielte der Vermittler *Alvise Contarini*, am 25. April 1597 in Venedig als Sohn eines Patriziers geboren. Ihm eilte der Ruf eines besonderen Verhandlungsgeschicks voraus. Auf welche Weise *Contarini* sich seine Fertigkeiten angeeignet hatte, ist nicht bekannt. Fest steht, dass er vorher diplomatisch in den Niederlanden, in England, in Frankreich, am päpstlichen Hof und in Konstantinopel vermittelnd tätig war. Seit 1623 war er im diplomatischen Dienst seiner Vaterstadt tätig und hatte sich bereits beim Friedensschluss im Krieg zwischen England und Frankreich im Jahre 1629 als erfolgreicher Vermittler erwiesen.[8]

Anfang August des Jahres 1643 machte sich *Contarini* auf den Weg ins westfälische Münster. Strikte Unparteilichkeit war sein erklärtes Prinzip. Er wurde von allen als unabhängiger Vermittler geschätzt und akzeptiert.

Unermüdlich empfing er die Parteien, um deren Schriftsätze und mündlichen Erläuterungen entgegenzunehmen. Unter *Contarini* bildeten sich in Münster bestimmte Formen und Spielregeln des Verhandelns heraus, die für den diplomatischen Gebrauch lange verbindlich blieben. Betroffen waren Fragen der Verhandlungstechnik und der Verhandlungssprache sowie der Rechte und Funktionen der Vermittler.[9]

Am 24. Oktober 1648, nach nahezu fünf Jahren mühevoller Vermittlung kam es zum endgültigen Friedensschluss.

In der Einleitung des Friedensvertrages von Münster heißt es, dass der Vertrag zwischen den Konfliktparteien zustande gekommen sei „*durch Vermittlung und Mühewaltung des hoch- und wohlgeborenen venezianischen Gesandten und Senators, Herrn Alvise Contarini, Ritters, der das Amt des Mittlers (Mediators) ohne Parteilichkeit nahe ganze fünf Jahre ausgeübt hat*".[10]

Contarinis Leistung fand nicht nur in seiner ausdrücklichen persönlichen Erwähnung im Vertragstext Niederschlag, sondern auch dadurch, dass sein

---

[7] *Hehn*, in Haft/Schlieffen, Handbuch, S. 184.

[8] *Schwartz*, Ein Beitrag zur Geschichte der Mediation in Europa, http://himev.de/htm.

[9] *Schwartz*, Ein Beitrag zur Geschichte der Mediation in Europa, http://himev.de/htm.

[10] *Schwartz*, Ein Beitrag zur Geschichte der Mediation in Europa, http://himev.de/htm.

Portrait, gemalt von *Jan Baptista Floris* aus Antwerpen (1617–1655), schon kurz nach Unterzeichnung der Verträge im Friedenssaal des Rathauses in Münster neben den Portraits der 35 bedeutsamsten „Friedensstifter" Aufnahme fand.[11]

Das Wirken *Contarinis* hat lange Zeit das Bild des Mediators bestimmt. In der „Real-Encyclopädie der gebildeten Stände", 1822 von *Brockhaus* herausgegeben, ist unter dem Stichwort „Mediateur" zu lesen:

„Im Völkerrechte eine vermittelnde Macht, welche durch gütliche Unterhandlung den bevorstehenden oder schon ausgebrochenen Krieg zwischen andern Mächten mit deren Einwilligung friedlich zu schlichten bemüht ist."[12]

Die **Wiederentdeckung der Mediation** fand in den USA statt.

Die Geschichte der modernen Mediation begann mit der US-amerikanischen ADR-Bewegung (engl.: Alternative Dispute Resolution = alternative Konfliktlösung) in den späten 1960er Jahren des letzten Jahrhunderts. Damals wurde der Grundstein für das Konzept der Mediation in seiner heutigen Form gelegt.

Neue Konfliktlösungswege wurden besonders auf Rechtsfeldern erprobt, die nicht zum klassischen Bereich gerichtlicher Streitentscheidung gehörten: Umweltkonflikte und kollektive Arbeitskonflikte.

Die Erfahrungen mit gerichtlichen Streitverfahren auf diesen Rechtsfeldern waren oft wenig befriedigend. Die Komplexität der Konflikte zwischen Bürger, Verwaltung, Politik und Wirtschaft hatte sich immer weiter erhöht. Die Ergebnisse der Gerichtsverfahren konnten von den Beteiligten ohne besondere Sachkenntnisse kaum mehr nachvollzogen werden. Oft wurden nach jahrelangen Rechtsstreitigkeiten nur neue Konflikte aufgeworfen, die alten Probleme aber blieben ungelöst.[13]

Als erstes Mediationsverfahren im heutigen Sinn gilt das **Snoqualmie River Dam Verfahren** 1973/74. Dabei ging es um den Bau eines Staudamms am Snoqualmie River im US-Bundesstaat Washington. Das Projekt war Gegenstand eines 15 Jahre dauernden Streits. In einem viel beachteten Modellprojekt wurde der Versuch unternommen, den Streit einer außergerichtlichen Lösung zuzuführen. Als Konfliktvermittler agierten zwei Mediatoren, *Gerald W. Cormick* und *Jane McCarthy*. Die Finanzierung wurde von den beiden großen US-amerikanischen Stiftungen, der Rockefeller- und der Ford-Foundation, übernommen. An dem Verfahren waren Landwirte, Nachbarschaftsinitiativen, Umweltgruppen und Sportverbände, Behörden

---

[11] *Schwartz*, Ein Beitrag zur Geschichte der Mediation in Europa, http://himev.de/htm.

[12] *Schwartz*, Ein Beitrag zur Geschichte der Mediation in Europa, http://himev.de/htm.

[13] *Hehn*, in Haft/Schlieffen, Handbuch, S. 187.

und Vertreter der Industrie beteiligt.[14] Die Konfliktvermittler beschränkten ihre Arbeit auf den Verhandlungsprozess und enthielten sich jeder Stellungnahme zu den Verhandlungsinhalten.[15] Es gelang ihnen, das Verfahren mit einer von allen Beteiligten akzeptierten Lösung abzuschließen.

Mit dieser erfolgreichen Durchführung eines konsensorientierten Verhandlungsprozesses mit Hilfe von Vermittlern begann der „Siegeszug" der Mediation in den USA. In den ersten zehn Jahren nach der Snoqualmie River Dam Mediation wurden in den USA bereits 161 Mediationen durchgeführt, 115 davon betrafen Standortkonflikte. 79 Prozent dieser Standortkonflikte konnten mit einer Übereinkunft beigelegt werden. 1984 wurden die ersten staatlichen Büros für Mediation gegründet.

Den ansonsten durchaus verschiedenen Verfahren waren einige wichtige Merkmale gemeinsam:
– Verhandlungsunterstützung durch einen neutralen Dritten,
– Ziel einer fairen Lösung,
– Interessenorientiertes Verhandeln,
– Teilnahme aller am Konflikt Beteiligten,
– Freiwilligkeit der Teilnahme.

Die ADR-Bewegung weckte das Interesse der Wissenschaft. Alternative Verfahren wurden zum Gegenstand wissenschaftlicher Untersuchungen. Forscher der Harvard University beschäftigten sich mit interessenorientierten Verhandlungsmethoden. Sie untersuchten und prüften verschiedene Modelle und Strategien. Das Ergebnis war das 1971 veröffentlichte **Harvard-Konzept**,[16] eine Anleitung zur sachlichen und interessenorientierten Verhandlungsführung, das bis heute als wichtige theoretische Grundlage der Mediation gilt.

Der Verhandlungsbegriff differenzierte sich zunehmend. Es wurde unterschieden zwischen
– „unassisted negotiation" und
– „assisted negotiation".

Für Verhandlungen mit Hilfe eines Vermittlers entwickelte sich die Unterteilung in
– Nonbinding arbitration
  Verhandlungen mit Unterstützung eines neutralen Schiedsrichters, der einen Vorschlag unterbreitet,
– Faciliation
  Verhandlungen mit Unterstützung eines neutralen, passiven Konfliktvermittlers, und
– Mediation
  Verhandlungen mit Unterstützung eines aktiven Konfliktvermittlers.

---

[14] *Hehn*, in Haft/Schlieffen, Handbuch, S. 187.
[15] *Hehn*, in Haft/Schlieffen, Handbuch, S. 189.
[16] *Fischer/Uri/Patton*, Harvard, S. 37 ff.

Die Idee der Mediation hat sich in den USA weitgehend durchgesetzt. Inzwischen sind mediative Verfahren im Rechtssystem vieler US-Staaten gesetzlich verankert.[17] In zahlreichen Verfahrensordnungen ist vorgeschrieben, zuerst ein außergerichtliches Mediationsverfahren durchzuführen bevor der Gang zu den Gerichten möglich ist.[18]

Über die USA kehrte die Mediationsidee in den 1980er Jahren des letzten Jahrhunderts nach Europa zurück, wo einst ihre Wiege stand.

II. Grundsätze der Mediation

Mediation ist ein Prozess zur Konfliktlösung, der auf folgenden Prinzipien basiert:
1. Freiwilligkeit;
2. Eigenverantwortung der Konfliktparteien;
3. Offenlegung;
4. Vertraulichkeit;
5. Neutralität des Mediators.

1. Freiwilligkeit

Die Teilnahme an einer Mediation ist grundsätzlich freiwillig. Dieser Aspekt ist zentraler Bestandteil des Mediationsbegriffs.

Das Mediationsgesetz beschreibt die Mediation als ein *„vertrauliches und strukturiertes Verfahren, bei dem Parteien mit Hilfe eines oder mehrerer Mediatoren freiwillig und eigenverantwortlich eine einvernehmliche Beilegung ihres Konflikts anstreben“.*[19]

Die Richtlinien der BAFM[20] betonen, dass die Mediation „von allen Beteiligten, auch vom Mediator/von der Mediatorin, jederzeit beendet werden" kann.

Das Prinzip der Freiwilligkeit bezieht sich auf
1. die Teilnahme der Parteien an der Mediation,
2. die jederzeitige Beendigungsmöglichkeit der Mediation durch die Medianden,
3. die jederzeitige Beendigungsmöglichkeit durch den Mediator,
4. die Freiwilligkeit, eine Vereinbarung abzuschließen.

---

[17] *Hehn*, in Haft/Schlieffen, Handbuch, S. 190.
[18] *Hehn*, in Haft/Schlieffen, Handbuch, S. 190.
[19] § 1 Abs. 1 MediationsG.
[20] Richtlinien BAFM II, 3 (1).

In der Literatur wird verstärkt diskutiert, ob der Grundsatz der Freiwilligkeit hinsichtlich Ziffer 1 aufgegeben werden sollte. Nach *Ansgar Marx*[21] hat eine in den USA durchgeführte Evaluation ergeben, dass auch angeordnete Mediationen erfolgreich sind. Ein großer Teil der Medianden in richterlich angeordneten Mediationen habe diese positiv erlebt und sich dankbar gezeigt, dass auf diesem Weg eine Einigung erzielt werden konnte. Die ursprüngliche Annahme, dass nur eine von den Medianden gewollte Mediation zum Erfolg führe, ist nach Marx widerlegt.

Die führenden Verbände BAFM, BM, und BMWA lehnen angeordnete Mediationen weiterhin ab. Vom Gericht angeordnete Informations- oder Beratungsgespräche über Mediation, wie sie etwa im Familienverfahrensgesetz vorgesehen sind,[22] werden hingegen befürwortet.[23]

Bei der Mediation durch Güterichter (Fall 9 und Fall 10) hat der Konflikt bereits das Stadium einer gerichtlichen Auseinandersetzung erreicht. Eine Partei hat sich dafür entschieden, ihren Konflikt vor Gericht klären zu lassen, und eine Klage eingereicht. Kommt der zuständige Richter zu dem Ergebnis, dass der Konflikt für eine Mediation geeignet ist, kann er den Fall an einen als Mediator ausgebildeten Güterichter überweisen. Dieser wird dann die Parteien anschreiben und sie bitten, ihm mitzuteilen, ob sie an einer Mediation teilnehmen möchten. Ähnlich ist die Situation beim Täter-Opfer-Ausgleich (Fall 11 und Fall 12), wenn dieser von der Staatsanwaltschaft oder dem Gericht angeregt wird.

In allen diesen Fällen bleiben die Parteien in ihrer Entscheidung formal frei. Es ist aber davon auszugehen, dass die Entscheidung für eine Teilnahme an der Mediation auch mit Blick darauf erfolgt, dass im Falle einer Ablehnung Nachteile befürchtet werden.

Die Erfahrung zeigt, dass auch die Mediationen, auf die sich die Parteien zunächst nicht ganz freiwillig eingelassen haben, meistens erfolgreich sind. Zu erwarten ist, dass die Parteien eines Gerichtsprozesses künftig stärker dazu angehalten werden, an einer Mediation teilzunehmen. Das Familienverfahrensgesetz (FamFG) sieht dafür verschiedene Möglichkeiten vor. In Scheidungsverfahren kann das Gericht die Parteien dazu verpflichten, an einem Informationsgespräch über Mediation oder eine sonstige Form der außergerichtlichen Streitbeilegung teilzunehmen.[24] In Kindschaftssachen, die den Aufenthalt des Kindes, das Umgangsrecht oder die Herausgabe des

---

[21] *Marx*, Das Prinzip der Freiwilligkeit in der Mediation, ZKM 2010, 132.
[22] §§ 135, 156 FamFG.
[23] *Lack-Strecker*, Überlegungen zur „Freiwilligkeit" in der obligatorischen Trennungs- und Scheidungsmediation, ZKJ 2010, 380.
[24] § 135 Abs. 1 FamFG.

Kindes betreffen, kann das Gericht anordnen, dass die Eltern an einer Beratung teilnehmen.[25]

In der Schweiz sind die Schnittstellen zwischen Mediation und Gerichtsverfahren durch die 2011 in Kraft getretene Gesamtschweizerische Zivilprozessordnung neu geregelt worden. Vorbehaltlich gewisser Ausnahmen ist vor dem Gang zu Gericht ein Schlichtungsverfahren durchzuführen. Den Parteien steht es frei, sich anstelle des staatlichen Schlichtungsverfahrens auf eine Mediation zu einigen.[26]

2. Eigenverantwortlichkeit

Nach den Richtlinien der BAFM[27] nehmen die Parteien im Mediationsprozess ihre Interessen und Bedürfnisse selbst wahr und vertreten sie in angemessener Weise. Dies wird mit dem Begriff „Eigenverantwortlichkeit" umschrieben.

Dafür ist Voraussetzung, dass die Parteien für sich selbst eintreten, d. h. ihre Sichtweise darstellen und Entscheidungen treffen können.

Manchmal fühlt sich ein Ehepartner dem anderen nicht gewachsen, z.B. weil dieser in geschäftlichen Dingen erfahrener ist. Sofern der Wille vorhanden ist, für sich selbst einzutreten und zusammen mit dem Mediator den Mediationsprozess zu durchlaufen, spricht nichts gegen die Durchführung einer Mediation.

Falls die Konfliktparteien aber erwarten, dass der Mediator für sie das Problem lösen wird und sie lediglich bei den Sitzungen anwesend sein müssen, fehlt es an der Eigenverantwortlichkeit der Parteien.

Praxistipp: Es kommt immer wieder vor, dass eine in geschäftlichen Dingen unerfahrene Partei zu Beginn einer Mediation Zweifel hat, ob sie in der Lage ist, ihre Interessen eigenständig wahrzunehmen. In einem solchen Fall kann es hilfreich sein, dass Sie als Mediator anbieten, dafür zu sorgen, dass jeder ausreichend Platz für seine Überlegungen und Wünsche bekommt. Ferner können Sie darauf hinweisen, dass auch Sie als Mediator sich erst in den Sachverhalt einarbeiten müssen.
Falls eine Partei äußert, dass ihr dies zu wenig sei und sie lieber einen Interessenvertreter, z.B. in Form eines Rechtsanwalts, hätte, sollten Sie nicht darauf insistieren, dass Mediation die bessere Methode zur Konfliktlösung sei. Meist haben die Konfliktparteien ein gutes Gespür dafür, was sie sich zumuten können.

---

[25] § 156 FamFG.
[26] Art. 117 ff. und Art. 213 ff. ZPO Schweiz.
[27] Richtlinien BAFM II, 3 (3).

3. Offenlegung

Um eigenverantwortlich zu entscheiden, benötigen die Parteien sämtliche, für die Lösung des Konflikts notwendigen Informationen. *Gary Friedman*[28] weist zu Recht darauf hin, dass es bei gerichtlichen Verfahren juristische Schutzmaßnahmen, wie z.B. eidesstattliche Erklärungen gibt, die abgegeben werden müssen, wenn eine Konfliktpartei Zweifel an der Richtigkeit der Aussage der anderen Partei hat. In der Mediation gibt es keine derartigen Schutzmechanismen. Die Parteien verpflichten sich freiwillig zur Offenlegung ihrer Informationen.

Friedman unterscheidet zwischen „harten" und „weichen" Informationen. Bei ersteren handelt es sich um Fakten, also z.B. Auskünfte über Einkommen und Vermögen. „Weiche" Informationen sind für *Friedman* solche, die Wünsche und Zukunftspläne betreffen.

Die Richtlinien der BAFM führen dazu aus:

„*Jeder Partner muss ausreichend Gelegenheit haben, sämtliche Informationen, die entscheidungserheblich sind, in ihrer Tragweite zu erkennen und zu gewichten, damit sich jeder der Konsequenzen seiner Entscheidung voll bewusst ist*".[29]

Dies setzt die beiderseitige Bereitschaft zur Offenlegung aller relevanten Daten und Fakten voraus. Der Mediator hat darauf zu achten, dass die Konfliktparteien einander die erforderlichen Informationen zur Verfügung stellen.

Praxistipp: Sollte sich bereits beim Erstgespräch abzeichnen, dass eine Partei es nicht einsieht, Auskunft zu erteilen, so können Sie diese unter Umständen mit der Frage gewinnen: „*Was meinen Sie, wie es weitergeht, wenn Sie Ihrem Konfliktpartner keine Auskunft erteilen werden und damit keine Mediation durchgeführt werden kann?*" Eigentlich müsste die Einsicht entstehen, dass, gleich in welchem Verfahren der Konflikt bearbeitet wird, es immer eine Pflicht zur Offenlegung geben wird.

Wenn sich eine Partei nicht auf das Prinzip der Offenlegung einlässt, muss die Mediation beendet werden.

4. Vertraulichkeit

Der Mediationsprozess ist vertraulich. Die Vertraulichkeit dient dem Schutz jeder Partei. Sie ist Grundlage dafür, dass ein gutes Verhandlungsklima entstehen kann. Die Parteien sollen sicher sein können, dass Informationen, die sie während der Mediation offenbaren, vor Missbrauch ge-

---

[28] *Friedman*, Scheidungsmediation, S. 33.
[29] Richtlinien BAFM II, 3 (4).

schützt sind. Dies ist besonders für den Fall des Scheiterns der Mediation bedeutsam. Im Fall eines späteren Gerichtsverfahrens soll die Ausgangslage der Parteien nicht deswegen zulasten einer Seite verschlechtert werden, weil diese in der Mediation Informationen von sich preisgegeben hat.

Die Richtlinien der BAFM[30] enthalten folgenden Passus:

„Alle Parteien verpflichten sich, im Rahmen der gesetzlichen Möglichkeiten keine Informationen und Kenntnisse aus dem Prozess ohne ausdrückliche Zustimmung aller Beteiligten weiterzugeben. Die Zustimmung wird bei der Konsultation von Anwälten und Experten im Rahmen des Mediationsprozesses und bei der Supervision unterstellt."

Der Grundsatz der Vertraulichkeit gilt für Mediator und Medianden gleichermaßen.

Für den Mediator bedeutet dies, dass er alle Informationen, die er von den Parteien zur Durchführung des Mediationsverfahrens erhält, vertraulich behandeln muss. Er hat Stillschweigen gegenüber allen außen stehenden Personen zu bewahren, außer gegenüber denjenigen, die mit in den Mediationsprozess einbezogen werden, wie z.B. Sachverständige oder Beratungsanwälte.

Besonders wichtig ist die Vertraulichkeit, wenn der Mediator Einzelgespräche mit jeweils einer Seite führt. Das, was dem Mediator in einem Einzelgespräch offenbart wird, steht, auch wenn dies nicht ausdrücklich betont wird, immer unter dem Schutz der Vertraulichkeit.

Nähere Ausführungen dazu finden sich im nächsten Kapitel (III, 3).

5. Neutralität

Der Mediator übernimmt die Aufgabe des neutralen Vermittlers. Er wird für alle Konfliktparteien tätig und dient allen gleichermaßen. Dies wird ausdrücklich im Mediationsvertrag festgeschrieben.

Die Neutralität des Mediators setzt dessen äußere und innere Unabhängigkeit voraus, sowohl in Bezug auf die Parteien, wie auch im Hinblick auf das Ergebnis.

Die Arbeit des Mediators steht und fällt mit dessen Neutralität. Dieser Aspekt ist von allergrößter Wichtigkeit und wird deshalb im nachfolgenden Kapitel (III, 2) weiter ausgeführt.

---

[30] Richtlinien BAFM II, 3 (5).

III. Die Rolle des Mediators

1. Prozessleitung

Der Mediator ist der „Dritte im Bunde". Er ist am Konflikt unbeteiligt und hilft den Konfliktparteien,
– das Feld für die Verhandlungen abzustecken,
– ihre Interessen und Bedürfnisse darzustellen,
– Optionen für eine Lösung zu entwickeln und
– zu einer abschließenden Vereinbarung zu gelangen.
In § 2 Abs. 3 MediationsG heißt es: „Der Mediator ist allen Parteien gleichermaßen verpflichtet. Er fördert die Kommunikation der Parteien und gewährleistet, dass die Parteien in angemessener und fairer Weise in die Mediation eingebunden sind (...)".

Der Mediator ist mehr als ein Moderator. Er sorgt nicht nur für die Einhaltung der Regeln, sondern steuert auch den Prozess der Konfliktlösung. Dazu bedient er sich verschiedener Kommunikations- und Fragetechniken, die an späterer Stelle dargestellt werden.

2. Allparteilichkeit

Die Haltung des Mediators wird gerne mit dem Wort **Allparteilichkeit** umschrieben. Dieser Begriff aus der Systemtheorie meint einen unterstützenden Kontakt zu allen Konfliktparteien.

Der Mediator wendet sich den Medianden in einer verständnisvollen Weise zu. Die auch als Empathie bezeichnete Fähigkeit, sich in den anderen hineinzuversetzen, gehört zu den wichtigsten persönlichen Voraussetzungen eines Mediators.

Mangels hoheitlicher Autorität ist der Mediator darauf angewiesen, von den Parteien als neutraler Dritter respektiert zu werden. Die Neutralität des Mediators ist für *Gary Friedman* das „Herz der Mediation".[31]

Um neutral sein zu können, muss der Mediator unabhängig sein. Er darf keiner Seite besonders verbunden oder gar von einer Seite abhängig sein, weder wirtschaftlich noch persönlich.

Der von der EU-Kommission initiierte, 2004 verabschiedete, Europäische Verhaltenskodex[32] enthält folgende Regelung:

„Der Mediator darf seine Tätigkeit nicht wahrnehmen bzw., wenn er sie bereits aufgenommen hat, nicht fortsetzen, bevor er nicht alle Umstände, die seine Unab-

---

[31] *Friedman*, Scheidungsmediation, S. 28 .
[32] European Code of Conduct, 2.1.

hängigkeit beeinträchtigen oder zu Interessenkonflikten führen oder den Anschein eines Interessenkonflikts erwecken können, offen gelegt hat. Die Offenlegungspflicht besteht im Mediationsprozess zu jeder Zeit. Solche Umstände sind eine persönliche oder geschäftliche Verbindung zu einer Partei, ein finanzielles oder sonstiges direktes oder indirektes Interesse am Ergebnis der Mediation oder eine anderweitige Tätigkeit des Mediators oder eines Mitarbeiters seiner Firma für eine der Parteien. In solchen Fällen darf der Mediator die Mediationstätigkeit nur wahrnehmen bzw. fortsetzen, wenn er sich sicher ist, dass die vollkommene Unparteilichkeit gewährleistet ist, und wenn die Parteien ausdrücklich zustimmen."*

Umstände, die seiner Beauftragung entgegenstehen könnten, hat der Mediator zu offenbaren. In § 3 MediationsG heißt es:

„(1) Der Mediator hat den Parteien alle Umstände offenzulegen, die seine Unabhängigkeit und Neutralität beeinträchtigen können Er darf bei Vorliegen solcher Umstände nur als Mediator tätig werden, wenn die Parteien dem ausdrücklich zustimmen."[33]

Das MediationsG regelt in § 3 auch, wann ein Mediator nicht tätig werden darf:

„(2) Als Mediator darf nicht tätig werden, wer vor der Mediation in derselben Sache für eine Partei tätig gewesen ist. Der Mediator darf auch nicht während oder nach der Mediation für eine Partei in derselben Sache tätig werden.

(3) Eine Person darf nicht als Mediator tätig werden, wenn eine mit ihr in derselben Berufsausübungs- oder Bürogemeinschaft verbundene andere Person vor der Mediation in derselben Sache für eine Partei tätig gewesen ist. Eine solche andere Person darf auch nicht während oder nach der Mediation für eine Partei in derselben Sache tätig werden."[34]

Anwaltmediatoren haben außerdem die standesrechtlichen Vorgaben für Rechtsanwälte zu beachten. Für sie kommt eine Tätigkeit als Mediator nicht mehr in Betracht, wenn sie früher eine Seite in derselben Angelegenheit als Rechtsanwalt vertreten haben. Hat die Vorvertretung eine andere Angelegenheit betroffen, führt dies berufsrechtlich nicht zum Ausschluss. Gleichwohl sollte in Übereinstimmung mit dem Europäischen Verhaltenskodex der Auftrag für eine Mediation abgelehnt werden.

Der Mediator muss nicht nur in Bezug auf die Konfliktparteien unabhängig sein, sondern auch bezüglich des Konfliktgegenstandes. Er darf kein eigenes Interesse in der Sache haben und auch sonst in keiner Weise involviert sein.

Er ist nicht parteilich und darf nicht Partei ergreifen. Er soll keine Seite bevorzugen und keine Seite benachteiligen. Er hat die Medianden gleich zu

---

[33] § 3 Abs. 1 MediationsG.
[34] § 3 Abs. 2, 3 MediationsG.

behandeln, etwa indem er diesen die gleiche Redezeit zuteilt und dafür sorgt, dass diese die gleichen Informationen erhalten.

Wenn die Unabhängigkeit des Mediators angezweifelt wird, kann die Mediation scheitern. Entscheidend ist nicht nur die objektiv vorhandene Unparteilichkeit, sondern auch die subjektive Sichtweise der Parteien. Auch jeder Anschein von Parteilichkeit muss vermieden werden. Der Mediator kann seine Aufgabe nicht mehr wahrnehmen, wenn eine Seite seine Neutralität dauerhaft in Frage stellt.

Im gemeinsamen Interesse der Medianden muss er dafür sorgen, dass die in der Meditationsvereinbarung festgelegten Regeln eingehalten werden. Bewegt er sich innerhalb dieses Rahmens, kann er eingreifen, ohne seine Unparteilichkeit zu verletzen.

Allparteilichkeit bedeutet auch, dass der Mediator die Medianden in ihrer Unterschiedlichkeit nicht nur zu akzeptieren, sondern auch positiv zu würdigen vermag. In gewisser Weise steht er deshalb auf Seiten aller Medianden. Er unterstützt diese darin, ihre eigenen Interessen zu erkunden, zu artikulieren, die Sichtweisen der anderen Parteien zu verstehen und schließlich eine gemeinsame Lösung zu erarbeiten.

3. Balance

Der Platz des Mediators ist in der Mitte zwischen den Konfliktparteien. Seine Haltung ist gleichermaßen von Nähe und Distanz geprägt.[35] Ohne Nähe kann er die Medianden nicht verstehen. Ohne Distanz kann er die Mitte nicht halten. Er muss sich vergewissern, ob der Abstand zu den Medianden stimmt. Dies ist kein einmaliger Akt, sondern ein ständiger Prozess des Ausbalancierens.

> **Praxistipp:** Es kann hilfreich sein, die Medianden zu Beginn der Mediation zu bitten, gegebenenfalls darauf hinzuweisen, wenn sie den Eindruck haben, dass Sie als Mediator einseitig agieren.

Der Mediator muss damit umzugehen wissen, dass er in der Mediation ständig auf die eine oder andere Weise emotional berührt wird.

> **Praxistipp:** Die Themensammlung kann eine gute Übung dafür sein.
> Welche Gefühle lösen die genannten Themen aus?
> Gibt es einen Reflex, das eine oder andere Thema zu kommentieren?

Es kann passieren, dass er sich zu einem Medianden besonders hingezogen fühlt, oder dass ihm ein Mediand unsympathisch vorkommt.

---

[35] *Hohmann/Morawe*, Praxis, S. 20.

Es bleibt auch nicht aus, dass er bei der Bearbeitung der Probleme der Medianden mit eigenen Problemen konfrontiert wird.

Es ist wichtig, die eigene Haltung immer wieder zu reflektieren. Dazu gehört auch, sich die eigenen Einstellungen und Assoziationen zu dem betreffenden Konfliktfeld klar zu machen.

Für die Durchführung eines Täter-Opfer-Ausgleich-Verfahrens bedeutet dies beispielsweise, Klarheit über die eigene Einstellung zum Strafrecht und zur Strafjustiz zu gewinnen und sich auch über die eigenen Erfahrungen als Täter wie als Opfer klar zu sein.

Je stärker beim Mediator eigene Erfahrungen aktiviert werden desto größer ist die Gefahr, die Balance zu verlieren. Die Gefahr ist besonders groß, wenn sehr schlechte oder besonders gute Erfahrungen betroffen sind.

Praxistipp: Wohl kein Mediator wird ernsthaft von sich behaupten, niemals aus der Balance geraten zu sein. Dies ist nur allzu menschlich und auch nicht „der Punkt". Wichtig ist, damit professionell umzugehen.

Die Hoffnung, dass die Medianden den „Fehler" vielleicht gar nicht bemerkt hätten, ist in der Regel falsch. Es hilft deshalb nur die „Flucht nach vorn": Offen eingestehen, die Balance verloren zu haben, und sich wieder in der Mitte justieren.

Besondere Aufmerksamkeit ist geboten, wenn sich eine Situation als Machtungleichgewicht darstellt. Der Wunsch, dem Schwächeren zu helfen, führt schnell dazu, Partei zu ergreifen.

Praxistipp: Häufige Probleme mit der Balance sind ein guter Grund für den Mediator, eine Supervision in Anspruch zu nehmen.

4. Verschwiegenheit

Die Verschwiegenheit des Mediators gehört zu den Grundprinzipien der Mediation. In § 4 MediationsG heißt es:

„Der Mediator und die in die Durchführung des Mediationsverfahrens eingebundenen Personen sind zur Verschwiegenheit verpflichtet, soweit gesetzlich nichts anderes geregelt ist. Diese Pflicht bezieht sich auf alles, was ihnen in der Ausübung ihrer Tätigkeit bekannt geworden ist. (…)"[36]

Für das Gelingen der Mediation ist es von größter Wichtigkeit, dass den Medianden im Falle des Scheiterns keine Nachteile daraus erwachsen. Es muss deshalb gewährleistet sein, dass Informationen, die eine Seite der anderen im Rahmen des Mediationsverfahrens offenbart hat, nicht gegen diese

---

[36] § 4 MediationsG.

verwendet werden. Deshalb muss der Mediator über alle im Verfahren erlangten Informationen Stillschweigen bewahren.

Die Verschwiegenheitsverpflichtung des Mediators gilt nicht ausnahmslos. Nach § 4 MediationsG ist sie eingeschränkt, soweit

„1. die Offenlegung des Inhalts der im Mediationsverfahren erzielten Vereinbarung zur Umsetzung oder Vollstreckung dieser Vereinbarung erforderlich ist,

2. die Offenlegung aus vorrangigen Gründen der öffentlichen Ordnung (ordre public) geboten ist, insbesondere um eine erhebliche Gefährdung des Wohles eines Kindes oder eine schwerwiegende Beeinträchtigung der physischen oder psychischen Integrität einer Person abzuwenden, oder

3. es sich um Tatsachen handelt, die offenkundig sind oder ihrer Bedeutung nach keiner Geheimhaltung bedürfen. "[37]

Das MediationsG hat eine einheitliche berufsübergreifende Regelung der Verschwiegenheitsverpflichtung für alle Mediatoren gebracht. Die oft kritisierte frühere Rechtslage, dass Co-Mediatoren aus unterschiedlichen Grundberufen verschiedenen Verschwiegenheitsregeln unterlagen, gehört damit der Vergangenheit an. § 4 MediationsG verdrängt als Spezialnorm die für die einzelnen Grundberufe geltenden Einzelregelungen, soweit zu diesen ein Widerspruch bestehen sollte.

Scheitert das Mediationsverfahren, kann es passieren, dass eine Partei das Gericht anruft und den Mediator für ihre Behauptungen als Zeugen benennt.

Dann kommt es darauf an, ob dieser ein **Zeugnisverweigerungsrecht** hat, also das Recht, bei Gericht die Aussage als Zeuge zu verweigern. Für Strafverfahren besteht eine solche Möglichkeit nicht.

Zur Klarstellung sollte im Mediationsvertrag eine Bestimmung enthalten sein, dass sich die Medianden verpflichten, den Mediator im Falle eines späteren Gerichtsverfahrens nicht als Zeugen zu benennen.

Formulierungsbeispiel: Wir verpflichten uns, den Mediator in einem gerichtlichen Verfahren, welches Verhandlungsgegenstände des Mediationsverfahrens betrifft, nicht als Zeugen zu benennen.

Beruft eine Partei sich später bei Gericht gleichwohl auf das Zeugnis des Mediators, kann die andere Partei beantragen, den Beweisantrag als unzulässig zurückzuweisen. Das Gericht wird diesem Antrag folgen und von einer Zeugenaussage des Mediators absehen.

---

[37] § 4 MediationsG.

IV. Ablauf der Mediation

Die Medianden durchlaufen auf der Suche nach einer Lösung zusammen mit ihrem Mediator einen Prozess, der sich in fünf Phasen gliedert:
1. Einleitung oder Kontraktphase,
2. Themenbereiche sammeln,
3. Interessen und Bedürfnisse erarbeiten,
4. Optionen sammeln und Lösungen erarbeiten,
5. Abschluss einer Vereinbarung.

Meist geht diesen fünf Phasen eine Vorphase voraus, in der die Konfliktparteien Kontakt zum Mediator aufnehmen und Fragen zur Mediation klären.

In vielen Fällen geht der Wunsch nach einer Mediation nur von einer Partei aus. Der Mediator wird dann mit dieser besprechen, wie weiter vorgegangen werden kann.

Soll eine Mediation für eine größere Organisation durchgeführt werden, so muss vom Mediator zunächst geklärt werden:
– Was ist der Auftrag?
– Wer nimmt an der Mediation teil?
– Sichern die Vorgesetzten Ergebnisoffenheit zu?
– Wo und wann soll die erste Mediationssitzung stattfinden?

Praxistipp: Vereinbaren Sie als Ort für die Mediation nach Möglichkeit einen neutralen Treffpunkt. Auch wenn es praktisch sein mag, sich z.B. mit den Mitarbeitern eines Unternehmens in einem Besprechungszimmer der Firma zu treffen, so können sich die Konfliktparteien in einer Umgebung, die sie unmittelbar an den Konflikt erinnert, meist weniger für Neues öffnen als in einer neuen Umgebung.

1. Einleitung

Zu Beginn einer Mediation muss geklärt werden, ob das Problem, das die Parteien mitbringen, mit Hilfe von Mediation gelöst werden kann und ob der Mediator dazu einen Auftrag erhält. Um Missverständnisse auszuräumen sollten auch die Erwartungen, die jede Seite an die Mediation hat, geklärt werden. Stimmen die Vorstellungen der Parteien nicht mit dem überein, was der Mediator anbieten kann, wird er die Konfliktparteien weiter an einen Rechtsanwalt, eine Beratungsstelle oder einen Therapeuten verweisen.

Im Allgemeinen stellen die Medianden zunächst ihr Problem dar und definieren, was ihr Konflikt ist. Im weiteren Verlauf wird das Verfahren der Mediation erklärt. Es ist hilfreich, die Parteien zu fragen, was sie bereits über Mediation wissen. Der Mediator ergänzt im Anschluss daran das Fehlende. Hier ist sorgfältiges Vorgehen wichtig, damit es nicht später deshalb zum Abbruch der Mediation kommt, weil die Parteien eine falsche Vorstellung von dem hatten, was Mediation bieten kann.

Auch wenn mit jeder Seite bereits Einzelgespräche geführt wurden, sollten die folgenden Grundregeln der Mediation genau besprochen werden:
– Freiwilligkeit,
– Vertraulichkeit,
– Offenheit,
– Fairness,
– Eigenverantwortlichkeit,
– Lösungsorientierung.

Wiederholungen schaden nicht, da die Parteien zu Beginn der Mediation meist angespannt und noch mit sich beschäftigt sind.

Wichtig ist, dass der Mediator seine Rolle als neutraler Vermittler, der die Kommunikation leitet und die Parteien von der Definition ihres Problems bis hin zur Lösung führt, klarstellt.

Hinweis: Es kann sein, dass eine oder beide Konfliktparteien davon ausgehen, dass der Mediator wie ein „Schiedsrichter" fungiert. Diese Erwartung würde im Verlauf der Mediation enttäuscht werden. Es muss deshalb von Anfang an klar sein, dass es nicht die Aufgabe des Mediators ist, zu beurteilen und zu entscheiden.

Nicht nur die Rolle des Mediators muss geklärt werden, sondern auch, welche Rolle Dritten im Mediationsprozess zukommt. Das können Beratungsanwälte, Steuerberater oder auch Finanzberater sein. Auch die Hinzuziehung eines Gutachters kommt in Betracht. Die Medianden müssen sich verpflichten, sich zumindest einmal im Verlauf des Mediationsprozesses von einem sog. Beratungsanwalt beraten zu lassen.

Es hat sich gezeigt, dass es hilfreich ist, **Kommunikationsregeln** zu vereinbaren:
– Jeder darf ausreden.
– Die andere Seite hört jeweils aufmerksam zu.
– Jeder hat die gleichen Redezeiten.
– Der Mediator darf bei Beleidigungen oder Unterstellungen intervenieren.
– Die Mediationssitzungen sind vertraulich.

Hinweis: Um die erste Sitzung nicht mit zu vielen abstrakten Regelungen zu überlasten, können Sie - wenn es noch nicht oder kaum zu Streitigkeiten gekommen ist – die Kommunikationsregeln auch zu einem späteren Zeitpunkt einführen.

Am Ende dieser Mediationsphase wird der vom Mediator vorbereitete **Mediationsvertrag** (Muster im Anhang) abgeschlossen, der durch individuelle Vereinbarungen ergänzt werden kann. Mit ihrer Unterschrift bestätigen die Medianden, dass sie die Grundregeln der Mediation anerkennen.

Bisweilen wird auch eine Regelung für den Fall des Abbruchs der Mediation getroffen. Diese sieht meist so aus, dass sich die Parteien verpflichten, noch einmal zu einem gemeinsamen Gespräch zusammenzukommen, um zu besprechen, wie weiter verfahren werden soll.

Geklärt werden muss auch die **Honorarfrage**. Die Höhe des vereinbarten Mediationshonorars wird in einer schriftlichen Vergütungsvereinbarung festgehalten. Es ist wichtig, dass sich jede Konfliktpartei an den Kosten beteiligt. Andernfalls entsteht eine Schieflage dahingehend, dass die Partei, die nichts bezahlt, den Mediator mehr der anderen Seite zurechnet und vielleicht auch nicht sorgfältig mit der zur Verfügung gestellten Zeit umgeht.

Praxistipp: Häufig fragen die Medianden nach der voraussichtlichen Dauer der Mediation. Diese hängt mehr von den Medianden als vom Mediator ab. Am Anfang kann nur allgemein gesagt werden, dass die Dauer vom Fortgang der Mediation abhängt.

Wenn man sich eine Mediation wie den Bau eines Hauses vorstellt, entsteht in der Phase 1 das Fundament. Stimmt hier etwas nicht, wird das Gebäude unweigerlich früher oder später in sich zusammenfallen.

2. Themensammlung

Mit der Themensammlung beginnt die eigentliche Konfliktbearbeitung. Die Medianden benennen die Punkte, die sie in der Mediation behandelt wissen wollen. Damit wird der Umfang des Konflikts definiert. Zugleich wird dieser in einzelne Teile untergliedert, die nacheinander abgearbeitet werden können.

Ab diesem Zeitpunkt arbeiten die Mediatoren meist mit einer sog. Flipchart, auf der alle Themen angeschrieben werden. Der Vorteil der Visualisierung ist, dass für alle sichtbar festgehalten wird, was bearbeitet werden soll. Das Blatt mit den Themen kann im Verlauf der Mediation wieder hervorgeholt und ergänzt werden. Die Mediation ist erst dann abgeschlossen, wenn alle Themen bearbeitet wurden.

Der Mediator unterteilt ein Flipchart-Blatt in Spalten entsprechend der Anzahl der Medianden. Jede Partei kann, ohne von der anderen unterbrochen zu werden, die Themen nennen, die sie bearbeitet wissen will. Danach ist die andere Konfliktpartei an der Reihe.

Alle Themen, auch diejenigen, welche nur einer Partei wichtig sind, bekommen ihren Platz an der Flipchart. Die Medianden werden außerdem vom Mediator darauf hingewiesen, dass sie auch später noch Themen nachtragen können.

Wenn es einem Medianden nicht gelingt, sein Thema in einem Stichwort oder einem kurzen Satz zusammenzufassen, ist der Mediator gefordert, Formulierungshilfe zu leisten. Meist reicht es aus, für das jeweilige Thema ein Schlagwort, z. B. „Kindesunterhalt", oder einen kurzen Satz, z. B. „Wie viel Geld soll für die Kinder gezahlt werden?", anzuschreiben.

Praxistipp:
1. Die Spalten, die jeder Partei auf dem Blatt eingeräumt werden, sollten gleich groß sein. Viele Konfliktparteien empfinden es als Missachtung, wenn sie nicht den gleichen Raum erhalten wie die andere Partei.
2. Wichtig ist, dass die angeschriebenen Themen zukunftsorientiert sind, denn nur für die Zukunft können gemeinsame Regelungen und Lösungen erarbeitet werden.
3. Die Parteien sollen die Themen nennen, aber nicht den ganzen Sachverhalt schildern oder Lösungen vorschlagen. In dieser Phase werden die Themen gesammelt, aber noch nicht bearbeitet. Es ist hilfreich, als Mediator strukturierend zu wirken und die Parteien gegebenenfalls zu bitten, auf den Punkt zu kommen.

Eine sorgfältig erstellte Themensammlung führt bei den Medianden oft zu einem Gefühl der Erleichterung, da ihre Probleme einen Platz (an der Flipchart) gefunden haben und zumindest vom Mediator, manchmal auch von der Gegenpartei, gewürdigt wurden.

Mit dem Abschluss der Themensammlung hat der Konflikt eine Struktur - erhalten. Diese hilft zu verhindern, dass die Themen durcheinander diskutiert werden. Außerdem ist der Konflikt in kleinere, besser zu bearbeitende - Themenbereiche aufgegliedert worden, die leichter bearbeitet werden können.

Im Anschluss daran legen die Medianden die Reihenfolge fest, in der Punkte behandelt werden sollen. Oft ist ein Thema drängend, so dass sich die Parteien schnell auf dieses einigen. Ist das nicht der Fall, so kann es sinnvoll sein, mit dem leichtesten zu beginnen. Sobald das erste Thema einvernehmlich ausgewählt ist, kann mit der Konfliktbearbeitung begonnen werden.

In dieser Phase hat das Haus seine Außenmauern bekommen, die bereits den Umfang des Gebäudes sichtbar werden lassen.

3. Interessen und Bedürfnisse

Ein wichtiger Grundgedanke der Mediation ist:
Es gibt keinen Ausgleich zwischen den unterschiedlichen **Positionen** der Parteien, wohl aber zwischen den Interessen. Das Gelingen der Mediation hängt davon ab, dass auf der Ebene der Interessen verhandelt wird. Es gilt

herauszuarbeiten, welche Interessen hinter den Positionen stehen. Dies wird als der wichtigste Abschnitt des Mediationsprozesses bewertet.

Die Bedeutung der Interessen, Wünsche und Bedürfnisse für den Erfolg von Verhandlungen ist zum ersten Mal im Harvard Konzept[38] herausgearbeitet worden.

Interessen können sein:
– Sicherheit,
– Freiheit,
– Anerkennung,
– Erfüllung der wirtschaftliche Grundbedürfnisse,
– Harmonie usw.

Nach der Maslowschen Bedürfnispyramide[39] stellen sich die **Bedürfnisse** ihrer Dringlichkeit nach von der Basis zur Spitze aufsteigend geordnet so dar:
– physiologische Bedürfnisse wie Nahrung, Kleidung, Wohnung usw.,
– Bedürfnis nach Sicherheit, wie der Erhalt des Arbeitsplatzes, usw.,
– soziale Bedürfnisse, wie der Kontakt zu anderen, Beziehung, Sexualität,
– Bedürfnis nach Wertschätzung durch andere,
– Bedürfnis nach Selbstverwirklichung, Religion.

Manchmal sind sich die Medianden nicht vollständig bewusst, was hinter ihren Forderungen steht. Es kann sein, dass sie durch Nachfragen des Mediators ein besseres Verständnis dafür bekommen, warum ihnen eine Sache so wichtig ist. Die Medianden lernen auf diese Weise, sich selbst besser zu verstehen. Gleichzeitig erhalten beide Seiten die Gelegenheit, die jeweils andere Seite genauer wahrzunehmen. Dieses gegenseitige Verständnis ist Voraussetzung dafür, dass in einem späteren Schritt gemeinsame Lösungen gefunden werden können.

Die Nachfragen des Mediators haben auch den Effekt, dass die Kommunikation verlangsamt wird. Die Parteien geraten nicht mehr so leicht in Streit und in eine Abwehrhaltung.

Es ist wichtig, dass der Mediator die Bedürfnisse und Interessen der Parteien würdigt, denn wenn ein Dritter diese annehmen kann, so ist unter Umständen doch „was dran" an dem, was der andere gesagt hat. Es gelingt dann leichter, sich an die Stelle des anderen zu versetzten und nach *Gary Friedman* „eine Zeitlang in den Mokassins des anderen zu gehen".

Bereits hier wird der Knoten des Konflikts, an dem beide Parteien bisher gezerrt haben, etwas aufgelockert, da jede Seite erkennt, dass es trotz unterschiedlicher Positionen gemeinsame Interessen und Bedürfnisse, z.B. nach Sicherheit und Ruhe, gibt.

---

[38] *Fischer/Ury/Patton*, Harvard, S. 68 ff.
[39] *Rosenstiel*, Organisationspsychologie, S. 325 ff.

Die Bearbeitung eines Themas beginnt meist damit, dass zunächst die Informationen dazu zusammengetragen werden. Außerdem teilt jede Partei mit, wie sie die Dinge sieht und was sie möchte. Sie legt also zunächst ihre Positionen dar. Erst danach werden die Interessen und Bedürfnisse abgefragt.

Um die Unterschiede zwischen Positionen und Interessen zu verdeutlichen, folgendes **Beispiel**:

Positionen:
Mediand A: Ich möchte 1.000 Euro von B.
Mediand B: Ich möchte nichts zahlen.

Bedürfnisse/Interessen:
Mediand A: Ich möchte einen finanziellen Ausgleich für das, was ich durch B erlitten habe. Ich möchte mir einen Kurzurlaub für dieses Geld leisten.
Mediand B: Ich möchte dadurch, dass ich etwas zahle, nicht meine Schuld eingestehen.

Praxistipp: Auch die Interessen und Bedürfnisse werden für jede Partei getrennt an die Flipchart geschrieben. Das ist wichtig, damit eine später gefundene Lösung daran gemessen werden kann, ob sämtliche Interessen und Bedürfnisse Berücksichtigung gefunden haben.
Es ist sinnvoll, alle Flipchart-Blätter, die Sie im Rahmen einer Mediation mit den Medianden erarbeitet haben, aufzuheben, damit Sie später überprüfen können, ob diese bei der Lösungssuche berücksichtigt worden sind.

In dieser Phase wurden, um bei dem Beispiel des Hausbaus zu bleiben, die Zwischenwände errichtet. Die Einteilung der Zimmer wird bereits sichtbar.

4. Optionen und Lösungen

Die Lösungsfindung erfolgt in zwei Schritten:
1. Sammeln von möglichen Lösungsoptionen,
2. Bewertung und Auswahl der gefundenen Optionen.
Beide Parteien werden vom Mediator ermutigt, in einem Brainstorming sämtliche Lösungsmöglichkeiten zu nennen. Der Mediator schreibt diese dann an die Flipchart. Dabei sind folgende Punkte zu beachten:
– Es sollen möglichst viele konstruktive und zukunftsorientierte Lösungsmöglichkeiten gefunden werden.
– Jeder noch so ausgefallene Vorschlag wird angeschrieben.
– Die Gegenseite bewertet einen Vorschlag der anderen Seite zu diesem Zeitpunkt nicht.
– Scheinbar „verrückte" Vorschläge sind ebenfalls willkommen.

Praxistipp: Geben Sie bei der Optionensuche als Stichwort an Ihre Medianden weiter: „Der Kuchen soll vergrößert werden."

Häufig haben die Konfliktparteien das Gefühl, dass nicht genug für alle vorhanden ist. Sie kämpfen in dieser Mangelsituation darum, möglichst viel für sich zu erhalten. Es ist deshalb wichtig, dass Sie die Medianden ermutigen, nach bislang ungenutzten Ressourcen zu suchen. Das können z.B. finanzielle Unterstützung von Verwandten, steuerliche Vorteile, gegenseitige Hilfe bei der Kinderbetreuung usw., sein.

In dieser Phase erfolgt die Suche nach neuen Möglichkeiten gemeinsam, d.h. die Parteien rufen ihre Optionen durcheinander, der Mediator schreibt sie der Reihe nach auf ein gemeinsames Blatt. Einige Mediatoren empfehlen getrennte Spalten.[40]

Praxistipp: Die gemeinsame Suche nach Optionen beinhaltet die Chance, vom „Entweder – Oder" hin zum „Und – Und" zu kommen. Je kreativer die Optionen ausfallen, desto größer wird der Spielraum für die Lösungen.

Nach dieser kreativen Phase müssen die Medianden in einem zweiten Schritt die Optionen bewerten. Hier gibt es unterschiedliche Möglichkeiten. Es hat sich bewährt, den Medianden einen Stift (in einer jeweils anderen Farbe) zu geben und sie zu bitten, ihre drei Lieblingsoptionen mit einem Punkt zu kennzeichnen.

Anschließend setzen sich die Parteien wieder auf die Plätze und wählen im weiteren Gespräch mit dem Mediator eine der Lösungsmöglichkeiten aus, die sie dann weiter bearbeiten.

Haben die Parteien eine Lösungsidee gemeinsam „gepunktet", so wird mit dieser begonnen. Haben sie mehrere gemeinsam ausgewählt, so muss entschieden werden, mit welcher weiter gearbeitet werden soll. Wenn sie keine gemeinsame Lösungsidee ausgewählt haben, wird jede Partei vom Mediator gebeten, eine der Gegenseite auszuwählen.

Im Anschluss daran wird oft noch weiter an Detailfragen gearbeitet. Wird eine Lösung gefunden, so betont der Mediator an dieser Stelle, dass diese als Zwischenergebnis festgehalten wird, bis alle anderen Themenpunkte abgearbeitet sind. Das ist wichtig, weil die verschiedenen Themen häufig zusammenhängen. Oft muss längere Zeit an den Zwischenergebnissen gefeilt werden, bis eine Gesamtlösung erarbeitet ist.

Die Medianden haben zu diesem Zeitpunkt bereits ein Zimmer ihres „Lösungshauses" eingerichtet. Nun werden nach und nach alle anderen Zimmer eingerichtet, d.h. alle Themen die auf der Flipchart stehen, müssen bearbeitet werden. Im Anschluss daran wird geprüft, ob alle Zwischenlösungen zueinander passen, so wie die Zimmer eines Hauses in Ihrer Funktion auf einander abgestimmt sind.

---

[40] *Dietz*, Werkstattbuch, S. 123.

Spätestens, wenn alle Themen bearbeitet sind, macht der Mediator die Medianden darauf aufmerksam, dass es notwendig ist, ihr Ergebnis rechtlich prüfen zu lassen und in eine juristisch abgesicherte Form zu bringen.

5. Abschluss

Am Ende der Mediation soll eine verbindliche schriftliche Vereinbarung stehen. Der Mediator erstellt zunächst ein sog. **Memorandum**. Darin fasst er die Lösung in einer für die Medianden verständlichen Sprache zusammen.

Spätestens jetzt suchen die Parteien ihre Beratungsanwälte auf und besprechen mit ihnen die vorläufige Vereinbarung. Meistens kommt es dann noch einmal zu einem Mediationstermin. Dabei werden Details durchgesprochen und Ideen oder Änderungswünsche der Beratungsanwälte diskutiert. Eventuell müssen weitere Personen oder Fachleute, wie Vermögensberater, Architekten, Banken etc., eingeschaltet werden, z.B. um die Entlassung einer Partei aus einem bisher gemeinsamen Darlehensvertrag zu erreichen.

Anschließend wird besprochen, wie eine Vereinbarung rechtswirksam abgeschlossen werden kann, d.h. in welcher Form sie abgeschlossen werden sollte.

> **Hinweis:** Die Vereinbarung muss in einer Form abgefasst werden, in der sie vor dem Gesetz Bestand hat. So sind z.B. Grundstücksübertragungen nur dann rechtswirksam, wenn sie notariell beurkundet werden.
> Es müssen auch Absprachen darüber getroffen werden, welcher Notar eingeschaltet wird und wer Kontakt zum Notar aufnimmt. Dies kann auch durch den Mediator geschehen.

Durch den Abschluss einer rechtsgültigen Vereinbarung hat das Haus sein Dach bekommen, damit es möglichst lange hält.

Zum Abschluss der Mediation kann der Mediator die Medianden fragen, ob sie sich gegenseitig dafür würdigen können, dass sie sich die Mühe gemacht haben, zu einer einvernehmlichen Lösung zu kommen.

> **Hinweis:** Hier ist jeder Mediator gefordert, einen zu ihm passenden Abschluss für die Mediation zu finden. Einige Mediatoren bieten den Medianden ein Abschlussritual an.

V. Setting

Unter Setting versteht man den äußeren Rahmen der Mediation, also Räumlichkeiten, Möblierung, Ausstattung, Technik usw. Die Gestaltung des Settings ist abhängig vom Mediator, den Medianden und dem Typus der Mediation.[41]

1. Örtlichkeiten

Der äußeren Umstände für die Durchführung einer Mediation können sehr verschieden sein. Das beginnt schon mit der Auswahl von Örtlichkeiten, die auch davon abhängt, wer als Mediator tätig wird.

Ein Mediator, der vom Grundberuf Anwalt ist, nutzt dafür seine Kanzleiräume, der Psychologe mit eigener Praxis seine Räumlichkeiten. Schulmediationen finden in der Schule statt, gerichtsinterne Mediationen im Gerichtsgebäude.

Praxistipp: Die räumlichen Verhältnisse sollten großzügig sein. Die Konfliktparteien sollten ausreichend Raum haben, um sich sicher zu fühlen.

Wichtig ist, dass der gewählte Ort „neutrales Terrain" ist. Eine Mediation am Sitz einer der Konfliktparteien würde zu einer Schieflage führen. Der Eindruck, dass eine Seite ein „Heimspiel" hat, während die andere „auswärts spielen" muss, wäre dann nur schwer zu verhindern.

2. Sitzordnung

Das Setting ist abhängig von der Anzahl der Medianden. Ist die Anzahl der Konfliktparteien größer als zwei, so spricht man von einer **Mehrparteien-Mediation**. Während des Mediationsverfahrens kann sich die Anzahl der Medianden verändern, bei einer Familienmediation etwa dadurch, dass die Kinder mit einbezogen werden.

Die **Sitzordnung**[42] ist wichtig. Eine besondere Bedeutung kommt ihr bei Mediationen zwischen Gruppen zu. Diese sollte nicht zufällig sein, sondern der systemischen Struktur der Gruppen entsprechen. Deshalb kann es sinnvoll sein, Gruppenmitglieder, die etwa aus Krankheitsgründen verhindert sind, in irgendeiner Weise einzubeziehen, beispielsweise dadurch, dass ein Stuhl für sie frei gehalten wird. Bei Einzelpersonen ist darauf zu achten, dass diese nicht verloren zwischen größeren Gruppen sitzen müssen.[43]

---

[41] *Schweizer*, in Haft/Schlieffen, Handbuch, S. 340f.
[42] *Siethoff*, Erfolg, S. 67.
[43] *Dietz*, Werkstatthandbuch, S. 211.

Hinweis: Es ist wichtig, dass der Mediator den Konfliktparteien gegenüber auch äußerlich den gleichen Abstand wahrt.

Die Sitzordnung muss so gewählt werden, dass jeder Eindruck von Ungleichgewichtigkeit vermieden wird. Deshalb kann es wichtig sein, dass alle Gruppen an gleich großen Tischen sitzen.

Praxistipp: Grundsätzlich ist ein runder Tisch günstig. Mediator und Medianden können sich so setzen, dass sie ein Dreieck bilden. Sie können Ihre Sitzpositionen auch verschieben, so dass sich Mediator und Medianden eher gegenüber sitzen.
Findet die Mediation an einem eckigen Tisch statt, können die Medianden gegenüber dem Mediator Platz nehmen. Die Sitzordnung kann später so verändert werden, dass der Mediator am Tischende sitzt und die Medianden einander gegenüber an den Seiten.
Wenn Anwälte zur Mediation hinzugezogen werden, ist deren Platz neben ihren Mandanten.

3. Rhythmus und Dauer

Für die verschiedenen Konfliktfelder haben sich unterschiedliche Standards herausgebildet.

Bei **Familienmediationen** haben sich Sitzungen von ein bis zwei Stunden bewährt. 90 Minuten werden oft als gutes Mittel zwischen zu kurz und zu lang erlebt. Der Rhythmus, in dem die Sitzungen stattfinden, hängt weitgehend von den Wünschen des Paares ab. Manchmal liegt zwischen zwei Sitzungen nur eine Woche, oft sind es mehrere Wochen und bisweilen auch mehrere Monate. Dies liegt auch daran, dass die Konfliktparteien Zeit brauchen, neue Sichtweisen zu entwickeln. Manchmal ist es auch so, dass weitere Informationen und Unterlagen beschafft oder die Beratungsgespräche mit den Parteianwälten abgewartet werden müssen.

Wirtschaftsmediationen werden oft in nur ein bis zwei Terminen erledigt. Der Grund dafür liegt darin, dass die Beteiligten wegen ihrer vielen terminlichen Verpflichtungen oft nur schwer einen gemeinsamen Termin finden können. Es werden dann entsprechend große Zeitblöcke (halber Tag, ganzer Tag, evtl. auch zwei Tage) angesetzt, weshalb sich der Begriff Blockmediation eingebürgert hat. Gerne werden dafür abgeschiedene Örtlichkeiten ausgewählt. So sollen Störungen und Ablenkungen möglichst ausgeschlossen und die Geheimhaltung der Verhandlungen gefördert werden.

Bei begrenzten Konflikten oder knappem Budget werden bisweilen **Kurzmediationen** durchgeführt. Diese Form der Mediation hat sich aus der Wirtschaftsmediation entwickelt. Sie verfolgt den Anspruch, in nur zwei oder höchstens vier Stunden in konzentrierter Form eine vollständige Mediation durchzuführen.

4. Flipchart

Bei allen Unterschieden gibt es auch wichtige Gemeinsamkeiten aller Mediationsformen. Fast immer wird eine Flipchart verwendet. Dies ist eine Art Staffelei mit großen Papierbögen. Auf der Flipchart werden alle wesentliche Ergebnisse des Mediationsprozesses festgehalten, z.B. Themen, Interessen und Optionen. Sie sind damit stets sichtbar und stehen für die weitere Arbeit zur Verfügung.

Praxistipp: Oft äußern die Medianden den Wunsch, die auf der Flipchart notierten Punkte als eine Art Protokoll mit nach Hause nehmen zu können. Diesem Wunsch kann dadurch entsprochen werden, dass die Seiten der Flipchart mit einer Digitalkamera fotografiert und anschließend ausgedruckt werden. Den Medianden kann auch angeboten werden, die Flipchart mit der eigenen Kamera zu fotografieren und die Fotos später selbst zuhause auszudrucken.

5. Atmosphäre

Anzustreben ist immer eine **Atmosphäre**, in der sich die Teilnehmer wohl fühlen können. Wichtig ist, dass auch für das körperliche Wohlbefinden gesorgt ist. Erfrischungsgetränke, Kaffee und Tee, Snacks und Gebäck werden immer gerne angenommen.

Ferner ist es wichtig, den Parteien anzubieten, dass die Sitzung bei Bedarf für eine kurze **Pause** unterbrochen werden kann. Besonders starke Raucher kommen auf ein solches Angebot meist gerne zurück.

6. Einzelgespräche

In bestimmten Fällen verhandelt der Mediator nicht gleichzeitig mit den Konfliktparteien, sondern abwechselnd mit jeweils einer. Dies kann für eine Phase oder für die gesamte Mediation der Fall sein. Hilfreich ist dieses Vorgehen insbesondere dann, wenn es zumindest für eine Seite eine zu große Belastung darstellen würde, mit der Gegenseite in einem Raum zusammen zu sein.

Dieses als **Shuttlemediation** oder Pendelmediation bezeichnete Verfahren[44] kommt besonders bei Mediationen im Strafrecht (Täter-Opfer-

---

[44] Bisweilen wird auch der Begriff Caucusing (von caucus = engl. Gespräch) verwendet.

Ausgleich) zum Einsatz. Der Grund dafür ist, dass die Opfer es häufig ablehnen, mit dem Täter an einem Tisch zu sitzen, aber gleichwohl an einer außergerichtlichen Regelung ihrer Ansprüche, z. B. Schmerzensgeld, interessiert sind. Der Mediator telefoniert oder konferiert dann abwechselnd mit beiden Seiten. Sobald eine Lösung gefunden ist, wird diese in einer Vereinbarung festgehalten und den Konfliktparteien zur Unterschrift zugeleitet.

Bei Mediationen, die parallel zu einem Strafverfahren ablaufen, kann aber gerade die persönliche Begegnung zwischen Täter und Opfer wichtig sein. Beim TOA mit Jugendlichen oder heranwachsenden Tätern wird meist ein Zusammentreffen mit den Opfern herbeigeführt.[45] Für das Opfer kann es hilfreich sein, dem Täter unter anderen Umständen als denen der Tat gegenüber zu treten und dessen Einsicht und Reue zu erleben. Für den Täter kann es hilfreich sein, persönlich mit dem Opfer zusammenzutreffen, auch weil er so die Möglichkeit erhält, sich zu entschuldigen.

Praxistipp: Wer als Mediator Shuttlemediation einsetzt, muss sorgfältig darauf achten, welche Informationen er nach dem Gespräch mit einer Seite an die andere weitergeben darf. Er muss sich bewusst sein, dass er dann mehr Verantwortung hat, als wenn er mit den Medianden an einem Tisch sitzt.[46]

VI. Kommunikation

Eine gute Kommunikation zwischen allen Beteiligten ist einer der entscheidenden Faktoren für das Gelingen einer Mediation.

Oft ist die Situation so: Bevor die Medianden zu einem Mediator gehen, haben sie bereits versucht, ihren Konflikt alleine zu lösen. Dabei sind sie in Streit geraten und zu keiner Lösung gekommen. Sie verstehen sich nicht mehr und sind nicht gut auf den anderen zu sprechen. Was dieser sagt, wird oft von vorneherein abgelehnt. Die Kommunikation ist gestört und muss erst wieder in Gang gebracht werden.

Der Mediator braucht dafür Kenntnisse über Theorie und Methoden der Kommunikation. Für Juristen handelt es sich dabei meist um „Neuland". Vertreter psychosozialer Berufe bringen in der Regel einige Erfahrung auf diesem Gebiet mit. Die in der Mediation verwendeten Kommunikationsformen und -techniken stammen zum großen Teil aus den therapeutischen Bereichen
– systemische Therapie,

---

[45] *Jeckel*, Schadenswiedergutmachung, S. 112.
[46] *Friedman*, Challenging Conflict, S. 18.

– Gruppendynamik,
– psychoanalytische Therapie,
– Gestalttherapie,
– neurolinguistische Arbeit.

Praxistipp: Machen Sie sich mit allen Formen und Techniken soweit vertraut, dass Sie entscheiden können, mit welchen sie am besten arbeiten können. Übernehmen Sie als Mediator nur solche Techniken bei denen Sie sich wohl fühlen. Nur dann wirken Sie sicher und authentisch.

1. Kommunikationsformen

a) Direkte/indirekte Kommunikation

Die Arbeit mit zwei Medianden stellt sich kommunikativ gesehen als Dreieck dar.

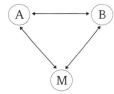

– Der Mediator kommuniziert mit dem Medianden A und dem Medianden B.
– Der Mediand A kommuniziert mit dem Mediator und dem Medianden B.
– Der Mediand B kommuniziert mit dem Mediator und dem Medianden A.

Sprechen alle direkt miteinander, handelt es ich um eine **direkte Kommunikation**.

Zwischen Mediant A und Mediant B ist die Kommunikation meist gestört, weil der Konflikt, der in der Mediation gelöst werden soll, die Beziehung blockiert. Dann kann es sinnvoll sein, die Medianden kommunikativ zunächst zu trennen. Der Mediator kann den Medianden vorschlagen, nur mit ihm und nicht direkt miteinander zu kommunizieren. Er redet dann jeweils mit einem Medianden, während der andere schweigt und zuhört. Zwischen den Medianden findet nur eine **indirekte Kommunikation** statt.

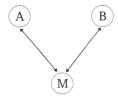

Auf diese Weise lernt jeder Mediand die Sichtweise des anderen kennen und erhält so auch die Möglichkeit, den anderen besser zu verstehen. Mit der Kommunikation zwischen M und A einerseits und M und B andererseits wird indirekt der Kommunikationsprozess zwischen A und B wieder in Gang gesetzt.

Praxistipp: Die indirekte Kommunikation kann am Anfang des Mediationsprozesses hilfreich sein, in der Eröffnungsphase und bisweilen auch bei der Erarbeitung der Konfliktfelder. Spätestens in der Phase der Konfliktbearbeitung sollte aber die direkte Kommunikation zwischen den Medianden hergestellt werden.[47]

b) Ich-Botschaften

Wenn es um die Darstellung der eigenen Sichtweise geht, sind „Ich-Botschaften" angesagt. Dies gilt für die eigene Meinung und ganz besonders für die eigenen Gefühle, die als solche ernst genommen werden müssen. Die gern verwendet Formulierung „man" ist unpersönlich. Eine Ich-Botschaft besteht aus einem subjektiven und einem objektiven Teil. Die eigenen Gefühle werden in der Ich-Form formuliert. Was diese Gefühle ausgelöst hat, wird als sachliche Information mitgeteilt.

„Es hat mich sehr verletzt (Gefühl), dass du Herrn Müller angerufen hast, ohne mir etwas davon zu sagen (sachliche Information). "

Du-Botschaften haben oft einen Angriffscharakter. Eigenes Erleben wird in eine Aussage über den anderen übersetzt. *Jürgen Reitemeier*[48] spricht deshalb vom „Angriffswort Du" und dem „Kampfmittel Du-Botschaft".

„Du bist total unzuverlässig. Letzte Woche hast Du die Kinder wieder eine volle Stunde zu spät zurückgebracht. "

Im Gegensatz zu Du-Botschaften kommen **Ich-Botschaften** ohne verletzende Kritik aus.

Ich bin enttäuscht, dass Du die Kinder letzte Woche nicht wie vereinbart um 18 Uhr, sondern erst um 19 Uhr zurückgebracht hast.

Praxistipp: Ich-Botschaften helfen, die unterschiedlichen Sichtweisen der Medianden zu kommunizieren. Sie sind besonders wichtig, wenn es darum geht, den Kern des Konfliktes herauszuarbeiten.

---

[47] *Hohmann/Morawe*, Praxis, S. 197.
[48] *Reitemeier*, Mediation, S. 40.

c) Doppeln

Es kann Situationen geben, in denen es hilfreich ist, wenn der Mediator für die Medianden spricht. Nachdem er sich die Erlaubnis dazu geholt hat, kann er sich neben den einen Medianden setzen und für diesen zu dem anderen sprechen. Er spricht in der Ich-Form für den Medianden und dessen Gegenüber in der Du- bzw. Sie-Form an:

„Es verletzt mich, Peter, wenn Du…"

Anschließend muss er sich vergewissern, dass er den Medianden, den er gedoppelt hat, auch richtig wiedergegeben hat. Danach setzt er sich neben den anderen Medianden, spricht für diesen und versichert sich wiederum, dass er richtig gedoppelt hat.

Die Technik des Doppelns kann hilfreich sein, wenn die Kommunikation der Medianden stark destruktive Züge trägt. Oft ist es so, dass es den Medianden leichter fällt, eine Botschaft aus dem Munde des Mediators anzunehmen. Letzterer kann seine Worte so wählen, dass sich der Zuhörer nicht verletzt fühlt.

2. Kommunikationstechniken

Ein Teil der Ausbildung zum Mediator wird darauf verwandt, die Haltung des Mediators als neutralem Dritten zu trainieren und Techniken zu vermitteln, die bei einer aufgebrachten Diskussion deeskalierend wirken und zur Versachlichung beitragen.

Es gibt eine Reihe von Techniken, welche eine Verbesserung der Kommunikation und des gegenseitigen Verständnisses zum Ziel haben. Auch wenn sich die verschiedenen Techniken teilweise überschneiden oder auch nur andere Schwerpunkte setzen, soll hier ein umfassender Überblick gegeben werden.

> **Praxistipp:** Es liegt bei Ihnen, die Techniken auszuwählen, mit denen Sie am besten arbeiten können. Wenn Sie noch wenig Erfahrung haben, beginnen Sie am besten mit:
> – aktivem Zuhören,
> – Zusammenfassen,
> – Reframing.

a) Aktives Zuhören

Die wichtigste Basistechnik der Mediation ist das aktive Zuhören. Dies ist eine einfühlende Art des Zuhörens, bei dem der Zuhörer zu verstehen sucht, was der Redner meint und fühlt.

Anders als beim passiven Zuhören, bei dem der Zuhörende auf jeden Kommentar verzichtet, wird dem Redner beim aktiven Zuhören signalisiert, dass er verstanden worden ist. Dies kann durch Worte oder durch nonverbale Reaktionen geschehen. Letztere können in einem Nicken oder einem verständnisvollen „Mmh" bestehen. Der Redner soll ein positives Feedback erhalten und ermuntert werden, sich offen auszusprechen.

Der Mediator muss sich ganz auf den Redner konzentrieren und diesen umfassend wahrnehmen. Dies gilt gleichermaßen für verbale wie nonverbale Äußerungen. Körperliche Reaktionen, z. B. Unruhe, Seufzen, sagen oft mehr über die Befindlichkeit einer Person als Worte.[49]

Körperliche Symptome können nach *Christoph Besemer*[50]„eingefrorene" Botschaften darstellen. So könnten Kopfschmerzen etwa bedeuten:

Ich habe Angst.

Ich fühle mich hilflos.

Ich brauche Harmonie.

Auch die Art des Sprechens ist wichtig. Tempo und Pausen (betretenes Schweigen, ununterbrochenes Reden) können genauso aufschlussreich sein wie Lautstärke und Tonhöhe.[51]

Bisweilen wird in diesem Zusammenhang auch das **Pacing** empfohlen. Der Mediator passt sich dabei in seinem körperlichen Verhalten vorübergehend dem Redner an und intensiviert damit auf unbewusste Weise den Kontakt. Dies kann so aussehen, dass er das Sprachverhalten des Medianden hinsichtlich Geschwindigkeit und Lautstärke aufnimmt. Besonders wirksam ist das Pacing, wenn vorübergehend der Atemrhythmus des Medianden übernommen wird. Der Mediator geht dann besonders intensiv im Gleichschritt mit dem Medianden. Wenn er so eine tiefere Verbindung hergestellt hat, kann er den Mediationsprozess möglicherweise leichter voranbringen.

b) Spiegeln

Eine in der Mediation viel genutzte Technik ist das Spiegeln. Mit ihrer Hilfe wird dem Redner vermittelt, dass er nicht nur gehört, sondern auch verstanden worden ist.

Es ist Ihnen, Frau Menzel, wichtig, das Haus für die Kinder zu erhalten. Sie würden es deshalb in Kauf nehmen, eventuell weniger Unterhalt zu bekommen.

Sie, Herr Hansen, wollen die Firma in eine Aktiengesellschaft umwandeln, zertifizieren lassen und dann verkaufen.

---

[49] *Altmann/Fiebinger/Müller*, Mediation, S. 141.
[50] *Besemer*, Mediation, S. 124.
[51] *Reitemeier*, Mediation, S. 37.

Wenn der Mediator die Ausführungen des Medianden kurz wiedergibt, merkt dieser, dass er richtig verstanden worden ist und der Mediator kann sicher sein, dass er den Medianden richtig verstanden hat. Wichtig ist es, die Aussagen genau so wiederzugeben, wie sie gemacht worden sind. Bewertungen sind zu vermeiden.

Die Technik des Spiegelns kann dazu beitragen, dass Medianden, die aus emotionellen Gründen gegenseitig blockiert sind, einander über den Mediator verstehen lernen.

Nach *Besemer*[52] sind beim Spiegeln folgende Regeln zu beachten:
– Den Redner ansprechen und dessen Sichtweise wiedergeben,
– Kurzhalten (viel kürzer als der Redner),
– Fakten und Gefühle wahrnehmen,
– Keine Bewertung vornehmen.

c) Brücke

Ergänzend zum einfachen Spiegeln wird auch die Technik der Brücke empfohlen. Dabei wird vor das eigentliche Spiegeln eine einleitende Formulierung gesetzt.

Ich möchte sicherstellen, dass ich Sie richtig verstanden habe. Sie haben gesagt …

Wenn ich Sie richtig verstanden habe, meinen Sie …

Darf ich das noch einmal mit meinen eigenen Worten wiederholen? Sie sind der Meinung…

Die Technik der Brücke ist in allen Mediationsphasen nützlich. *Besemer*[53] warnt allerdings davor, davon zu häufig Gebrauch zu machen, da das Gespräch sonst künstlich wirkt.

d) Zusammenfassen

Ähnlich wie das Spiegeln wirkt das Zusammenfassen[54] Der Mediator fasst das, was er gehört hat, mit eigenen Worten zusammen. Damit zeigt er dem Redner, dass er ihn verstanden hat.

Habe ich Sie richtig verstanden, Frau Holler? Ihnen wäre es lieber, wenn Ihr Mann sich mehr um die Kinder kümmern würde, auch wenn Sie dann weniger Unterhalt bekämen?

---

[52] *Besemer*, Mediation, S. 117.
[53] *Besemer*, Mediation, S. 117.
[54] *Hohmann/Morawe*, Praxis, S. 192, sehen das Zusammenfassen als Teil des aktiven Zuhörens.

Es hört sich für mich so an, als ob Sie, Herr Abel, die Firma hauptsächlich deshalb fortführen wollen, um diese in ein paar Jahren besser verkaufen zu können. Habe ich Sie da richtig verstanden?

Praxistipp: Das Zusammenfassen stellt für den Mediator auch immer eine gute Gelegenheit dar, seine Hypothesen überprüfen.

Das Zusammenfassen hat auch den Effekt, dass die Aussagen konzentriert werden. Das ist dann besonders wichtig, wenn die Medianden längere Ausführungen machen und dabei nur langsam zu einer Aussage gelangen. *Besemer* sieht deshalb im Zusammenfassen ein ordnendes Instrument.[55]

Frau Holler erzählt, wie sehr sie sich geängstigt hat, als ihr Mann mit den Kindern so lange nicht nach Hause gekommen ist. Als dann noch ein Gewitter aufkam, dachte sie, es sei etwas passiert. Sie erzählt von der Verletzung eines Kindes aus der Nachbarschaft, das durch einen Stromschlag schwer verletzt wurde.

Der Mediator lässt Frau Holler gewähren, weil er merkt, wie wichtig es ihr ist, zu Ende reden zu können.

Er fasst dann zusammen: *„Frau Holler für Sie war die Verspätung Ihres Mannes besonders schlimm, weil Sie wegen des Gewitters Befürchtungen hatten."*

Das Zusammenfassen ist ein gutes Mittel, um das wechselseitige Verstehen der Medianden zu fördern. Oft fällt es diesen leichter, eine Botschaft aus dem Munde des Mediators zu hören als vom Konfliktgegner.

Nach *Hannelore Dietz*[56] sind beim Zusammenfassen einige Regeln zu beachten:

– Zusammenfassen heißt nicht wiederholen. Die Kunst des Zusammenfassens besteht darin, das Gesagte in einer für den Fortgang der Mediation hilfreichen Weise positiv umzuformulieren, soweit dies möglich ist, ohne die Grenze zur Uminterpretierung oder gar Manipulation zu überschreiten. Dies heißt, dass nicht die negativen Anteile, sondern die zutage getretenen Ressourcen zu betonen sind.
– Jede der Konfliktparteien ist für sich zusammenzufassen. Dabei sollen, gerade die Unterschiede herausgearbeitet und nicht durch „falsches harmonisches Zusammenfassen" verwischt werden.
– Wichtig ist auch, den Medianden nach dem Zusammenfassen ausreichend Zeit zum Verstehen und Abwägen zu geben.

Das Zusammenfassen kann auch über das Verstehen hinaus eingesetzt werden, indem die für den Mediationsprozess wichtigen Aussagen betont werden. Richtig eingesetzt kann es den Medianden helfen, sich aus ihrer Starre zu lösen und in Bewegung zu kommen.

---

[55] *Besemer*, Mediation, S. 118.
[56] *Dietz*, Werkstattbuch, S. 171.

e) Fokussieren

Das Fokussieren ist eine besondere Art des Zusammenfassens.

Aus Ihren Antworten erkenne ich Ihre Unterschiedlichkeit.

Sie, Herr A, würden es vorziehen, zuerst …
Sie, Frau A, möchten als erstes …

Ihre Ideen sind z .T. ganz unterschiedlich …

Das Gesagte wird pointiert wiedergegeben. *Dietz*[57] sieht deshalb das Fokussieren als „verschärftes Zusammenfassen". Wichtig ist, die unterschiedlichen Sichtweisen deutlich herauszuarbeiten.

Praxistipp: Beim Fokussieren muss immer streng auf die Balance geachtet werden. Die jeweiligen Fokussierungen sollen nicht nur gleichwertig, sondern auch möglichst gleichartig sein. Das heißt auch, dass diese jeweils auf derselben Ebene erfolgen sollen, z. B. auf der emotionalen Ebene.

Wie das Zusammenfassen eignet sich auch das Fokussieren für alle Stufen der Mediation.

f) Paraphrasieren

Paraphrasieren ist eine ebenfalls aus der systemischen Therapie stammende Technik, die sich nicht immer klar vom Zusammenfassen und Fokussieren trennen lässt.[58] Es handelt es sich um eine Art Übersetzungstechnik.

Der Mediator kann eine negative Äußerung so umformulieren, dass diese von der anderen Seite leichter angenommen werden kann. Die Aussage bleibt unverändert, sie wird nur anders gefasst. Eine besondere Form des Paraphrasierens besteht darin, Beschwerden und Vorwürfe in sachliche Anliegen zu übersetzen.

Frau A: Hans, Du bist und bleibst total unzuverlässig. Am Sonntag hast Du unsere Tochter eine geschlagene Stunde zu spät zurückgebracht.

Herr A: Du regst Dich immer über Kleinigkeiten auf. Es war einfach wichtiger, Anna noch eine Stunde am See zu gönnen als den Zwangscharakter ihrer Mutter zu bedienen.

Mediator: Ein Thema, über welches Sie sprechen müssen, wird Absprache sein.

---

[57] *Dietz*, Werkstattbuch, S. 172.
[58] *Dietz*, Werkstattbuch, S. 182.

Das Paraphrasieren wird teilweise als die wichtigste Technik in der Mediation angesehen. Hervorgehoben werden insbesondere folgende Funktionen:[59]

– Das Tempo eines Konfliktgesprächs wird reguliert, so dass ein Schlagabtausch, der nichts klärt, verhindert wird.
– Da nur das Wesentliche paraphrasiert wird, konzentriert sich die Diskussion auf die wichtigen Fragen und nicht auf ablenkendes Beiwerk.
– Durch Konkretisierungen werden Pauschalurteile und unterschiedliche Interpretationen des eigentlich Gemeinten verhindert; es wird nicht um den heißen Brei herum geredet, sondern die Dinge werden beim Namen genannt, damit sie geklärt werden können.
– Der Mediator muss sich so auf das konzentrieren, was den Konfliktparteien selbst wichtig ist, so dass die Probleme immer deutlicher werden, auch für die Person selbst (Selbstklärung).
– Der Ärger und die Frustration einer Konfliktpartei nehmen ab, wenn sie spürt, dass ihr zugehört und sie verstanden wird.
– Die Probleme und Sichtweisen werden auch der jeweils anderen Konfliktpartei deutlicher; ein Schritt zur Förderung von gegenseitigem Verstehen ist getan.
– Der Kommunikationsstil wird kooperativer, wenn es gelingt, aus den Beiträgen der Medianden Aggression und Emotionen herauszunehmen.

Dietz[60] hält es für nützlich, einige Paraphrasierungsbegriffe parat zu haben:
– Verlässlichkeit,
– Sicherheit,
– Anerkennung,
– gerechte Verteilung,
– miteinander reden,
– Zeitmanagement.

Beim Paraphrasieren sind nach *Kessen/Troja* folgende Regeln zu beachten:[61]
– Der Mediator sollte dem Sprecher Zuwendung signalisieren (Blickkontakt, zugewandte Körperhaltung).
– Er sollte sowohl sachliche als auch emotionale Aussagen, Bedürfnisse und Interessen ansprechen.
– Er sollte beim Paraphrasieren auch auf die Seiten einer Nachricht (Sachebene, Beziehungsebene, Selbstoffenbarung, Appell) achten, die nicht explizit zum Ausdruck kommen.
– Der Mediator sollte die positiven Botschaften und die als lösbar genannten Probleme betonen.
– Er sollte Bewertungen oder Urteile vermeiden und stattdessen beschreibend wiederholen.

---

[59] *Kessen/Troja*, in Haft/Schlieffen, Handbuch, S. 304.
[60] *Dietz*, Werkstattbuch, S. 182.
[61] *Kessen/Troja*, in Haft/Schlieffen, Handbuch, S. 304.

– Der Mediator sollte seine Paraphrase so formulieren, dass ein Konfliktbe-
teiligter zustimmen oder auch ablehnen kann.

g) Reframing

Reframing ist eine spezielle Form des Paraphrasierens. Es bedeutet so viel
wie „in einen anderen Rahmen setzen".

Herr Holler findet die Ängste, die seine Ehefrau während des Gewitters hatte, übertrieben. Er sagt zu ihr: „Dass du Dich auch gleich immer so aufregen musst. Das ist
doch völlig übertrieben! Damit machst du nur Dich und andere verrückt!"
Der Mediator stellt die Aussage in einen anderen Kontext und gibt ihr damit einen
positiveren Bezug, welcher es der anderen Seite erleichtert, darauf einzugehen. Er
könnte sagen: „Herr Holler, Sie finden es für sich belastend, wenn Ihre Ehefrau sich
solche Sorgen macht."

Die Technik des Reframing ist dann besonders hilfreich, wenn feindliche
Gefühle und aggressive Stimmungen den Mediationsprozess blockieren. Mit
Hilfe des Reframing kann der Wechsel vom Positionskampf zur Interessen-
sicht erleichtert werden.

3. Lösungsfördernde Techniken

Einige Techniken dienen speziell dazu, die Suche nach Lösungen zu erleichtern und zu fördern.

a) Normalisieren

Diese von *John Haynes* entwickelte Technik dient dazu, den Konflikt zu
enttabuisieren.[62] Oft sehen sich die Konfliktparteien durch Ihren Konflikt
von ihren Mitmenschen isoliert und meinen, dass ihr Konflikt einzigartig
und nur schwer lösbar sei. Dann kann es hilfreich sein, diesen aus der Tabu-
zone herauszuholen und die Beteiligten von dem Gefühl zu befreien, sie
verhielten sich „unnormal".[63] Je mehr die Scham über den Konflikt ver-
schwindet, desto mehr erhöhen sich die Aussichten für dessen Lösung.
Meist wird bei dieser Technik nicht die Form einer Frage, sondern die
einer Aussage verwendet.

Das geht vielen Konfliktpaaren ebenso …

Das kennt man ja auch aus anderen Firmen …

---

[62] *Dietz*, Werkstattbuch, S. 174.
[63] *Dietz*, Werkstattbuch, S. 174.

Es ist ganz typisch für Ihre Situation, dass es zu Streitigkeiten kommt, die auch einmal eskalieren. Es geht für Sie beide schließlich auch um Ihre weitere wirtschaftliche Basis.

Es ist wichtig, die Technik des Normalisierens immer ressourcenorientiert zu nutzen.[64] Es gilt immer, die Zuversicht der Medianden zu stärken und deren Vertrauen in die Zukunft zu fördern.

b) Zukunftsorientieren

Ähnlich wirkt die Technik des Zukunftsorientierens, die ebenfalls aus der systemischen Arbeit stammt.

Wenn Sie jetzt mal fünf Jahre weiterdenken …

Angenommen, Sie hätten das gemeinsame Haus verkauft und mit dem Erlös jeweils eine Eigentumswohnung angeschafft, wie sollte dann…

Wenn Sie sich die verschiedenen Optionen noch einmal anschauen, was meinen Sie, welche würde Ihnen vermutlich in zehn Jahren immer noch gefallen?

Diese Technik entspricht sehr der Philosophie der Mediation, die zukunftsorientiert arbeitet. Deshalb wird darin von einigen Autoren nicht nur eine Technik, sondern auch eine Haltung gesehen.

> **Praxistipp:** Für den Blick in die Zukunft werden Sie als Mediator immer wieder sorgen müssen. Da die Medianden unter ihren Problemen leiden, kehren sie unwillkürlich immer mit ihren Gedanken dahin zurück. Machen Sie den Medianden bewusst, dass ihre Probleme in der Vergangenheit liegen, die nicht geändert werden kann und sie es in der Hand haben, die Zukunft erfreulicher zu gestalten.

Je mehr die Medianden in der Vergangenheit „festsitzen", desto wichtiger ist es, diese in die Zukunft zu führen. Besonders wichtig ist dies dann, wenn die Medianden ihre Situation als aussichtslos erleben.

Dies Technik des Zukunftsorientierens empfiehlt sich auch dann, wenn Konfliktparteien in Zukunft weiter miteinander „auskommen" müssen, z. B. Nachbarn, Arbeitskollegen oder Mitschüler.[65]

> **Praxistipp:** Beim Zukunftsorientieren sollten aus Gründen der Balance alle Konfliktparteien mit den gleichen Sätzen und Fragen angesprochen werden.

---

[64] *Dietz*, Werkstattbuch, S. 175.
[65] *Dietz*, Werkstattbuch, S. 177.

c) Partialisieren

Das Partialisieren dient dazu, einen Konflikt durch Unterteilen eines großen Themenpaketes in mehrere kleinere Themenpakete lösbar zu machen.

Nach *Dietz*[66] sind folgende Arten des Unterteilens zu unterscheiden:
- inhaltliches Unterteilen (Konfliktinhalte),
- zeitliches Unterteilen (kurz-, mittelfristige und langfristige Ziele),
- Unterteilen nach Personen (nach jeweiliger Betroffenheit),
- Trennen von Gefühls- und Sachebene (nach Harvard-Konzept).

Die Zerlegung eines großen Konflikts in verschiedene Teilaspekte kann diesen handhabbarer machen. Es ist erfahrungsgemäß leichter, eine Teillösung zu finden als gleich eine Gesamtlösung.

Wie würden Sie das Thema „Familienunternehmen" unterteilen wollen?

Wenn Sie sich noch nicht endgültig entscheiden können, welche Lösung könnten Sie sich übergangsweise vorstellen?

Würde es Ihnen helfen, wenn diese Regelung zunächst nur für die Dauer eines Monats vereinbart würde?

Praxistipp: Wichtig ist immer, den Medianden zu erklären, was der Nutzen des Partialisierens sein kann, und diese die Unterteilungen vornehmen zu lassen.

VII. Fragen

Die Kunst des Fragens gehört zum wichtigsten Handwerkszeug des Mediators. Er steuert die Mediation zu einem großen Teil über Fragen.
- Fragen geben dem Gespräch eine Richtung.
- Fragen legen weitgehend fest, worüber der Befragte nachdenkt.
- Fragen bewirken, dass der Fragende eine Information bekommt.

Die Qualität eines Mediators zeigt sich besonders in der Kunst des Fragens. Die Beherrschung der verschiedenen Fragetechniken ist von entscheidender Bedeutung für eine erfolgreiche Arbeit.

Praxistipp: Die richtige Frage zur richtigen Zeit kann bei den Medianden viel bewegen. Fragen können Impulse geben und neue Perspektiven eröffnen. Dabei ist es wichtig, den Konfliktparteien ausreichend Zeit zum Nachdenken zu lassen.

Für *Dietz*[67] stellen viele Mediatoren zwar gute Fragen, lassen den Medianden aber zu wenig Zeit zum Verstehen, Nachfragen und Nachdenken.

---

[66] *Dietz*, Werkstattbuch, S. 179.

Nach Ihrer Faustregel sollte ein Mediator die von ihm gestellte Frage innerlich noch zweimal wiederholen.

1. Fragen nach *Haynes*

Fragen können danach unterschieden werden, an welchen Adressaten sie
sich richten und welche Antworten sie eröffnen. *John Haynes* nimmt eine
Differenzierung in offene und geschlossene, gerichtete und ungerichtete
Fragen vor.[68]

Offene Fragen sind Fragen, die keine Antwortkategorie vorgeben. Der
Gefragte kann in jeder Weise antworten.

Seit wann leben Sie getrennt?

Von wem ist die Trennung ausgegangen?

Geschlossene Fragen sind solche, die auf kurze und eindeutige Antworten ausgelegt sind.

Wäre das für Sie eine Lösung?

Ab wann sollte diese Lösung gelten?

Geschlossene Fragen im engeren Sinn sind solche, die nur mit „ja" oder
„nein" beantwortet werden können.

Sind Sie damit einverstanden?

Bisweilen werden auch Fragen gestellt, die eigentlich nur eine Antwort
zulassen.

Wollen Sie alles tun, damit es Ihren Kindern gut geht?

*Wollen Sie, dass Ihre Kinder unter der Trennung möglichst wenig zu leiden ha-
ben?*

Problematisch an solchen Fragen ist, dass sie unangenehm pädagogisch
und bevormundend wirken können.

Gerichtete Fragen richten sich direkt an eine Person. Der Mediator
entscheidet damit, wer zuerst angesprochen wird und antwortet.

Frau Meier, mit welchem Thema möchten Sie beginnen?

---

[67] *Dietz*, Werkstattbuch, S. 165.
[68] *Haynes/Bastine/Link*, Scheidung, S. 215.

Ungerichtete Fragen werden jeweils an alle Beteiligten gestellt und lassen offen, wer antwortet. Die Entscheidung zur Beantwortung liegt bei den Medianden.

Wie würde jeder von Ihnen gerne verhandeln?

Eine wichtige Unterteilung der Fragen ergibt sich aus ihrer Funktion im Mediationsprozess. *Haynes* unterscheidet Eröffnungsfragen, Informationsfragen, Beurteilungsfragen, fokussierende Fragen, konzentrierende Fragen, Hypothesenfragen, einbeziehende Fragen, Schlussfragen.[69]

Praxistipp: Lassen Sie sich von der Fülle der Möglichkeiten inspirieren und nicht einschüchtern. Niemand kann sich alle Techniken in kurzer Zeit aneignen, wenn er sie nicht bereits in seinem Grundberuf trainiert hat. Sie können aber nach und nach Ihre Fähigkeiten erweitern, wenn Sie sich auf eine Sitzung vorbereiten und dabei auch einige Fragen überlegen.

Eröffnungsfragen bringen das Gespräch in Gang.

Was erwarten Sie sich von der Mediation?

Was ist Ihr wichtigstes Anliegen?

Informationsfragen zielen auf Fakten und Meinungen.

Was verdienen Sie?

Wie hoch sind die monatlichen Zahlungen an die Bank?

Beurteilungsfragen dienen dazu, die Gründe für eine Position zu erfahren.

Warum ist Ihnen das wichtig?

Warum glauben Sie, dass ...?

Fokussierende Fragen dienen dazu, wieder zum Thema zurückzufinden.

Was hat dies mit den Kindern zu tun?

Konzentrierende Fragen sollen zu den wesentlichen Punkten zurückführen.

Was sind für Sie die wesentlichen Gesichtspunkte?

Hypothesenfragen sollen Ideen in die Diskussion einbringen.

---

[69] *Haynes/Bastine/Link,* Scheidung, S. 213f.

Wäre es für Sie denkbar, das Haus Ihrer Frau zu überlassen, wenn Sie dafür einen entsprechenden Ausgleich bekämen?

Angenommen, Sie würden diese Möglichkeit ausprobieren, was glauben Sie, was passieren würde?

Einbeziehende Fragen sollen die Medianden ermuntern, sich einzubringen.

Was meinen Sie dazu?

Könnten Sie sich das vorstellen?

Schlussfragen dienen dazu, sicherzustellen, dass ein Thema auch wirklich abgeschlossen ist.

Haben Sie nun alle Informationen, die Sie brauchen, um ... ?

Haben wir diesen Punkt ausführlich genug besprochen?

2. Fragen nach *Tomm*

Für den Mediationsprozess besonders wichtig ist das von *Karl Tomm* ursprünglich für den therapeutischen Bereich entwickelte Fragenmodell, ein Fragenkreis, der bei Informationsfragen beginnt und bei Veränderungsfragen endet: lineal – strategisch – zirkulär – reflexiv.

Praxistipp: Wenn Sie von diesem Fragenmodell Gebrauch machen, sollten Sie darauf achten, nicht Fragen verschiedenen Typs in einer Frage zu vermischen. Sie würden damit Ihrer Frage die Wirkung nehmen.

Lineale Fragen sind Orientierungs- und Informationsfragen. Sie haben untersuchenden Charakter und sind insbesondere geeignet zum Sammeln von Daten und Fakten.[70]

Wie alt sind die Kinder?

Gibt es weitere Gesellschafter der GmbH?

Ist das Wegerecht im Grundbuch eingetragen?

Praxistipp: Lineale Fragen sind insbesondere in der Anfangsphase der Mediation zur Klärung des Sachverhalts angebracht.

Strategische Fragen lenken die Medianden in eine Richtung, beeinflussen und korrigieren.[71]

---

[70] *Tomm*, Fragen, S. 180.

Warum sagen Sie Ihrer Frau nicht, dass Sie bei Gericht keine Chance hätten, die Ehewohnung zugesprochen zu bekommen?

Sehen Sie nicht, dass die zu erwartende Erbschaft neue Optionen eröffnet?

Strategische Fragen sind als Kommunikationsmodell für die Mediation grundsätzlich ungeeignet.[72] Sie schränken die Autonomie der Medianden ein und können Ängste und auch Widerstände erzeugen.

Zirkuläre Fragen machen Zusammenhänge deutlich.[73] Sie können befreiend wirken[74] und neue Perspektiven eröffnen. Sie können den Medianden helfen, die Situation auch mit den Augen des anderen zu sehen (sog. Perspektivenwechsel[75]) oder andere Personen mit einzubeziehen.

Herr A., was bräuchten Sie, um auf den Vorschlag Ihrer Frau eingehen zu können?

Frau A., was könnten Sie sich als Gegenleistung vorstellen, um ihrem Mann die Zustimmung zu erleichtern?

Frau A., Herr A., kennen Sie Familien, die in einer ähnlichen Situation waren? Wissen Sie, welche Lösung die gefunden haben?

Zirkuläre Fragen sind geeignet, Muster offen zu legen und Zusammenhänge aufzuklären. Sie können die Klärung der Interessen und Bedürfnisse voranbringen und bei der Entwicklung von Optionen helfen.

Praxistipp: Zirkuläre Fragen können besonders hilfreich sein, wenn die Medianden sich zwar über ihre eigenen Vorstellungen im Klaren sind, die andere Seite aber nicht ausreichend wahrnehmen können.

Reflexive Fragen wollen dazu anregen, über die Implikationen der eigenen Wahrnehmungen und Handlungen nachzudenken. Sie können neue Gedanken und Veränderungen anstoßen.[76]

Was glauben Sie, wie Ihre Kinder später über das Verhalten ihrer Eltern in der Trennungszeit denken werden?

Stellen Sie sich vor, sie könnten Ihre Vorstellungen durchsetzen. Wie ginge es Ihnen dann?

---

[71] *Tomm*, Fragen, S. 183.
[72] *Dietz*, Werkstattbuch, S. 161.
[73] *Tomm*, Fragen, S. 181.
[74] *Hertel*, Konfliktlösung, S. 178 betont die neutralisierende Wirkung zirkulärer Fragen.
[75] *Ballreich/Glasl*, Mediation, S. 90.
[76] *Tomm*, Fragen, S. 185.

Angenommen, Ihre Lösung ist nicht zu verwirklichen – was wäre die zweitbeste Lösung für Sie?

Wenn Sie eine Lösung gefunden haben – woran erkennen Sie, dass sie gut ist?

Tomm unterscheidet sechs verschiedene Kategorien von reflexiven Fragen:
– zukunftsorientierte Fragen,
– Fragen, die einen neuen Zusammenhang eröffnen,
– Fragen, die Unterschiede herausarbeiten,
– Fragen, die Abweichungen vom Üblichen ermöglichen,
– hypothetische Fragen,
– Fragen, die zur Unterbrechung unproduktiver Prozesse führen.[77]
Reflexive Fragen können Veränderungsprozesse bei den Medianden in Gang setzen. Sie können auch dazu beitragen, dass diese zu einer positiveren Sicht Ihres Konflikts gelangen und neue Perspektiven erkennen.

Praxistipp: Reflexive Fragen sind in allen Phasen der Mediation einsetzbar, besonders nützlich sind sie bei der Suche nach Optionen.

Als-ob-Fragen

Wenn es darum geht, die Medianden von ihrer gewohnten vergangenheits- und problemorientierten zu einer zukunfts- und lösungsorientierten Sichtweise zu führen, sind auch Als-ob-Fragen hilfreich. Diese dienen dazu, die Zukunftsvorstellungen der Medianden aufgrund bestimmter Vorgaben zu aktivieren.

Stellen Sie sich vor, Ihre Kinder wären erwachsen ...

Stellen Sie sich vor, Sie hätten beide einen neuen Lebenspartner ...
Wie möchten Sie in fünf Jahren leben?

Praxistipp: Als-ob-Fragen sind besonders hilfreich, wenn die Medianden mit ihren Vorstellungen „festsitzen" und sich schwer tun, neue Perspektiven zu entwickeln.

3. Fragen nach *Schweizer*

Es gibt verschiedene weitere Ansätze zur Systematisierung der Fragen. Meist werden einzelne Aspekte stärker ausdifferenziert. *Adrian Schweizer* unterscheidet 13 Fragetypen:[78]
– Sachverhaltsorientierte Fragen,
– Problemorientierte Fragen,

---

[77] *Tomm*, Fragen, S. 147.
[78] *Schweizer*, in Haft/Schlieffen, Handbuch, S. 342 ff.

– Wahrheitsorientierte Fragen,
– Rechtliche Fragen,
– Fragen zum Prozessrisiko,
– Interessenorientierte Fragen,
– Zielorientierte Fragen,
– Lösungsorientierte Fragen,
– Provokative Fragen ,
– Meta-Fragen,
– Zyklische Fragen,
– Systemische Fragen,
– Utilisationsfragen.

Einige der Fragetypen bedürfen einer Erläuterung.

Meta-Fragen dienen dazu, herauszufinden, was die Medianden genau meinen.[79]

Mediand: „*Ich bekomme zu wenig Anerkennung.*"
Mediator: „*Wovon genau bekommen Sie zu wenig?*"

Zyklische Fragen sollen den Medianden helfen, den eigenen Standpunkt zu relativieren, indem sie die eigene Sichtweise für einen Moment verlassen und stattdessen die des Mediators einnehmen.[80]

„*Was würden Sie sich jetzt fragen, wenn Sie ich wären?*"

Systemische Fragen dienen dazu, die Situation aus verschiedenen Perspektiven zu betrachten.[81] Sie haben eine ähnliche Funktion wie zirkuläre Fragen.

1. Perspektive: „*Wie erleben Sie die Situation?*"
2. Perspektive: „*Was glauben Sie, wie die andere Seite die Situation erlebt?*"
3. Perspektive: „*Was würde wohl ein unbeteiligter Dritter denken?*"

Utilisationsfragen sollen die Ressourcen der Medianden aktivieren.[82] Sie wirken teilweise ähnlich wie zirkuläre Fragen.

„*Waren Sie schon einmal in einer ähnlichen Situation und wissen Sie noch, welche Lösung Sie damals gefunden haben?*"

---

[79] *Schweizer,* in Haft/Schlieffen, Handbuch, S. 346.
[80] *Schweizer,* in Haft/Schlieffen, Handbuch, S. 344.
[81] *Schweizer,* in Haft/Schlieffen, Handbuch, S. 344 f.
[82] *Schweizer,* in Haft/Schlieffen, Handbuch, S. 345 f.

4. Wunderfrage

Einige Mediatoren „schwören" auf die „Wunderfrage", die besonders die lösungsorientierte Seite der Medianden aktivieren will. Die Medianden werden gebeten, sich vorzustellen, Ihr Problem sei wie durch ein Wunder gelöst. Da das Gehirn grundsätzlich problemorientiert arbeitet, bedarf es manchmal dieser Intervention, um ins „Lösungsland" zu führen.

Es gibt viele Varianten der Wunderfrage. In einer Familienmediation könnte sie z.B. so lauten:

Frau Meier, stellen Sie sich vor, Sie wachen morgens auf und ein Wunder ist geschehen: Sie haben gemeinsam eine Lösung gefunden, wie Sie den Umgang mit Ihren Kindern organisieren wollen und wissen nicht, wie es geschehen ist. Alles ist gut ausgegangen.

Woran merken Sie als erstes, dass ein Wunder geschehen ist?

Der weitere Dialog könnte so aussehen:

Fr. Meier: Ich würde mir einfach keine Sorgen mehr machen, dass der Kontakt zum
             Vater meiner Kinder gelingt.
Mediator: Wie fühlen Sie sich dann?
Fr. Meier: *Gut.*
Mediator: Wie fühlt sich das bei Ihnen körperlich an?
Fr. Meier: Ich bin entspannter und kann besser schlafen.
Mediator: Wie geht es den Kindern?
Fr. Meier: Denen geht es gut. Sie freuen sich auf ihren Papa.
Mediator: Hat sich Ihre Beziehung zu den Kindern verändert?
Fr. Meier: Ja, ich bin geduldiger mit ihnen.
Mediator: Wie ist dann die Beziehung zu Ihrem Mann?
Fr. Meier: Entspannter, ich habe mehr Vertrauen, dass er Gutes für die Kinder will.

Die Mediandin fühlt sich durch die konkreten Fragen nach und nach in die Lösungswelt ein. Wenn sie eine Vorstellung davon hat, wie es sich anfühlen würde, wenn ihr Konflikt einvernehmlich gelöst wäre, fragt der Mediator:

Was war damals Ihr erster Schritt zu einer Veränderung?
Über welchen Schatten sind Sie gesprungen, dass Sie zu einer Lösung kamen?
Die Mediandin wird dann den nächsten Schritt benennen, den sie gehen könnte, z. B.

Ich habe mich damals damit einverstanden erklärt, dass die Kinder zunächst einmal zur Probe am Wochenende von Samstag auf Sonntag bei ihrem Vater übernachten und ich sie dann frage, ob ihnen das gefallen hat.
Anschließend würden die gleichen Fragen an Herrn Meier gestellt.

VIII. Das Recht in der Mediation

1. Die Bedeutung des Rechts

Traditionell werden in unserer Kultur Konflikte mit Hilfe des Rechts, d.h. auf der Grundlage der geltenden Gesetze gelöst. Das Recht gibt einer Partei einen Anspruch, der mittels der Gerichte und notfalls mit Hilfe eines Gerichtsvollziehers durchgesetzt werden kann. Wird ein Rechtsanwalt eingeschaltet, klärt dieser seinen Mandanten darüber auf, wie sich die Rechtslage aus seiner Sicht darstellt, d.h. wie das Gericht im Falle eines Rechtsstreits seiner Ansicht nach entscheiden würde. Er wird diese Rechtsposition gegenüber der anderen Seite vertreten und versuchen, diese durchsetzen.

Die Verfassung der Bundesrepublik Deutschland garantiert Vertragsfreiheit. Ein großer Teil der gesetzlichen Vorschriften ist nicht zwingend, d.h. die Betroffenen können davon abweichende Regelungen treffen. So führt das Bundesverfassungsgericht[83] aus, dass die Parteien auf der Grundlage der **Privatautonomie** ihre Rechtsbeziehungen eigenverantwortlich gestalten können. Der Staat hat die getroffenen Regelungen – innerhalb gewisser Grenzen – zu respektieren.

Mediation bewegt sich im Rahmen der Privatautonomie. Die Betroffenen suchen nach einer für sie angemessenen Lösung, die von der gesetzlichen Regelung abweichen kann. Aus dem Blickpunkt des Rechts stellt sich Mediation demnach als schöpfender Vorgang des Verhandelns und Gestaltens[84] dar, mit dem Ziel, zu einer rechtsverbindlichen Vereinbarung zu kommen.

Zu einer Lösung kommt es, wenn die Medianden ihre Interessen und Bedürfnisse befriedigt sehen und im Idealfall alle einen Gewinn daraus ziehen („win-win"-Situation). Dabei spielen die jeweiligen Gerechtigkeitsvorstellungen eine große Rolle. Damit die Konfliktparteien die gefundenen Lösungen als gerecht empfinden, müssen sie ihre eigenen Ideen in den Mediationsprozess einbringen.

Die Richtlinien der BAFM (Volltext im Anhang) führen zur Bedeutung des Rechts aus:

„Soweit der Mediationsprozess wie bei Trennungs- und Scheidungsmediation eine rechtsverbindliche Vereinbarung anstrebt, ist die Kenntnis des Rechts zwingende Voraussetzung. Außerdem können die Partner das weitgehend dispositive Recht rechtsschöpfend dazu verwenden, den spezifischen Interessen und Bedürfnissen entsprechende, faire Vereinbarungen zu finden.

---

[83] BVerfGE 81, 242 ff.
[84] *Mähler/Mähler/Duss-von Werdt*, Mediation, S. 53.

Das Recht dient vor allem
– *der Aktivierung der Einzelinteressen,*
– *der Fairnesskontrolle,*
– *der Festlegung der Zulässigkeitsgrenzen für die Vereinbarung,*
– *zur Ausschöpfung der rechtlichen Möglichkeiten zum Vorteil aller Familienmitglieder,*
– *zur Gestaltung der Vereinbarung durch eine differenzierte Nutzung der Rechtsfiguren und vertragstypischen Regelungen".*[85]

2. Das Recht im Verlauf einer Mediation

Das Recht hat in den nachfolgend skizzierten Phasen einer Mediation jeweils eine unterschiedliche Bedeutung.

Phase I – Mediationsvertrag

Zu Beginn einer Mediation muss der Mediator klären, ob die Parteien bereits anwaltlich vertreten sind. Er wird fragen, ob Verträge und Vereinbarungen existieren, die beachtet werden müssen.

Die Parteien schließen zunächst einen Mediationsvertrag (Muster im Anhang), mit dem sie die grundlegenden Regeln der Mediation anerkennen und evtl. noch individuelle Zusatzvereinbarungen treffen.

Sie verpflichten sich darin, sich im Rahmen der Mediation mindestens ein Mal von einem Rechtsanwalt beraten zu lassen und die erarbeitete Lösung vor der Unterzeichnung überprüfen zu lassen. Ist der Mediator Jurist, kann er diese Aufgabe im Rahmen seiner Mediatorentätigkeit gleichwohl nicht erfüllen. Er ist als Mediator für beide Parteien zuständig und kann die Medianden daher nicht parteilich beraten.

Phase II – Themensammlung – und Phase III – Interessen und Bedürfnisse

Bei der Themensammlung und der Herausarbeitung der Interessen und Bedürfnisse spielt das Recht meist keine große Rolle.

Phase IV – Optionensammlung

Während der kreativen, möglichst offenen Suche nach Optionen stehen Rechtsfragen ebenfalls nicht im Vordergrund. Sie rücken erst wieder in den Blickpunkt, wenn sich die Konfliktparteien auf bestimmte gemeinsame Lösungsansätze konzentrieren und deren Umsetzung diskutieren.

Beispiel: Herr und Frau Breuer können sich nicht einigen, wer nach der Ehescheidung weiter in dem gemeinsamen Haus wohnen soll. Die Informationen ihrer Rechtsanwälte, dass jede Partei als Miteigentümer das Recht hat, die Teilungsversteigerung zu

---

[85] Richtlinien BAFM, IV,1.

beantragen, falls die andere Seite mit einem Verkauf nicht einverstanden sein sollte, hat sie nicht weitergebracht.

Sie suchen daher einen Mediator auf und erarbeiten gemeinsam die Lösung, dass Frau Breuer mit den Kindern weiterhin im gemeinsamen Haus wohnen kann, bis das jüngste Kind in voraussichtlich 5 Jahren die Schule abgeschlossen haben wird. In dieser Zeit soll das Haus nicht zum Verkauf angeboten werden. Danach soll es freihändig verkauft werden.

Rechtlich stellt sich nun die Frage, inwieweit sich etwas am Kindes- oder nachehelichen Ehegattenunterhalt ändert, wenn Frau Breuer kostenlos im Haus wohnt.

In dieser Phase rät der Mediator den Parteien dazu, sich von ihren Anwälten beraten zu lassen. Die Anwälte erklären ihren Mandanten, wie die Rechtsprechung diese Frage löst: Demjenigen Ehepartner, der mietfrei wohnt, wird ein sog. Wohnwert zugerechnet (nach der Ehescheidung in Höhe der marktübliche Miete). Da dieser wie Einkommen behandelt wird, würde sich der nacheheliche Ehegattenunterhalt von Frau Breuer entsprechend vermindern.

Ob die Parteien der gesetzlichen Regelung folgen, wird davon abhängen, ob sie diese als gerecht und ihrem Fall angemessen empfinden. Wenn dies der Fall ist, wird es als nächstes um die Höhe der anzusetzenden Miete gehen. Andernfalls werden sie mit dem Mediator weitere Optionen entwickeln und eine auswählen, die ihnen angemessen erscheint.

Praxistipp: Bereiten Sie die Medianden auf den Besuch beim Beratungsanwalt vor, indem Sie mit ihnen die Fragen durchgehen, die sie ihren Beratungsanwälten stellen werden. Gehen Sie mit ihnen auch die Zahlen durch und halten Sie fest, über welche bereits Einigkeit erzielt worden ist, damit die Anwälte so weit wie möglich von den gleichen Voraussetzungen ausgehen. Für den Unterhalt empfiehlt sich die Klarstellung, dass das jeweilige Nettoeinkommen zugrunde zu legen ist, d.h. das Einkommen nach Abzug aller Steuern und Sozialabgaben. Ferner müssen die eventuell abzugsfähigen Schulden festgehalten werden, z.B. Zinszahlungen für das Haus. Die Vorbereitung wird dazu beitragen, dass sich die Berechnungsergebnisse der Anwälte einander annähern.

Es ist nicht notwendig, dass die Medianden ihren Beratungsanwälten ein Mandat zur Vertretung erteilen. Deren Aufgabe ist es vielmehr, die Medianden mit Information über das Recht zu versorgen. Der Beratungsanwalt hat also eine andere Rolle als der Rechtsanwalt, der seinen Mandanten „an die Hand nimmt" (von lateinisch „*mandare*") und gegenüber der Gegenseite oder vor Gericht vertritt.

Praxistipp: Machen Sie die Medianden darauf aufmerksam, dass ihnen nach dem Rechtsanwaltsvergütungsgesetz (§ 34 RVG) für ein erstes Beratungsgespräch unabhängig vom Gegenstandswert höchstens 190,- EUR zuzüglich Auslagen und Mehrwertsteuer in Rechnung gestellt werden dürfen, sofern sie Verbraucher (d.h. nicht Unternehmer) sind.

Für den Mediator ist es wichtig, sich über seine Haltung zum Recht im Klaren zu sein. In der Ausbildung wird der Mediator trainiert, sich seine Wertvorstellungen zum Recht bewusst zu machen, da diese ihn prägen und seine Arbeit beeinflussen. Seine Aufgabe ist ggf. auch, die Rechtsvorstellungen der Medianden zu mediieren. Das bedeutet,

- die Konfliktparteien anzuhören,
- sie zu verstehen,
- ihnen eine Rückmeldung zu geben,
- ihnen Raum zu geben, zu eigenen Lösungen zu finden,
- eine Fairnesskontrolle vorzunehmen.

Je offener, entspannter und ausgewogener der Mediator dabei vorgehen kann, ohne seine eigenen Bewertungen einzubringen, desto besser.

Von dem amerikanischen Mediator *Jack Himmelstein* ist der Satz überliefert:

„Das Recht ist ein Elefant. Sobald es den Raum betritt, droht es, die Mediation zu dominieren."

Die Erfahrung zeigt, dass eine Partei meist nicht mehr so offen ist, mit der Gegenseite zu verhandeln, wenn sie davon ausgeht, dass ihr bestimmte Dinge „zustehen", denn sie „hat ja Recht". Eine sichere oder auch nur vermeintlich sichere Rechtsposition kann daher im Mediationsprozess blockierend wirken.

Praxistipp: Grundsätzlich ist es besser, das Recht eher etwas später in die Mediation einzuführen. In der Regel sollten die Medianden dann zu Beratungsanwälten gehen, wenn sie gemeinsame Optionen entwickelt haben und diese auf ihre Umsetzbarkeit prüfen wollen.

Die Erfahrung zeigt, dass die Parteien, wenn sie sich in einer späteren Phase der Mediation mit dem Recht befassen, eher wieder davon lösen können, weil sie bereits selbst genügend eigene Ideen entwickelt haben, die sie nicht aufgeben möchten, nur weil das Recht etwas anderes vorsieht. Die am Ende der Mediation getroffenen Vereinbarungen sind meist eine Mischung aus eigenen kreativen Lösungen, welche die Parteien eingebracht haben und dem, was das Recht anbietet.

Es ist hilfreich, die Medianden darauf hinzuweisen, dass sich die Rechtsauffassungen und Berechnungen eines Beratungsanwalts ohne Weiteres von denen des Gegenanwalts unterscheiden können. Das liegt häufig an unbestimmten Rechtsbegriffen wie „angemessen", „gerecht" o.Ä., die der Rechtsanwalt mit seiner persönlichen Einschätzung ausfüllt. Die Parteien merken dann, dass das Recht keine eindeutige Angelegenheit ist und sich die Meinung eines Rechtsanwalts nicht unbedingt mit der des Gerichts decken muss. Diese „Relativierung der Rechtspositionen" erleichtert es den Parteien, wieder kreativ zu werden.

Soviel zu den Schwierigkeiten, die das Wissen über die eigenen Rechte für den Mediationsprozess mit sich bringt. Der Vorteil liegt darin, dass das Recht ein wichtiger Maßstab für Fairness und Gerechtigkeit sein kann.[86] Außerdem werden durch die Beratungsanwälte oft neue kreative Ideen eingebracht, die den Mediationsprozess voranbringen können.

Phase V – Mediationsvereinbarung

Spätestens vor Abschluss einer Vereinbarung muss jeder Mediand bei einem Beratungsanwalt gewesen sein. Anderenfalls würde er sich vielleicht auf eine Lösung einlassen, die er später bereuen könnte, wenn ihm klar würde, dass ihm mehr zugestanden hätte. Das Recht ist in dieser Phase ein wichtiger Bezugspunkt der Mediation und auch ein Maßstab für Fairness und Gerechtigkeit.

Die Vereinbarung muss sich sowohl in der Form wie auch vom Inhalt her am Recht messen lassen.

Die Parteien müssen darüber aufgeklärt werden, in welche **Form** ihre Vereinbarung gebracht werden muss, damit sie rechtsgültig ist. In vielen Fällen z.B. bei einer Grundstücksübertragung, muss die Vereinbarung von einem Notar beurkundet werden.

Die Parteien sollten wissen, dass der **Inhalt** der Vereinbarung u.U. später vom Gericht überprüft werden kann. So unterliegen z.B. familienrechtliche Trennungs- und Scheidungsvereinbarungen einer gerichtlichen Fairnesskontrolle zum Schutz des Schwächeren.

Praxistipp: Sofern durch die Beratungsanwälte oder den Mediator bestimmte Rechtsnormen zur Sprache gebracht werden, ist es wichtig, den Parteien zu erklären, welchem Zweck diese dienen.

Für den Fall, dass eine Mediation scheitert, kann das Recht für die Medianden der Rettungsanker sein, weil sie ihre Streitpunkte dann mit Hilfe ihrer Anwälte außergerichtlich oder, falls das nicht gelingt, mit Hilfe der Gerichte bereinigen können.

3. Rechtliche Beratung

Kontrovers diskutiert wird die Frage, inwieweit ein Rechtsanwalt als Mediator selbst rechtliche Ausführungen machen darf. Nach *Roland Proksch*[87] ist dies auf Grund der Neutralität des Mediators für einen Anwaltsmediator unzulässig. Eine großzügigere Sichtweise vertreten u.a. *Gisela und Hans-Georg Mähler*.[88] Ihrer Ansicht nach sollte der Mediator darauf hinweisen, dass

---

[86] *Köper*, Mediationsverfahren, S. 84.
[87] *Proksch*, Dokumentation einer Scheidungsmediation, Konsens 1999, 116 ff.
[88] *Mähler/Mähler*, in *Duss von Werdt/Mähler/Mähler*, Mediation, S. 55.

seine Mediation eine Rechtsberatung mit umfasst, die im Hinblick auf den beiderseitigen Beratungsauftrag aber **nicht parteilich** sein kann.

Juristische Mediatoren schildern häufig, dass sie unter Druck geraten, wenn die Parteien ihnen Fragen zur Rechtslage stellen. Der Mediator kann auf seine Neutralität verweisen und klarstellen, dass er keine parteilichen Rechtsauskünfte gibt. Es kann aber künstlich wirken, wenn er diese Position strikt beibehält. Häufig wird der Weg gewählt, dass Rechtsauskünfte - gegeben werden, die neutral und unumstößlich sind, wie z.B. zur notariellen Beurkundungspflicht bei Grundstücksgeschäften, weitergehende Auskünfte aber nicht.

4. Anwälte in der Mediation

In bestimmten Mediationsbereichen (z.B. bei der Wirtschaftsmediation) ist es üblich, dass Anwälte an der Mediation teilnehmen, in anderen Bereichen wie in der Familienmediation eher nicht.

Für den Mediator kann die Teilnahme von Anwälten sowohl eine Be- als auch eine Entlastung bedeuten. Die Belastung liegt darin, dass mindestens vier Personen am Tisch sitzen, die alle beachtet werden und zu Wort kommen sollen. Die Entlastung besteht darin, dass die Anwälte zur Versachlichung beitragen können und es für die Parteien beruhigend sein kann, wenn sie jemanden an ihrer Seite haben, der sie unterstützt.

> **Praxistipp:** Begrüßen Sie zunächst die Parteien und dann die Parteivertreter und würdigen Sie deren Rolle. Bitten Sie die Rechtsanwälte um ihr Einverständnis, wenn Sie zunächst mit den Parteien arbeiten werden. Die Erfahrung zeigt, dass Rechtsanwälte dem gerne nachkommen. Sie können sich dann in Ruhe zurücklehnen und den Prozess verfolgen. Häufig haben sie wenig Erfahrung mit Mediation und halten sich deshalb anfangs gerne zurück.

Eine wichtige Rolle kommt den Anwälten bei der Formulierung der abschließenden Mediationsvereinbarung zu.

5. Verjährung

Nach deutschem Recht ist die **Verjährung** nach geltendem Recht gehemmt, solange „... *zwischen dem Schuldner und dem Gläubiger Verhandlungen über den Anspruch oder die den Anspruch begründenden Umstände schweben* ...", und zwar „... *bis der eine oder der andere Teil die Fortsetzung der Verhandlungen verweigert*".[89] Unter den Begriff Verhandlungen im Sinne dieser Vorschrift

---

[89] § 203 S. 1 BGB.

fällt auch die Mediation. Zu beachten ist, dass die Verjährung frühestens drei Monate nach dem Ende der Verhandlungen eintreten kann.[90]

> **Praxistipp:** Um Klarheit hinsichtlich der Beendigung der Verhandlung zu schaffen, kann es sinnvoll sein, gegebenenfalls schriftlich festzuhalten, dass die Mediation beendet wurde.
> Werden Mediationsverhandlungen für einen längeren Zeitraum unterbrochen, empfiehlt sich eine schriftliche Erklärung, dass die Mediation derzeit ruht, aber von beiden Seiten eine Fortsetzung beabsichtigt ist.

6. Vollstreckung

In der Mediation erzielte Vereinbarungen sind nach deutschem Recht nur dann vollstreckbar, wenn sie entweder gerichtlich protokolliert, notariell beurkundet[91] oder in Form eines Anwaltsvergleichs[92] abgeschlossen wurden. In diesen Fällen können sie wie Urteile vollstreckt werden, z.B. durch einen Gerichtsvollzieher. In allen anderen Fällen muss zur ihrer Durchsetzung der Weg zu Gericht beschritten werden.

---

[90] § 203 S. 2 BGB.
[91] § 794 Abs. 1 ZPO.
[92] § 796 Abs. 1 ZPO.

Teil 2. Praxis der Mediation

I. Anwendungsgebiete

Mediation wird auf vielen Gebieten praktiziert. Jedes Konfliktfeld hat seine Besonderheit, der die Mediation gerecht werden muss.

1. Familienmediation

In Deutschland hat sich der Mediationsgedanke als erstes im Familienrecht etabliert. Familienrechtliche Konflikte sind nach wie vor ein Hauptanwendungsgebiet von Mediation. Das seit 2009 geltende Familienverfahrensgesetz hat die außergerichtlichen Konfliktlösungsansätze gestärkt. Das Familiengericht kann „*anordnen, dass die Ehegatten einzeln oder gemeinsam an einem kostenfreien Informationsgespräch über Mediation oder eine sonstige Möglichkeit der außergerichtlichen Konfliktbeilegung anhängiger Folgesachen bei einer von dem Gericht benannten Person oder Stelle teilnehmen und eine Bestätigung hierüber vorlegen*[93] ".

Gegenstand der Familienmediation sind insbesondere die Folgen von Trennung und Scheidung:
- Kindesunterhalt,
- Ehegattenunterhalt,
- Sorge- und Umgangsrecht,[94]
- Hausrat,
- Wohnung,
- Zugewinnausgleich.

Eine Beschränkung auf Ehe und Familie im engeren Sinn ist nicht angebracht. Familienmediation bezieht sich auf alle Formen familiärer Verhältnisse und Beziehungen:
- Konflikte in „Patchwork"-Familien,
- Konflikte zwischen nicht verheirateten Paaren,
- Partnerstreitigkeiten etwa bei der Familienplanung,
- Konflikte zwischen Eltern und älteren Kindern,
- Mehrgenerationenkonflikte in Mehrgenerationenhaushalten.

Familienrechtliche Konflikte zeichnen sich dadurch aus, dass sie in besonderem Maße mit persönlichen Auseinandersetzungen verbunden sind.

---

[93] § 135 Abs. 1 FamFG.
[94] Nach *Greger*, Pilotstudie, S.130 liegt die Verfahrenszufriedenheit dafür bei 89%.

Ausgangspunkt ist gerade der Umstand, dass die Konfliktparteien mit ihren persönlichen Beziehungen nicht zu Recht kommen. Es reicht deshalb nicht, dass sich der Mediator im Familienrecht auskennt, er muss auch mit paar- und familiendynamische Prozessen vertraut sein und Grundkenntnisse in der systemischen Theorie haben.[95]

Zur Familienmediation finden sich in Teil 3 drei Fälle:

Fall 2: Den Kindern zuliebe

Fall 3: Scheidung nach 37 Ehejahren

Fall 4: Hoffnung auf ein Happy End.

2. Elder-Mediation

Mediation von Konflikten rund um die Lebensgestaltung im Alter, der Lebenszeit nach der Sorge für die Familie und dem Ausscheiden aus dem Beruf, wird in den angelsächsischen Ländern seit langem als eigenständiges Mediationsfeld betrachtet. Unter der englischen Bezeichnung Elder-Mediation wird sie neuerdings auch bei uns angeboten.

Dabei kann es sich um Familienkonflikte im weiteren Sinn handeln, etwa alte Familienstreitigkeiten oder Beziehungsprobleme zwischen Großeltern und Enkeln. Auch Fragen der selbstbestimmten Lebensgestaltung im Alter können Themen sein, z. B.

– Eigenständiges Wohnen,

– Krankheit und Pflegebedarf,

– Finanzverwaltung,

– Mobilität und Autofahren,

– Streit im Alters- oder Pflegeheim.

3. Mediation in anderen Zivilrechtsstreitigkeiten

Mediation eignet sich für alle Konflikte des Zivilrechts. Eine Beschränkung auf bestimmte Rechtsgebiete ist nicht angebracht.

Wenn eine außergerichtliche Lösung gefunden wird erübrigt sich ein Gerichtsverfahren.

Auch wenn sich ein Konflikt bereits im Stadium des Gerichtsverfahrens befindet, ist Raum für Mediation. Die Zivilprozessordnung bietet dafür verschiedene Möglichkeiten.

Nach § 278 Abs. 5 ZPO kann das Gericht

„(…) die Parteien für die Güteverhandlung sowie für weitere Güteversuche vor einen hierfür bestimmten und nicht entscheidungsbefugten Richter (Güterichter) verweisen. "

---

[95] *Fischer*, in Henssler/Koch, Mediation, S. 311.

Wenn die Parteien einverstanden sind, findet bei diesem Richter, der zur Streit-entscheidung nicht befugt ist, eine Güteverhandlung statt. Auch dafür gilt der Grundsatz der Vertraulichkeit. Dies schließt nach Auffassung des OLG München nicht aus, dass die Parteien (auch nach Abschluss des Verfahrens) Einsicht in die gerichtlichen Mediationsakten nehmen können.[96]

Der Güterichter kann „alle Methoden der Konfliktlösung einschließlich der Mediation einsetzen[97]". Anders als der Mediator kann er auch eine rechtliche Bewertung vornehmen und den Parteien eine Lösung für den Konflikt vorschlagen.

Nach § 278a ZPO kann das Gericht

„(…) den Parteien eine Mediation oder ein anderes Verfahren der außergerichtli-chen Konfliktbeilegung vorschlagen.[98] *"*

Entscheiden sich die Parteien für eine Mediation, ordnet das Gericht das Ruhen des Verfahrens an.[99]

Als besonders geeignet für eine Mediation gelten Konflikte, die einen starken persönlichen Einschlag haben. Rein rechtliche Vergleichsverhand-lungen stoßen in solchen Fällen schnell an ihre Grenzen. Mediation kann die persönlichen Konflikte in den Verhandlungsprozess einbeziehen und so zu befriedigenden Lösungen führen.

Erbstreitigkeiten gehen meist mit starken persönlichen Konflikten zwi-schen den Beteiligten einher, die oft durch familiäre Bande miteinander verbunden sind. Besonders groß ist das Konfliktpotential, wenn mit dem Erbfall auch der Übergang eines **Unternehmens** verbunden ist. Es handelt es sich dann um eine **Mischmediation**, die neben einer Erbschaftsmediati-on auch eine Familienmediation beinhaltet.

Meist wird erst nach langen Querelen – etwa unter den Mitgliedern einer Erbengemeinschaft – ein Mediator eingeschaltet. Mediation kann sich auch im Vorfeld eines Erbfalles empfehlen. Dadurch können spätere Konflikte von vornherein vermieden werden. In Frage kommen Verhandlungen zwi-schen dem Erblasser, den potentiellen und den gesetzlichen Erben[100].

Nachbarschaftskonflikte sind ebenfalls häufig von hoher Emotionalität. Sie können eine Dynamik entfalten, die der von Familienkonflikten ähnelt. Anders als Eheleute haben sich Nachbarn in der Regel nicht bewusst für-einander entschieden, müssen aber gleichwohl in räumlicher Nähe mitein-ander auskommen.[101]

---

[96] *OLG München*, Beschluss vom 20.5.2009, ZKM 2009, 158.
[97] § 278 Abs. 5, S. 2 ZPO.
[98] § 278a Abs. 1 ZPO.
[99] § 278a Abs. 2 ZPO.
[100] *Beisel*, in Haft/Schlieffen, Handbuch, S. 506.
[101] *Metzger*, in Breidenbach/Henssler, Mediation, S. 185.

Beispiele für Konflikte zwischen Grundstücksnachbarn gibt es viele:
- Beeinträchtigungen durch Bäume im Grenzbereich,
- Belästigungen durch Gerüche (z. B. Komposthaufen),
- Störung durch helle Beleuchtung z. B. der Einfahrt,
- Störung durch eine Alarmanlage mit Überwachungskamera.

Typische Konflikte zwischen Wohnungsnachbarn sind:
- Belästigungen durch Lärm,
- Belästigung durch Geruch (Grillen),
- Störung durch Gegenstände auf dem Balkon.

Wohnungseigentümer sind nicht nur als Nachbarn durch räumliche Nähe, sondern (über die Wohnungseigentümergemeinschaft) auch rechtlich und finanziell miteinander verbunden. Typische Streitthemen sind:
- Störung des Gemeinschaftseigentums,
- Überschreitung der Sondernutzungsrechte,
- Renovierungsmaßnahmen,
- Rücklagenerhöhung,
- Einhaltung der Hausordnung.

Auch Mietstreitigkeiten können (unabhängig von ihrer finanziellen Größenordnung) eine große Konfliktdynamik gewinnen. Typische Streitigkeiten im **Mietrecht** sind:
- Renovierungsmaßnahmen und -folgen,
- Mängel und Mängelfolgen,
- Mietminderung wegen Baumängeln (z. B. Schimmel),
- Mietminderung wegen Umweltmängeln (z. B. Baulärm),
- Mieterhöhungen.

Als besonders mediationsgeeignet gelten auch Streitigkeiten, denen längerfristige Rechtsbeziehungen zugrunde liegen. Dies gilt nicht zuletzt für **langfristige Geschäftsbeziehungen**, z. B.
- Beziehung zwischen Zulieferer und Hersteller,
- Zusammenarbeit zwischen einer Anwalts- und einer Steuerkanzlei,
- Beziehung zwischen Lieferant und Gaststättenbetreiber.

Wenn sich eine Situation als besonders komplex darstellt, kann dies ebenfalls ein Argument für eine Mediation sein. Gerichtliche Auseinandersetzungen sind dann mit großem Aufwand und evtl. auch großen Risiken verbunden. Dies gilt z. B. für das **private Baurecht**[102] Viele Bauvorhaben haben ein rechtliches Nachspiel. Probleme sind eher die Regel als die Ausnahme. Typische Konfliktfälle sind etwa Baumängel oder die Vergütung der Handwerker, Architekten, Baustatiker usw.

Mediation kann nicht nur eine Alternative zur späteren gerichtlichen Klärung sein, sondern auch als baubegleitender Prozess genutzt werden.

---

[102] *Kraus*, in Haft/Schlieffen, Handbuch, S. 535.

4. Mediation im Arbeitsrecht

Auch im **Arbeitsrecht** gibt es längerfristige Bindungen. Zwischen Arbeitgeber und Arbeitnehmer besteht ein Arbeitsverhältnis, welches üblicherweise unbefristet ist. Im Prinzip lassen sich alle arbeitsrechtlichen Konflikte über eine Mediation lösen, z. B. solche bei der Urlaubsplanung.

Auch Konflikte des kollektiven Arbeitsrechts, z.B. Tarifstreitigkeiten, eignen sich für die Mediation.[103]

5. Mediation im Gesellschaftsrecht

Das Gesellschaftsrecht befasst sich mit dem wirtschaftlichen Zusammenschluss von Menschen. Gesellschaften werden in aller Regel für einen längeren Zeitraum errichtet:
– Anwaltsozietäten,
– Ärztliche Gemeinschaftspraxen,
– Steuerberatungsgesellschaften,
– Architektenzusammenschlüsse,
– Handelsgesellschaften.
Streitigkeiten unter Gesellschaftern kommen häufig vor. Konflikte sind in allen Stadien der Gesellschaft möglich, bei der Gründung genauso wie während des Betriebes der Gesellschaft oder bei deren Abwicklung.[104]

Auch finanziell eher unbedeutende Konflikte schlagen schnell auf die Qualität der Zusammenarbeit durch. Das gemeinsame Interesse am Fortbestand der Gesellschaft und deren wirtschaftlichen Erfolg verbindet alle Gesellschafter und ist eine gute Ausgangsmotivation für die Mediation.

Im Gesellschaftsrecht werden zunehmend Mediationsklauseln vereinbart, in denen sich die Gesellschafter verpflichten, bei Streitigkeiten, zunächst eine Mediation in Anspruch zu nehmen. Der Weg zu den Gerichten ist dann zunächst versperrt. Erst wenn die Mediation keinen Erfolg hatte, kann Klage erhoben werden.
Beispiel für eine **Mediationsklausel**:

„Zur Beilegung von Streitigkeiten aus oder in Zusammenhang mit diesem Vertrag werden die Streitparteien ein Mediationsverfahren nach der Verfahrensordnung der XY-Gesellschaft für Wirtschaftsmediation durchführen".[105]

Zur Mediation im Gesellschaftsrecht finden sich in Teil 3 zwei Fälle:
Fall 7: Arbeit und Liebe
Fall 9: Hotel Seeblick.

---

[103] *Lembke*, Mediation, S.197.
[104] *Günther/Hoffer*, in Henssler/Koch, Mediation, S. 373.
[105] *Risse/Wagner*, in Haft/Schlieffen, Handbuch, S. 572.

6. Mediation in Unternehmen und Organisationen

Die Zusammenarbeit von Menschen in einem Unternehmen oder einer Organisation bringt eine Fülle sozialer Kontakte mit sich, die nicht selten zu Konflikten führen.[106] Betriebsklima und Leistungsniveau können dadurch nachhaltig beeinträchtigt werden.

Innerbetriebliche Konflikte sind meistens beziehungsbetont. Oft handelt es sich um Konflikte, die schon lange schwelen,[107] die Kommunikation blockieren und die Zusammenarbeit stören.

Nicht selten handelt es sich um Konflikte, die mit rechtlichen Mitteln nicht oder nicht adäquat gelöst werden können oder sich einer eindeutigen rechtlichen Beurteilung entziehen. Letzteres ist beim Mobbing der Fall, das keinen eigenständigen rechtlichen Tatbestand darstellt. Mobbingfälle können nur durch Betrachtung des Systems der Gruppe und den Beziehungen der Gruppenmitglieder zueinander verstanden und gelöst werden.[108]

Ähnlich wie beim Mobbing verhält es sich bei sexuellen Belästigungen, deren einzelne Akte oft unterhalb der Schwelle strafrechtlicher Tatbestände liegen. Nach *Andrea Budde*[109] handelt es sich bei beiden Konstellationen um „*lose-lose*"-Situationen, die mit Hilfe von Mediation in „*win-win*"-Lösungen verwandelt werden können.

Eine Mediation eines innerbetrieblichen Konflikts findet sich in Teil 3:
Fall 6: Arbeitsplatz Immobilienbüro.

7. Schulmediation

Eine besondere Form der Mediation in Organisationen ist die Schulmediation.

Mediation in Schulen ist auf verschiedenen Ebenen möglich:
– zwischen Schülern,
– zwischen Lehrern und Schülern,
– zwischen Lehrern,
– zwischen Lehrern und Schulleitung,
– zwischen Lehrern und Eltern.

Eine Besonderheit ist die Mediation von Konflikten zwischen Schülern durch Schüler, Streitschlichter, Konfliktlotsen oder Peer-Mediatoren (nach engl. „*peer*" = „gleichrangig") genannt. Das sind Schüler und Schülerinnen, die zu Mediatoren ausgebildet wurden. Die Schüler-Streitschlichtung hat sich an vielen Schulen bewährt, wenn es darum geht, Aggressions- und Gewaltpotentiale zu verringern. Der Vorteil gegenüber der Streitschlich-

---

[106] *Jost*, Konfliktmanagement, S. 9 ff.
[107] *Ponschab/Dendorfer*, in Haft/Schlieffen, Handbuch, S. 592.
[108] *Prütting, in Haft/Schlieffen*, Handbuch, S. 528.
[109] *Budde*, in Henssler/Koch, Mediation, S. 505.

tung durch Erwachsene liegt darin, dass die Schüler die Probleme ihrer Mitschüler oft besser verstehen. Eine Schüler-Streitschlichtung bietet sich beispielsweise an bei
– Rangeleien,
– Beschimpfungen,
– Sachbeschädigungen,
– Auslachen, Hänseln, Petzen,
– Einschüchtern, Schikanieren, Mobbing,
– Missachten von Regeln.
Die Beweggründe für den Gang zu den Streitschlichtern sind unterschiedlich. Manchmal werden die Kontrahenten von einem Lehrer, der den Streit beobachtet hat, zur Schlichtung geschickt. Es kommt auch vor, dass die Kontrahenten sich ohne Anregung von Außen darauf einigen, ihren Streit schlichten zu lassen. Gelegentlich regen auch Eltern eine Streitschlichtung an.

Zur Schulmediation findet sich ein Fall in Teil 3:
Fall 5: Keine Einladung zum Geburtstag.

8. Mediation im Wirtschaftsrecht

Wirtschaftsmediationen sind dadurch definiert, dass sie entweder Fragen des privaten Wirtschaftsrechts zum Gegenstand haben oder zwischen Konfliktparteien stattfinden, die am Wirtschaftsleben teilnehmen[110]
Beispiele für Konflikte zwischen Unternehmen sind[111]
– Konflikte bei Lieferverträgen,
– Konflikte bei Kooperationsprojekten,
– Konflikte in Versicherungsangelegenheiten,[112]
– internationale Handelsverträge,
– Bau- und Anlagenprojekte,
– Unternehmensfusionen.
Ebenfalls geeignet für eine Mediation ist das Gebiet des **gewerblichen Rechtschutzes**:
– Patentrecht,
– Markenrecht,
– Urheberrecht,
– Wettbewerbsrecht.[113]
Im Wirtschaftsleben sollen Konflikte, wenn sie schon nicht vermieden werden können, möglichst schnell bereinigt werden.[114] Emotionen stehen dabei

---

[110] *Günther/Hoffer*, in Henssler/Koch, Mediation, S. 359.
[111] *Ponschab/Dendörfer*, in Haft/Schlieffen, Handbuch, S. 593.
[112] *Hellberg*, in Joussen/Unberath, Mediation, S. 52.
[113] *Chrocziel/von Samson-Himmelstjerna*, in Haft/Schlieffen, Handbuch, S. 667.
[114] *Schneider*, in Breidenbach/Henssler, Mediation, S. 171.

nicht im Vordergrund, können aber sehr wohl eine Rolle spielen. Im Prinzip werden rationale Strategien verfolgt.

Eine besondere Empfehlung für eine Mediation kann sich aus unternehmerischer Sicht daraus ergeben, dass über tatsächliche und rechtliche Fragen Unsicherheit besteht. Letzteres ist dann der Fall, wenn zu einer bestimmten Fallgestaltung keine ober- oder höchstrichterlichen Entscheidungen vorliegen. Umgekehrt kann es in bestimmten Fällen sinnvoll sein, den Rechtstreit nicht über eine Mediation beizulegen, sondern eine gerichtliche Entscheidung herbeizuführen, um auf diese Weise rechtliche Klarheit für die Zukunft zu erlangen.

Auch der Kostengesichtspunkt spricht aus unternehmerischer Sicht für eine Mediation.[115] Verglichen mit einem Gerichtsprozess, eventuell auch noch durch mehrere Instanzen, kann Mediation – besonders bei hohen Gegenstandswerten wie sie im Wirtschaftsrecht häufig sind – eine erhebliche Ersparnis bedeuten.

Die Anbahnung von Verträgen ist ein Anwendungsgebiet mediativer Verhandlungstechniken. Ein weiteres sind in Schieflage geratene Verträge, die durch Einschaltung eines Mediators saniert werden sollen.[116]

Zur Wirtschaftsmediation finden sich zwei Fälle in Teil 3:

Fall 8: Das Abnahmedesaster

Fall 10: Rußende Kerzen.

9. Mediation im Insolvenzrecht

Als weiteres Anwendungsgebiet für Mediation kommt das Insolvenzverfahren in Betracht, sowohl bei der Verbraucherinsolvenz wie bei der Unternehmensinsolvenz.

Spielräume für eine Mediation ergeben sich schon vor Eröffnung des Insolvenzverfahrens. Im Verbraucherinsolvenzverfahren muss der Schuldner zusammen mit dem Eröffnungsantrag eine Bescheinigung vorlegen, *„die von einer geeigneten Person oder Stelle ausgestellt ist und aus der sich ergibt, daß eine außergerichtliche Einigung mit den Gläubigern über die Schuldenbereinigung auf Grundlage eines Plans innerhalb der letzten sechs Monate vor dem Eröffnungsantrag erfolglos versucht worden ist; …"* (§ 305 I Nr.1 InsO).

Die Einschaltung eines Mediators kann die Erarbeitung einer außergerichtlichen Lösung erleichtern und ein förmliches Insolvenzverfahren evtl. entbehrlich machen.

Auch nach dem Insolvenzantrag eröffnen sich Spielräume für eine Mediation, insbesondere im Insolvenzplanverfahren. Der Insolvenzplan hat nur dann Aussicht auf Erfolg, wenn zwischen allen verfahrensbeteiligten Gläu-

---

[115] *Günther/Hoffer*, in Henssler/Koch, Mediation, S. 337.
[116] *Schneider*, in Breidenbach/Henssler, Mediation, S. 179.

bigern ein Interessenausgleich zur Lösung des Verteilungskonflikts gefunden wird.[117] Nach *Uwe Kassing* drängt sich der gerichtlich bestellte (vorläufige) Insolvenzverwalter als Mediator gerade zu auf.[118]

10. Mediation im öffentlichen Recht

Mediative Verfahren gibt es auch im öffentlichen Recht. Die Rahmenbedingungen dort sind grundlegend verschieden vom Zivilrecht, wo die Beteiligten gleichrangige Verhandlungspartner sind, die rechtliche Lösungen im Rahmen der Privatautonomie aushandeln. Das öffentliche Recht ist geprägt vom Grundsatz der Unterordnung des Einzelnen unter den Träger hoheitlicher Gewalt, die streng an das Gesetz, insbesondere an den Gleichheitsgrundsatz gebunden ist. Dadurch erfährt der Verhandlungsspielraum eine starke Einschränkung. Hinzu kommt, dass Entscheidungen im öffentlichen Recht regelmäßig mehrstufigen Kontrollen unterliegen, z. B. in Form von Fachaufsicht, Rechtsaufsicht und durch die Rechnungshöfe.

Anders als im Bereich der Privatautonomie, wo häufig vom Gesetz abweichende Lösungen gefunden werden, können die Verhandlungsergebnisse im Verwaltungsrecht nicht unmittelbar als Ergebnisse einer freien Vereinbarung wirksam werden.[119] Die Mediation ist dort eher ein begleitender Prozess zu einem streng rechtsförmlichen Verfahren („Bürgerdialog").[120] Dafür gibt es verschiedene Möglichkeiten:
- vorlaufende Mediation vor dem Verwaltungsverfahren,
- mitlaufende Mediation parallel zum Verwaltungsverfahren.

Gegenstand des Mediationsverfahrens können insbesondere **Planungsverfahren** sein:
- Flächennutzungspläne,
- Bauleitpläne,
- Bebauungspläne,
- Verkehrsentwicklungspläne.

Ein weites Anwendungsfeld sind **Konflikte im Umweltbereich**. Diese betreffen die Beziehungen zwischen natürlichen und sozialen Systemen und sind ihrem Wesen nach komplex. Die Folgen sind oft weitreichend und nicht selten grenzüberschreitend.[121] Oft geht es um Standortentscheidungen. Streitobjekte sind etwa:
- Kraftwerke,
- Mülldeponien,
- Kläranlagen,

---

[117] *Kassing*, in Haft/Schlieffen, Handbuch, S. 630.
[118] *Kassing*, in Haft/Schlieffen, Handbuch, S. 623.
[119] *Holznagel/Ramsauer*, in Haft/Schlieffen, Handbuch, S. 686.
[120] *Preussner*, in Henssler/Koch, Mediation, S. 415.
[121] *Zillessen*, in Haft/Schlieffen, Handbuch, S. 734.

– Industrieanlagen,
– Flughäfen.

Lokal unerwünschte Anlagen stoßen oft auf Widerstand der betroffenen Bürger, die Gefahren und Beeinträchtigungen für ihre Arbeits- oder Lebensbedingungen befürchten.[122] Bisweilen geht es um den Erhalt des vorhandenen Baumbestandes.[123] Über das Mediationsverfahren erhalten die betroffenen Personen, Institutionen und Unternehmen die Möglichkeit, ihre Sichtweisen einbringen. Die Entscheidung am Ende des Prozesses kann für sich in Anspruch nehmen, nicht isoliert, sondern in Kooperation mit den Betroffenen zustande gekommen zu sein und auf eine erhöhte Akzeptanz hoffen. Als Vorteil für die Verwaltung wird die „Schonung von Verwaltungskraft" durch die Vermeidung von langwieriger und teurer Gerichtsverfahren gesehen.[124]

11. Gemeinwesenmediation

Eine besondere Form der Mediation im öffentlichen Bereich ist die Gemeinwesenmediation, die sich in den USA und England seit langem unter dem Begriff „Community Mediation" etabliert hat. Der Begriff Gemeinwesen bezeichnet die Lebenswelt der Menschen in ihrem sozialen Raum, z.B. ihrem Stadtteil, mit Themen wie Wohnen, Nachbarschaftsbeziehungen, Arbeiten, Einkaufen, Freizeit.[125] Anders als bei der Nachbarschaftsmediation, die Konflikte im privaten Bereich zwischen Nachbarn betrifft, sind bei der Gemeinwesenmediation öffentliche Belange betroffen. Gegenstand der Mediation können z.B. die Nutzung öffentlicher Räume und Plätze sein.

Die Anregung zur Mediation kommt in vielen Fällen von der Stadtverwaltung. In der Mediation werden zunächst die Interessen der Nutzer, der Anwohner und eventuell weiterer Betroffener, z.B. der anliegenden Gastronomen, und der zuständigen kommunalen Referate, herausgearbeitet, ehe gemeinsam nach Lösungen gesucht wird. Die Lösungsvorschläge werden an die zuständigen Kommunalbehörden, z.B. das Gesundheitsamt, oder an eine Landesbehörde, z.B. die Polizei, weitergegeben. Diese überprüfen die Lösungen auf ihre Umsetzbarkeit. In der Abschlussvereinbarung wird auch festgehalten, wer für die Einhaltung der getroffenen Vereinbarung zu sorgen hat.

---

[122] *Ramsauer*, in Breidenbach/Henssler, Mediation, S. 161.

[123] *Schelp/Pfarr*, Wenn um Bäume gestritten wird, geht es nie nur um Bäume, ZKM 2010, S. 57f.

[124] *Weigle*, „Mission possible" – Mediative Konfliktlösung in de Verwaltung, ZKM 2009, S. 146.

[125] *Oboth/Weckert*, Mediation, S. 223.

12. Mediation im Sozialrecht

Teilweise wird gefordert, mediative Elemente in das Sozialrecht zu integrieren. Genannt werden folgende Sachverhalte:
– Berufsunfähigkeit,
– Erwerbsunfähigkeit,
– verminderte Erwerbsfähigkeit,
– Arbeitsunfähigkeit,
– Grad der Behinderung.
Es wird darauf hingewiesen, dass oft Fragen betroffen seien, deren Beantwortung von ärztlichen Feststellungen abhängt die nicht selten fehlerbehaftet sind.[126] Als wichtigste Fehlerquelle wird die Kommunikation zwischen Arzt und Patienten gesehen, die darunter leidet, dass der Arzt oft im Dienste der Sozialversicherungsträger tätig wird und der Patient deshalb kein Vertrauen entwickelt. Mediation wird als geeignetes Mittel angesehen, die Kommunikation zu verbessern.

Ein weiteres Feld für die Anwendung von Mediation ist das **Gesundheitswesen**. In Betracht kommen Konflikte z. B.
– zwischen Arzt und Kassenärztlicher Vereinigung,
– zwischen Arzt und privaten Krankenversicherungen,
– zwischen Arzt und Ärztekammer.[127]
In Pilotprojekten hat sich der Einsatz von Mediation bei Widerspruchsverfahren zwischen Versicherten und Krankenkassen bewährt.[128]

13. Interkulturelle Mediation

Mediation im interkulturellen Bereich widmet sich den Konflikten zwischen Angehörigen verschiedener Kulturen. Sie fußt auf der Erkenntnis, dass Unterschiede bei Sitten, Gebräuchen, Traditionen, Ehrgefühlen usw. den Umgang komplizieren können,[129] und auch das Konfliktverhalten kulturbedingt ist.

Meist ist es so, dass ein Ausgangskonflikt von kulturbedingten Eigenheiten überlagert wird. Die kulturelle Zugehörigkeit ist dann ein Element im Lösungsprozess. Deshalb wird teilweise der Begriff „Mediation im interkulturellen Kontext"[130] für treffender gehalten.

---

[126] *Kilger*, in Haft/Schlieffen, Handbuch, S. 722.
[127] *Ewig*, in Haft/Schlieffen, Handbuch, S. 755.
[128] *Schoop/Rüssel*, Mediatio nterkulturell.pdf.
[128] *Waas*, Aus „n im Gesundheitswesen, ZKM 2008, S. 68 ff.
[129] BM, Information 5: Interkulturelle Mediation, www.bmev./de/uploads/mediation-interkulturell.pdf.
[130] *Waas*, Aus „Interkultureller Mediation" wird „Mediation im interkulturellen Kontext", Spektrum der Mediation 2006, 4 ff.

Es gilt, bei den Konfliktparteien die Verständigung und das gegenseitige Verstehen hinsichtlich der unterschiedlichen Wertvorstellungen zu fördern.[131] Dies verlangt vom Mediator eine entsprechende Kompetenz, nach *Waas*[132] insbesondere Offenheit für eine affektive Auseinandersetzung mit ethnischen Konzepten und Erfahrung in der interkulturellen Auseinandersetzung.

14. Mediation im Strafrecht

Im Strafrecht bietet sich für Täter und Opfer die Möglichkeit, die in der Straftat zutage getretenen Konflikte durch Mediation zu lösen.[133] Dafür hat sich der Begriff „Schlichtung" eingebürgert, obwohl es sich sehr wohl um Mediation handelt, da der Schlichter keine Entscheidungsgewalt hat.

Der Täter-Opfer-Ausgleich (abgekürzt „TOA" genannt) hat zum Ziel, durch die Einschaltung eines neutralen Dritten einen Ausgleich zwischen Täter und Opfer herbeizuführen.[134] Die strafrechtliche Bewertung und Beurteilung eines Geschehens ist Sache der Strafjustiz. Die Regelung der zivilrechtlichen Folgen einer Tat, z.B. Schadensersatz und Schmerzensgeld, ist den Beteiligten im Rahmen der Privatautonomie zugänglich.

Der Täter-Opfer-Ausgleich bietet Vorteile für beide Seiten:

Vorteile für den Täter	Vorteile für das Opfer
Friedensschluss mit dem Opfer	Friedensschluss mit dem Täter
kein Zivilrechtsstreit	kein Zivilrechtsstreit
Strafmilderung möglich	schnelle Wiedergutmachung

Das Institut des Täter-Opfer-Ausgleichs hat sich zunächst im Jugendstrafrecht entwickelt. Das Jugendgerichtsgesetz gibt dem Richter die Möglichkeit, den Beschuldigten zum Täter-Opfer-Ausgleich anzuhalten.

§ 10 JGG Weisungen
¹Weisungen sind Gebote und Verbote, welche die Lebensführung des Jugendlichen regeln und dadurch seine Erziehung fördern und sichern sollen. ²Dabei dürfen an die Lebensführung des Jugendlichen keine unzumutbaren Anforderungen gestellt werden. ³Der Richter kann dem Jugendlichen insbesondere auferlegen,
(...)
7. sich zu bemühen, einen Ausgleich mit dem Verletzten zu erreichen (Täter-Opfer-Ausgleich) (...)

---

[131] BM, Information 5: Interkulturelle Mediation, www.bmev./de/uploads/mediation-interkulturell.pdf.

[132] *Waas*, Aus „Interkultureller Mediation" wird „Mediation im interkulturellen Kontext", Spektrum der Mediation 2006, 4 ff.

[133] *Kerner*, in Haft/Schlieffen, Handbuch, S. 815.

[134] *Nothafft*, Partizipation, S. 140 f.

Die günstigen Erfahrungen im Jugendstrafrecht haben den Gesetzgeber veranlasst, den Täter-Opfer-Ausgleich später auch im Erwachsenenstrafrecht einzuführen.[135]

§ 46a StGB Täter-Opfer-Ausgleich, Schadenswiedergutmachung
Hat der Täter
1. *in dem Bemühen, einen Ausgleich mit dem Verletzten zu erreichen (Täter-Opfer-Ausgleich), seine Tat ganz oder zum überwiegenden Teil wiedergutgemacht oder deren Wiedergutmachung ernsthaft anstrebt oder*
2. *in einem Fall, in welchem die Schadenswiedergutmachung von ihm erhebliche persönliche Leistungen oder persönlichen Verzicht erfordert hat, das Opfer ganz oder zum überwiegenden Teil entschädigt, so kann das Gericht die Strafe nach § 49 Abs. 1 mildern oder, wenn keine höhere Strafe als Freiheitsstrafe bis zu einem Jahr oder Geldstrafe bis zu dreihundertsechzig Tagessätzen verwirkt ist, von Strafe abgesehen.*

Das Schlichtungsverfahren kann sowohl vom Opfer bzw. dessen Anwalt als auch vom Täter bzw. dessen Verteidiger eingeleitet werden und auch von der Staatsanwaltschaft oder dem Gericht.

Wenn bereits ein Ermittlungsverfahren läuft, kann dies während der Zeit der Schlichtung nach § 205 StPO vorläufig eingestellt werden.

Nach den Kriterien des Ausgleich e. V. sind in erster Linie Fälle geeignet, in denen der Beschuldigte die Tat nicht bestreitet. Es wird aber auch für ausreichend gehalten, dass der Beschuldigte einräumt, durch sein Verhalten einen Schaden verursacht zu haben.[136]

Für den Täter-Opfer-Ausgleich kommen alle Delikte in Frage, in denen es einen Verletzten oder Geschädigten gibt. Die Praxis kennt erfolgreiche Schlichtungen bei einer Vielzahl von Deliktstypen:
– Sachbeschädigung,
– Körperverletzung,
– Diebstahl,
– Betrug,
– Unterschlagung,
– Untreue,
– Unterhaltspflichtverletzung,
– Beleidigung,
– Verleumdung,
– Nötigung,
– Freiheitsberaubung,
– Sexueller Missbrauch,
– Vergewaltigung,
– Totschlagsversuch.

---

[135] *Kaspar*, Wiedergutmachung, S. 97 ff.
[136] Vergl. www.ausgleich.de/schlichtung-kriterien.

Inhalt des Täter-Opfer-Ausgleichs sind Leistungen des Täters, die ganz unterschiedlich aussehen können. In Betracht kommen nicht zuletzt Schadensersatz- und Schmerzensgeldleistungen. Der Ausgleich kann auch in Form einer Entschuldigung oder eines Geschenkes erfolgen. Auch symbolische Akte, z. B. Spenden an wohltätige Organisationen sind möglich.

Zum Täter-Opfer-Ausgleich finden sich in Teil 3 zwei Fälle:

Fall 11: Exhibitionismus im Treppenhaus

Fall 12: Ende der Abwärtsspirale.

Neben diesen mehr oder weniger häufig bearbeiteten Konfliktfeldern gibt es noch viele andere, die darauf warten, für die Mediation entdeckt zu werden.

II. Der Beruf des Mediators

1. Ausbildung

Ausbildungsrichtungen. Die Motivation, sich zum Mediator ausbilden zu lassen, entsteht bei vielen dadurch, dass sie für den Umgang mit Konflikten hilfreiche Techniken erwerben möchten. Andere suchen ein neues Tätigkeitsfeld, auf dem sie sich beruflich etablieren möchten.

Die ersten Mediatoren im deutschsprachigen Raum sind von amerikanischen Mediatoren in Deutschland ausgebildet worden. Sie haben mit Hilfe von Schulungen und Seminaren die Qualifikation eines Mediators erworben, ohne dass zu diesem Zeitpunkt Art und Umfang einer Mediationsausbildung definiert gewesen wäre.

Nach und nach entstanden Ausbildungsinstitute, die mittlerweile so zahlreich sind, dass es schwierig ist, einen vollständigen Überblick über sämtliche Anbieter zu geben. Im Anhang findet sich eine Liste der Verbände, deren Internetseiten auch Verweise auf Ausbildungsinstitute enthalten.

Anfangs wurde eine vollständige Mediationsausbildung nur für den Bereich der **Familienmediation** angeboten. Inzwischen gibt es ein breites Ausbildungsspektrum. Neben der Familienmediation spielt heute die **Wirtschaftsmediation** die größte Rolle.

Die meisten Ausbildungsrichtungen werden als **Vertiefungsmodule** auf Basis einer allgemeinen Grundausbildung angeboten, so etwa

– Mediation in Wirtschafts- und Arbeitsrecht,

– Mediation in Schule und Sozialarbeit,

– Mediation im öffentlichen Bereich,

– Mediation im interkulturellen Kontext.

Ausbildungsstandards. Die Standards für die Ausbildung sind zunächst in den einzelnen Mediationsverbänden entwickelt worden. Die Bundes-Arbeitsgemeinschaft für Familienmediation (BAFM) hat bereits 1994 eine Ausbildungsordnung beschlossen.

Die Verantwortung für die Ausbildungsstandards liegt weiter bei den Verbänden. Das Mediationsgesetz hat sich darauf beschränkt, die grundlegenden Inhalte der Ausbildung zu definieren.

In § 5 Abs.1 S.2 MediationsG heißt es:

„Eine geeignete Ausbildung soll insbesondere vermitteln:

1. Kenntnisse über Grundlagen der Mediation sowie deren Ablauf und Rahmenbedingungen,
2. Verhandlungs- und Kommunikationstechniken,
3. Konfliktkompetenz,
4. Kenntnisse über das Recht der Mediation sowie über die Rolle des Rechts in der Mediation sowie
5. praktische Übungen, Rollenspiele und Supervision.“[137]

Das Mediationsgesetz sieht die Einführung einer Zertifizierung für Mediatoren vor. Es enthält eine Ermächtigung des Bundesministeriums der Justiz, die Voraussetzungen dafür durch eine Rechtsverordnung festzulegen.[138]

Die BAFM macht die Ausbildung von folgenden **Zulassungsvoraussetzungen** abhängig[139]

– abgeschlossenes psychologisches, sozialwissenschaftliches Hochschulstudium, eine juristische Ausbildung oder eine vergleichbare Qualifikation,
– eine zweijährige einschlägige Berufserfahrung, in der Regel nach Studienabschluss,
– die Möglichkeit, Mediation bereits während der Ausbildung zum Mediator zu praktizieren.

Die Ausbildung umfasst 200 Zeitstunden, Seminare im Umfang von mindestens 140 Zeitstunden, Supervision im Umfang von mindestens 30 Zeitstunden und weitere 30 Zeitstunden, wahlweise als Seminar oder angeleitete Supervision[140]. Die Ausbildung findet meist in Blockseminaren statt, die innerhalb eines oder zweier Jahre absolviert werden. Zum Abschluss müssen eine Prüfung absolviert und Fälle dokumentiert werden, um den Zusatz des jeweiligen Verbandes, z.B. Mediator (BMWA)[141] oder Mediator (BAFM),[142] führen zu dürfen.

---

[137] § 5 MediationsG.
[138] § 6 MediationsG.
[139] Siehe www.bafm-mediation.de/ausbildung/ausbildungsrichtlinien-der-bafm,III.
[140] Siehe www.bafm-mediation.de/Ausbildungordnung, V.
[141] Siehe www.bmwa.de/dokumente/standards_03_08.pdf.
[142] Siehe www.bafm-mediation/ausbildung.

Die drei großen deutschen Mediationsverbände BAFM, BM (Bundesverband Mediation) und BMWA (Bundesverband Mediation in Wirtschaft und Arbeitswelt) haben inzwischen die wechselseitige Anerkennung ihrer Ausbildungsgänge und Zertifikate vereinbart. Sie haben auch ihre Ausbildungsrichtlinien vereinheitlicht. Verlangt werden die Teilnahme an mindestens 200 Zeitstunden, die schriftliche Dokumentation von vier Fällen, Vorstellung und Dokumentation von zwei dieser vier Fälle in der Supervision, Teilnahme an Literatur und Peergruppe, Teilnahme am Abschlusskolloquium und die Anerkennung durch die Abschlusskommission.[143]

In Österreich hat der Gesetzgeber für den theoretischen Teil einen Rahmen von 200 bis 300 und für den praktischen Teil einen Rahmen von 100 bis 200 Ausbildungseinheiten vorgegeben.[144] Das dortige Zivilrechts-Mediations-Gesetz (im Anhang abgedruckt) zeichnet sich durch detaillierte Regelungen zu Fragen der Ausbildung, Listung und Fortbildung aus.

2. Berufsausübung

Berufsbezeichnung „Mediator". Der Beruf des Mediators ist in Deutschland nicht gesetzlich geschützt.

Angehörige psychosozialer Berufsgruppen sind nicht gehindert, sich als Mediator zu bezeichnen und mit diesem Titel werbend in der Öffentlichkeit aufzutreten.

Für Rechtsanwälte gibt es eine gesetzliche Regelung in deren Berufsordnung (BORA). Nach § 7a BORA darf sich ein Anwalt dann als Mediator *„bezeichnen, wenn er durch geeignete Ausbildung nachweisen kann, dass er die Grundsätze des Mediationsverfahrens beherrscht".*

Welche Anforderungen sich daraus für die Ausbildung ergeben, wird nicht einheitlich beantwortet.

Die Bundesrechtsanwaltskammer hat sich 1999 für eine Mediationsausbildung im Umfang von mindestens 200 Stunden ausgesprochen,[145] was dem Studienplan der Bundesarbeitsgemeinschaft für Familienmediation entspricht.[146] Sie sieht eine Ausbildung in diesem Umfang aber nicht als Voraussetzung dafür an, dass sich ein Rechtsanwalt Mediator nennen darf.[147]

---

[143] Siehe www.bafm-mediation.de/mitgliedschaft/wechselseitiger-Zugang-fur-mitglieder-von-bafm-bm-bmwa.

[144] § 29 Zivilrechts-Mediations-Gesetz (Österreich).

[145] Siehbarunge www.brak.de/seiten/02_05_04.php.

[146] BRAK-Mitt. 1996, 187f.

[147] Das Landgericht Berlin hat entschieden, dass ein Anbieter von Seminaren der einen „Mediatoren-Intensiv-Ausbildungslehrgang gemäß § 7 a BORA im Umfang von 60 Std. anbietet, wettbewerbswidrig handelt, da die Anwaltskammern an eine derartige Fachausbildung höhere Anforderungen stellen".

Die einzelnen Rechtsanwaltskammern handhaben diesen Punkt unterschiedlich. Die meisten Kammern haben Mindestanforderungen aufgestellt, meist in Form eines Mindestausbildungsumfangs von 80 Stunden (Freiburg) oder 90 Stunden (Berlin, Düsseldorf, Hamburg, Hamm, Köln, München und Saar). Einige Kammern (so z.B. Nürnberg) haben davon abgesehen, Mindeststandards festzulegen und führen jeweils auf Antrag eine Einzelfallprüfung durch.[148]

Unzulässige Rechtsberatung. Das 2008 in Kraft getretene Rechtsdienstleistungsgesetz (RDG) hat es bei dem Grundsatz belassen, dass nur Rechtsanwälte umfassend rechtlich beraten dürfen.

Das Gesetz enthält eine wichtige Klarstellung zur Mediation: Nach § 2 stellt diese keine Rechtsdienstleistung dar, solange *„nicht durch rechtliche Regelungsvorschläge in die Gespräche der Beteiligten"* eingegriffen wird.

Schwerpunkt der Tätigkeit des Mediators ist die Gesprächsleitung. Mediation kann zwar Rechtsinformationen beinhalten und Regelungsmöglichkeiten zur Diskussion stellen, lässt aber die Verantwortung für die Lösung bei den Konfliktparteien.

Greift der Mediator durch rechtliche Regelungsvorschläge gestaltend in die Gespräche der Medianden ein, kann dies eine Rechtsdienstleistung im Sinne des Gesetzes darstellen.[149] Die Vorstände der Bundes-Arbeitsgemeinschaft für Familien-Mediation (BAFM), des Bundesverbandes Mediation (BM) sowie des Bundesverbandes Mediation in Wirtschaft und Arbeitswelt (BMWA) haben die im RDG enthaltene Klarstellung als Bestätigung ihrer Standards begrüßt und dazu eine gemeinsame Stellungnahme abgegeben:

„Rechtsinformationen (z.B. Hinweise auf Rechenmodelle, Aushändigung der Düsseldorfer Tabelle sowie der unterhaltsrechtlichen Leitlinien, Informationen über gesetzliche Regelungen etwa zum Sorgerecht etc.) sind für alle Mediatoren zulässig, soweit sie allgemeiner Art sind und keine individuellen Regelungsvorschläge unabhängig ob für eine Partei oder beide Parteien enthalten. Spezielle rechtliche Regelungsvorschläge und Rechtsberatung im Einzelfall sind nach wie vor Rechtsanwälten vorbehalten, vorzugsweise den Beratungsanwälten der Parteien. Dies gilt insbesondere für die parteiliche rechtliche Beratung".[150]

Damit stellt sich das Problem der unzulässigen Rechtsberatung weiterhin, besonders für Mediatoren mit psychosozialem Grundberuf. Es kann dadurch gelöst werden, dass die Mediation als Co-Mediation zusammen mit einem als Rechtsanwalt zugelassen Mediator durchgeführt wird. Wenn sämtliche

---

[148] Nähere Auskünfte erteilen die einzelnen Rechtsanwaltskammern.
[149] BRAK Mitt. 2008, 53 ff.
[150] Empfehlung und Stellungnahme der BAFM, des BM und des BMWA zum RDG vom 15.4.2008, www.adr-blog.de/?p=351.

Konfliktparteien während des gesamten Mediationsverfahrens von ihren parteilich agierenden Rechtsanwälten beraten oder vertreten werden, stellt sich das Problem nicht. Es ist deshalb wichtig, dass der Mediationsvertrag für die Medianden eine Verpflichtung enthält, dass diese sich – spätestens vor Abschluss der Vereinbarung – anwaltlich beraten lassen. Der Mediator sollte auch zu seinem eigenen Schutz darauf achten, dass diese Vereinbarung eingehalten wird.

3. Co-Mediation

Unter Co-Mediation versteht man die Zusammenarbeit von zwei und mehr Mediatoren. Co-Mediation bietet einige Vorteile: Sie entlastet die Mediatoren, da diese sich gegenseitig unterstützen und die Verantwortung gemeinsam tragen. Ein weiterer Vorteil ist, dass der Ablauf einer Sitzung anschließend in Ruhe besprochen werden kann. Außerdem wird der Prozess kreativer, wenn mehrere Mediatoren ihre Überlegungen einbringen. Die Zusammenarbeit von Mediatoren aus unterschiedlichen Professionen steigert die Kompetenz des Mediatorenteams.

Praxistipp: Für die Co-Mediation ist es sinnvoll, zu vereinbaren, dass ein Mediator das Gespräch leitet, der andere den Prozess eher beobachtet. Der Mediator im Hintergrund kann insbesondere dann eingreifen, wenn es Schwierigkeiten gibt. Oft wird er aus seiner distanzierten Position heraus eher den Überblick behalten und entspannter Ideen einbringen können. Die Mediatoren sollten ihre Rolle bei der nächsten Sitzung dann wechseln.

Anfängern kann der Einstieg in die Mediationspraxis durch Co-Mediation mit einem erfahrenen Kollegen erleichtert werden, da sie dann für den Prozess nicht allein verantwortlich sind und bei Bedarf auf dessen Erfahrung zurückgreifen können.

Für eine Familienmediation wird eine gemischtgeschlechtliche interdisziplinäre Co-Mediation empfohlen. Man geht davon aus, dass es nachteilig sein kann, wenn zwei Männer oder zwei Frauen ein Paar mediieren, da dies zu einem Übergewicht für eine Seite führen kann.

Für die Medianden kann ein Nachteil der Co-Mediation gegenüber einer Einzelmediation darin liegen, dass ein Team mehr kostet als ein einzelner Mediator. Dieser Nachteil kann dadurch ausgeglichen werden, dass das Mediatorenteam die Sitzungen umfangreich bespricht und ausführlicher vorbereitet als ein einzelner Mediator, so dass insgesamt weniger Sitzungen benötigt werden.

Um die Nachteile abzumildern, wird auch das Modell praktiziert, dass nur phasenweise eine Co-Mediation durchgeführt wird. Im Fall der Familienmediation kann dies so aussehen, dass ein nichtanwaltlicher Mediator die

Mediation grundsätzlich alleine durchführt und nur in bestimmten Phasen, z.B. wenn das Recht im Vordergrund steht, einen Rechtsanwalt als Co-Mediator hinzuzieht.

Praxistipp: Sofern Sie bereits eine Mediationsausbildung durchlaufen, ist es sinnvoll, sich nach einem Kollegen in ihrer Nähe umzusehen, mit dem Sie sich eine Zusammenarbeit vorstellen können. Auch wenn Sie die meisten Fälle alleine bearbeiten möchten, so ist es günstig, auch Co-Mediation anbieten zu können. Die Medianden haben meist ein gutes Gespür dafür, ob Sie einen oder zwei Mediatoren benötigen.

4. Honorar

Wird ein Rechtsanwalt als Mediator tätig, ist das RVG zu beachten. Nach § 34 RVG soll der Anwaltsmediator auf eine Gebührenvereinbarung hinwirken. Die Gebührenvereinbarung muss **schriftlich** und **in einer gesonderten Urkunde** abgeschlossen werden. In der Vergütungsvereinbarung sollte klargestellt werden, ob der Mediator für die Ausarbeitung eines Vertrages oder einer Abschlussvereinbarung eine weitere Vergütung erhält.

Hat der Anwaltsmediator keine Gebührenvereinbarung getroffen, so bestimmt sich die Gebühr gem. § 34 RVG nach den Vorschriften des Bürgerlichen Rechts: Nach § 612 BGB kann er nur eine Vergütung in Höhe der „üblichen Vergütung" beanspruchen. Diesem Risiko sollte er sich nicht aussetzen.

Meist werden Stundensätze vereinbart, die zwischen 80,- EUR und 400,- EUR liegen. Die Höhe differiert nach der Erfahrung des Mediators und seinem Tätigkeitsfeld, auch danach, ob er für Privatpersonen oder Firmen tätig wird. Gelegentlich werden auch Halbtags- oder Ganztagspauschalen vereinbart.[151]

Die Mediatoren psychosozialer Berufsgruppen, die keine Vergütungsvereinbarung abschließen, müssen sich ebenfalls mit der „marktüblichen Vergütung" zufrieden geben, wenn sie keine Honorarvereinbarung treffen. Auch Ihnen ist anzuraten, eine solche abzuschließen.

Die allermeisten Versicherungsgesellschaften bieten eine Rechtsschutzversicherung unter Einschluss von Mediation an. Für den Fall, dass sich die Mediation als nicht erweisen sollte, können daneben auch die Kosten eines Rechtsstreits übernommen werden.[152] Die Honorarsätze und die Anzahl der Stunden sind begrenzt.

---

[151] *Horst*, in Haft/Schlieffen, Handbuch, S. 1157.
[152] Siehe
www.gdv.de/Downloads/Themen_2010/Was_ist_Mediation_Definition.pdf.

III. Berufsbegleitende Qualifizierungen

Um als Mediator gute Arbeit zu leisten, bedarf es der weiteren Qualifizierung. Nach den Richtlinien der BAFM[153] bzw. ihrer Ausbildungsordnung[154] gehören laufende Fortbildung und Supervision zur Tätigkeit eines Mediators.

1. Fortbildung

Das Mediationsgesetz betont in § 5 den Wert von Ausbildung und Fortbildung:

„Der Mediator stellt in eigener Verantwortung durch (...) eine regelmäßige Fortbildung sicher, dass er über theoretische Kenntnisse sowie praktische Erfahrungen verfügt, um die Parteien in sachkundiger Weise durch die Mediation führen zu können (...).“[155]

Nahezu alle Ausbildungsinstitute bieten auch Fortbildungen an. Meist geht es um die Vertiefung einzelner Bereiche. Auf dem Gebiet der Familienmediation werden z.B. folgende **Vertiefungsmodule** angeboten:
- Einbeziehung der Kinder in die Mediation,
- Arbeit mit hochstreitigen Paaren,
- Mediation mit „Patchwork“-Familien,
- Mediation in bestehenden Partnerschaften.

Es gibt Aufbaukurse, über die ein Mediator **zusätzliche Qualifizierungen** erwerben kann. So kann sich ein ursprünglich für die Familienmediation ausgebildeter Mediator zum Wirtschaftsmediator fortbilden. Daneben gibt es weitere **Zertifizierungen** z.B. als Business Mediator (NCRC),[156] Professional Coach sowie Professional Master of Mediation.[157] Auch ein Studiengang zum Master of Arts in Mediation wird angeboten.[158]

2. Supervision

Ein wichtiger Bestandteil berufsbegleitender Qualifizierungen ist die Supervision. Der Begriff ist abgeleitet aus dem Lateinischen *„super“* und *„videre“* und kann mit „von oben drauf sehen“ übersetzt werden, was erfahrungsgemäß zu einem größeren Überblick führt.

---

[153] Richtlinien BAFM, VII.
[154] Siehe www.bafm-mediation.de/Ausbildungsordnung, VII.
[155] § 5 Abs.1 S. 1 MediationsG.
[156] Siehe www.mediation-ims.de .
[157] Siehe www.im-beziehungsmanagement.de.
[158] Siehe www.akademie-perspektivenwechsel.de.

Der Supervisand stellt einen Fall vor, zu dem er sich Anregungen holt, meist in Form von Hypothesen und Optionen. Dabei können auch besondere Darstellungsformen wie Rollenspiele, Skulpturarbeit usw. genutzt werden. Bei komplexen Sachverhalten werden gerne Hilfsmittel zur Visualisierung und Veranschaulichung, z.B. Wertebilder, verwendet.

Supervision ist den Angehörigen der psychosozialen Berufe vertraut, aber Mediatoren, die einen juristischen Grundberuf haben, oft nicht ganz geheuer. Dabei spricht vieles für die Supervision.

Auch wenn man davon ausgeht, dass ein Mediator die meisten seiner Fälle souverän mediieren kann, zeigt sich immer wieder, dass es Fälle gibt, bei denen er an seine Grenzen stößt. Dann ist es sinnvoll, sich einer Supervision zu bedienen. Supervision ist auch während einer laufenden Mediation möglich. Ein erfahrener Mediator weiß, wann er Unterstützung benötigt. Dies ist insbesondere dann der Fall, wenn er seine Neutralität nicht mehr gewährleistet sieht, oder ihm ein Fall besonders schwierig oder gar aussichtslos erscheint. Häufige Abbrüche von Mediationen sind immer eine Indikation für Supervision.

a) Arten der Supervision

Supervision kann stattfinden als Einzelsupervision, Gruppensupervision oder Supervision in Peer-Gruppen.

Bei der **Einzelsupervision** sucht der Mediator einen Supervisor auf, der ihn in einer Sitzung von meist 60 bis 90 Minuten supervidiert.

Bei einer **Gruppensupervision** supervidiert eine Gruppe von Mediatoren unter der Leitung eines Supervisors. Jeweils ein Gruppenteilnehmer stellt einen Fall vor. Die Gruppe unterstützt ihn, hinsichtlich der Fragen, die er in Bezug auf seinen Fall hat, zu einer Lösung zu kommen.

Im Falle einer **Peer-Gruppen-Supervision** finden sich mehrere Mediatoren, meist aus unterschiedlichen Professionen, zusammen. Sie unterstützen sich gegenseitig bei der Fallbearbeitung. Jeweils ein Gruppenmitglied übernimmt die Rolle des Supervisors, um das Gruppenwissen zu strukturieren und es für den Supervisanden nutzbar zu machen.

b) Hypothesenbildung

Das Kernstück einer Supervision ist die sog. **ressourcenorientierte Hypothesenbildung.** Diese gehört zu den wichtigsten methodischen Arbeitsweisen, sowohl in der Mediation, wie auch in der Supervision.

Diese Methode des systemischen Denkens und Überprüfens wurde von *Haynes* in die Mediation eingebracht.[159] Seiner Auffassung nach bildet der Mediator ständig **Arbeits- und Hintergrundhypothesen.** Im Lauf der

---

[159] *Dietz*, Werkstattbuch, S. 91 ff.

Mediation sollte er überprüfen, ob diese richtig sind. Ist das nicht der Fall, muss er seine Hypothese verändern.

Man unterscheidet verschieden Arten von Hypothesen.

Arbeitshypothesen sind solche, die den Mediationsprozess an sich betreffen. Sie sollten sowohl **ressourcen- wie auch zukunftsorientiert** sein, um von der Problemebene zur Lösungsebene zu führen.

Beispiel für eine **Arbeitshypothese:** Die Mediation kann gelingen, sobald das Interesse an guten Lösungen auf der Sachebene wichtiger ist als die alten emotionalen Bündnisse.

Hintergrundhypothesen sind Arbeitsannahmen, die sich nicht direkt auf den Mediationsprozess beziehen. Sie sind oft problemorientiert. Man unterscheidet juristische, ökonomische und psychologische Hypothesen.

Beispiel für eine **juristische Hypothese:** In einem Gerichtsprozess hätte der Mann in diesem Punkt wohl schlechte Chancen.

Beispiel für eine **ökonomische Hypothese:** Das große Grundstück mit teilweise ungenutztem Baurecht kann beiden eine finanzielle Absicherung ihrer Altersversorgung ermöglichen.

Beispiel für eine **psychologische Hypothese:** Mutter und Tochter halten gegenüber dem Vater zusammen.

Hilfreich – sowohl für die Mediation wie auch für die Supervision – sind in erster Linie Hypothesen, die nicht das Problem beschreiben, sondern zur Lösung führen. Erfahrungsgemäß braucht es für die Formulierung mediativer Hypothesen ein gewisses Training.

Praxistipp: Der Mediator sollte sich zunächst bewusst zu machen, dass er eine Arbeitshypothese hat und diese für sich formulieren. Ist sie problemorientiert, sollte er sie so umformulieren, dass sich eine zukunftsorientierte Arbeitshypothese ergibt. Diese Arbeit ist nicht immer ganz einfach. In der Supervision helfen der Supervisor oder die Gruppenmitglieder bei der Umformulierung.

Für die Ausgewogenheit der mediativen Arbeit ist es wichtig, dass der Mediator Hypothesen zu **allen** Konfliktparteien bildet. Wenn er in einer Familienmediation Arbeitsannahmen zum Ehemann bildet, sollte er bewusst auch Hypothesen zur Ehefrau entwickeln.

c) Ablauf

Zeitmanagement. Zunächst wird der Zeitrahmen besprochen. Der Supervisor hat auf das Zeitmanagement zu achten. Für eine Supervision werden meist 60 bis 90 Minuten benötigt, manchmal auch mehr.

Codewort und Fragen. Der Mediator (nachfolgend „Supervisand") benennt seinen Fall mit einem Codewort, z. B. „ICE" der „Eisblock" o. Ä.

Der Nutzen des Codewortes liegt darin, dass sich die an der Supervision Beteiligten später an dieses emotional und spontan gewählte Wort besser erinnern können, als an eine Beschreibung des Falles. Der Fall kann so bei einer Rückmeldung des Mediators, wie es nach der Supervision weitergegangen ist, oder bei Rückfragen aus der Gruppe, schneller in Erinnerung gerufen werden.

Anschließend stellt der Supervisand Fragen, die in der Supervision beantwortet werden sollen:
– zum **Fall** an sich,
– zum **Ablauf** des Mediationsprozesses und
– zu seiner **Person**.

Darstellung des Sachverhalts und des bisherigen Ablaufs der Mediation. Bereits hier ist der Supervisor hinsichtlich des Zeitmanagements gefragt, da für diesen Teil ca. 10 bis 15 Minuten vorgesehen sind und es nicht einfach ist, einen ausführlichen Sachverhalt oder eine bereits länger laufende Mediation innerhalb dieses Zeitrahmens darzustellen. Hat der Mediator seine Angaben gemacht, so bekommt der Supervisor (bei einer Gruppensupervision die gesamte Gruppe) Gelegenheit, Fragen zum Sachverhalt zu stellen. Meist wird das abgefragt, was der Mediator vorher zu erwähnen vergessen hat.

Hypothesenbildung durch die Gruppe. Bei einer Gruppensupervision bittet der Supervisor die Gruppe, ihre Arbeitsannahmen (Hypothesen) zu bilden:
– zum Fall,
– zum Mediationsprozess und
– zur Person des Mediators.

Dafür werden vorab ca. fünf Minuten zum Nachdenken eingeräumt. Anschließend sammelt der Supervisor die Hypothesen, die von den Gruppenmitgliedern nach und nach in die Gruppe gegeben werden. Manchmal haben Teilnehmer nur einen Gedanken, aber noch keine vollständig ausformulierte Hypothese. Die anderen Gruppenmitglieder können dann bei der Ausformulierung helfen.

Praxistipp: Wird eine Supervision für eine Co-Mediation durchgeführt, ist nicht notwendig, dass beide Mediatoren anwesend sind. In diesem Fall muss der anwesende Mediator auch Fragen für den Co-Mediator stellen und für diesen auch Hypothesen und Optionen auswählen.

Ist die Entwicklung der Hypothesen abgeschlossen, hat der Mediator die Möglichkeit, aus der Sammlung (je nachdem wie viel Zeit für die weitere Bearbeitung bleibt) ein bis drei Hypothesen auszuwählen, die ihm für die Beantwortung seiner Fragen hilfreich erscheinen.

Optionenbildung durch die Gruppe. Im Anschluss daran arbeitet die Gruppe weiter. Sie hat nun die Aufgabe, Handlungsalternativen, also Optionen hinsichtlich der weiteren Vorgehensweise, in der Mediation zu erarbeiten.

Der Supervisand kann dann diejenigen Optionen auswählen, die ihm hilfreich erscheinen.

Überprüfung der Eingangsfrage. Der nächste Schritt ist die Überprüfung der Eingangsfrage. Der Supervisor fragt den Supervisanden, ob dessen zu Beginn gestellten Fragen beantwortet wurden.

Entscheidungen treffen. Anschließend teilt der Supervisand dem Supervisor (und der Gruppe) mit, wie er in Zukunft weiterarbeiten wird.

Zum Abschluss fragt der Supervisor den Supervisanden, ob er jemanden aus der Gruppe zur Unterstützung haben möchte, falls im weiteren Verlauf der Mediation noch Fragen auftauchen sollten. Der Supervisand kann sich entscheiden, ob er von dieser Möglichkeit Gebrauch machen und wen er ggf. dafür auswählen möchte. Der ausgewählte Gruppenteilnehmer wird gefragt, ob er bereit ist, dem Supervisanden bei Bedarf Hilfestellung zu geben.

d) Supervisionsfall

Der nachfolgende Fall schildert eine von einem Supervisor angeleitete Gruppensupervision mit neun Teilnehmern nach der Methode der mediationsanalogen Supervision.[160]

Für die Bearbeitung wird ein **Zeitrahmen** von 60 Minuten vereinbart.

Der Supervisand trägt folgenden **Sachverhalt** vor:

Ein Ehepaar, das seit 16 Jahren verheiratet ist, möchte sich trennen. Zu diesem Zeitpunkt sind beide Parteien jeweils 40 Jahre alt. Der Mediator vermutet, dass der Ehemann ein Alkoholproblem hat, da er des Öfteren in der Sitzung bei ihm Alkoholgeruch wahrgenommen hat. Um die weitere Vorgehensweise und insbesondere die Scheidungsfolgen zu regeln, hat sich das Paar in einem Vorgespräch darauf geeinigt, eine Mediation zu machen. Bisher wurden drei Mediationssitzungen durchgeführt. Dabei wurde eine Vereinbarung zum Ehegattenunterhalt getroffen, nachdem beide Parteien einen Beratungsanwalt konsultiert hatten. Hinsichtlich der früheren Ehewohnung besteht Konsens, dass der Ehemann in der 3-Zimmer-Wohnung bleibt. Er wird monatlich mehr Geld zur Verfügung haben, als die Ehefrau. Die 15-jährige Tochter ist zur Mutter gezogen. Sie ist gut in der Schule und wirkt auch sonst stabil, aber die Eltern berichten, dass sie mit ihrer Tochter nicht gut über die Trennung reden können. Sie wollen die Tochter daher in einer Kindersitzung mit einbeziehen.

---

[160] *Dietz*, Werkstattbuch, S. 244.

Der Supervisand wählt das **Codewort**: „Bremse ziehen".

Seine **Fragen**:

Frage 1 (zum Fall):

Hätte ich das von mir vermutete Alkoholproblem ansprechen müssen?

Frage 2 (zum Ablauf):

Wie bereite ich die nächste Sitzung mit dem Kind vor?

Frage 3 (zum Mediator):

Was mache ich, wenn mir die Lösung nicht fair erscheint?

Von der Gruppe werden folgende **Hypothesen** gesammelt, die vom Supervisor an die Tafel geschrieben werden:

Hypothese 1:

Der Umgang des Paares mit Geld ist eine Ressource.

Hypothese 2:

Trennungen mit Kindern in diesem Alter stellen immer zwei Mediationen dar (auf der Paar-Ebene und auf der Eltern-Kind-Ebene).

Hypothese 3:

Die Eltern merken zu Recht, dass es sich um zwei Mediationen handelt, und möchten deshalb die Tochter dabeihaben.

Hypothese 4:

Für den Mann ist die Trennung eine Chance.

Hypothese 5:

Wenn es dem Mediator gelingt, die jetzige Vereinbarung als eine vorläufige zu betrachten, können sich viele Fragen, auch die der Wohnung und des Unterhalts, neu stellen.

Hypothese 6:

Es könnte eine Ressource sein, den Trennungsgrund aus der Sicht der Tochter zu erfahren.

Hypothese 7:

Für die Ehefrau ist die Ehe noch nicht zu Ende. Es könnte sein, dass es sich um eine Ambivalenz-Mediation handelt.

Hypothese 8:

Eine gut vorbereitete Kindersitzung könnte die Tochter entlasten, so dass sie eine befreitere Pubertät hat.

Der Supervisand wählt die Hypothesen 4, 7 und 8 aus.

Optionen. Da nur noch 20 Minuten für die Supervision zur Verfügung stehen, schlägt der Supervisor vor, nur für eine Hypothese Optionen zu bilden. Der Supervisand wählt die Hypothese 8 (Vorbereitung der Kindersitzung) aus.

Die Gruppenteilnehmer machen Vorschläge für den Ablauf der Kindersitzung:

– Themensammlung,

– Optionen bilden,

– Fairnesskriterien mit der Tochter erarbeiten,

– Fragen für sie vorbereiten.

Außerdem entwickeln sie noch folgende Optionen:

Option 1:

Zu Beginn der Sitzung würdigen, dass die Eltern sich in eine Mediation begeben haben, um hier zu einvernehmlichen Ergebnissen zu kommen.

Option 2:

Die bisherigen Zwischenergebnisse mitteilen.

Option 3:

Mit der Tochter die weitere Arbeitsweise erklären.

Option 4:

Hinweis an die Tochter, dass sie das Recht hat, um eine weitere Sitzung zu bitten.

Option 5:

Die Eltern fragen, ob sie selbst ihre Ergebnisse bekannt geben wollen.

Option 6:

Angebot an die Tochter, eine Freundin mitzubringen, die sie unterstützt.

Option 7:

Erkundigungen einziehen, wo es eine Rechtsberatungsstelle für Jugendliche gibt, und ihr diese Information weitergeben.

Option 8:

Zirkuläre Frage an die Tochter stellen: „Was könnte sich jemand wünschen, der in der gleichen Situation ist?"

Der Supervisand bestätigt auf Frage des Supervisors, dass alle seine **Eingangsfragen** beantwortet wurden.

Er trifft die Entscheidung, alle Optionen für die Kindersitzung zu nutzen und die Hypothesen 4) und 7) abzuklären. Er bittet einen Teilnehmer, ihn bei eventuell später auftretenden Fragen zu unterstützen, und erhält dafür dessen Zusage.

Teil 3. Falldokumentationen

Wir haben uns für eine praxisorientierte Darstellung entschieden und sehen die nachfolgenden Falldokumentationen als Schwerpunkt unseres Buches.

Es handelt sich um authentische Fälle, bei denen Namen, identifizierende Merkmale und Umstände geändert wurden, um die Privatsphäre der Medianden zu schützen und die Vertraulichkeit der Mediation zu wahren.

Mit den von uns ausgewählten 12 Mediationsfällen wollen wir dem großen Spektrum der Mediation Rechnung tragen. Es geht um verschiedene **Konfliktfelder:**
- Paarbeziehung,
- Familienrecht,
- Schulkonflikte,
- Arbeitsleben,
- Gesellschaftsrecht,
- Wirtschafsrecht,
- Strafrecht
  und unterschiedliche **Mediationstypen:**
- Mischmediation,
- Co-Mediation,
- Mehrparteienmediation,
- Blockmediation,
- Shuttle-Mediation u.a.

Vor jedem Fall geben wir stichpunktartige Hinweise zu Konfliktfeld, Mediationsform und Setting.

Im Anschluss an die Falldarstellung heben wir die eingesetzten Techniken sowie Besonderheiten bei Lösungssuche und Ergebnissen hervor.

Ein tiefer Fall führt oft zu höherm Glück.
(Shakespeare, Macbeth)

Fall 1. Ordnung im Garten, Ruhe in der Küche
Günter Herold

- Ehemediation,
- Streit um Organisationsfragen im Alltag,
- Kurzmediation durchgeführt von einem nichtanwaltlichen Mediator,
- Gutes Beispiel für Lösung von Kommunikationsstörungen durch geschickte Intervention.

Medianden
1. Ehefrau **Astrid**, 45 Jahre
Inhaberin einer Steuerberaterkanzlei mit 5 Angestellten
2. Ehemann **Roland**, 47 Jahre
Leiter eines Security-Dienstes mit 7–20 Mitarbeitern, je nach Bedarf

Das Ehepaar suchte mich auf, weil es Unterstützung wollte, da eine Trennung im Raum stand. Dabei spielten auch Konflikte, die bis zu körperlichen Auseinandersetzungen führten, eine Rolle. Das Paar wollte sich Klarheit verschaffen über den weiteren Weg.

Roland:	**Astrid:**
„Ich muss mich von dir trennen!"	Angst vor Trennung, will keine Trennung, Ausgeliefertsein.

Bevor das Gespräch beginnt, beschreibe ich meine Aufgabe als Mediator, beiden Seiten behilflich zu sein, zu einer gemeinsamen Lösung zu kommen. Dabei ist es mir wichtig, dass die Äußerungen beim jeweiligen Gegenüber auch so ankommen, wie sie gemeint sind, so dass gegenseitiges Verständnis eintritt. Zunächst bitte ich Roland, die Aussage *„Ich will mich von dir trennen"* zu konkretisieren, d.h. eine konkrete Situation zu benennen, in der ein Trennungsimpuls aufgetaucht ist.

Roland: „Die Geschichte mit dem Gartenaufräumen zum Beispiel. Du kommst und meckerst rum. Das ist nicht in Ordnung. Bloß, weil ich das nicht so mache, wie du es dir vorstellst. Du hast gar nicht gesehen, dass ich hinten das gesamte Laub zusammengerecht habe und die Gartenmöbel eingemottet habe. Nur weil ich den vorderen Teil nicht als erstes angegangen bin, bist du sauer. Außerdem mache ich ja eh alles falsch."

Ich bitte Roland, möglichst nicht über die andere Person zu sprechen und sich stattdessen auf sich zu beziehen und von seinem Standpunkt aus zu sprechen. Mit meiner Unterstützung formuliert er seine Aussage daraufhin so:

Roland: Wenn du sagst: „Wieso ist der Garten nicht aufgeräumt?" werde ich sauer und wütend, weil mir die Abmachung mit dir über das Gartenaufräumen wichtig ist. Dabei möchte ich aber den Rhythmus und die Reihenfolge selbst bestimmen."

Mediator *(an Astrid):* „Wie geht es dir damit, wenn du dies hörst?"

Astrid: „Ich bin verblüfft, weil ich höre, dass ihm unsere Abmachung wichtig ist. Aber woher soll ich das denn erkennen, wenn der Garten nicht aufgeräumt ist?"

Roland: „Ja so ist das immer! Immer unterstellst du mir, ich würde die Dinge nicht erledigen und guckst gar nicht dahin, wo ich was gemacht habe. Du siehst nur die Dinge, die ich nicht gemacht habe! Verdammt noch mal!"

Mediator *(an Roland):* „Bist du wütend, weil dir wichtig ist, dass dein Beitrag für die Abmachung gesehen wird?"

Roland: *(laut)* „Ja, und zwar darüber, dass ich immer alles falsch mache!"

Mediator: „Und dabei ist es dir wichtig, dass das, was du getan hast, auch gewürdigt wird?"

Roland: „Ja, und sie sieht immer nur die Dinge, die ich nicht getan habe, und nicht das, was ich gemacht habe!"

Mediator: „Wünscht du dir Respekt und Anerkennung für deine Arbeit und den Beitrag, den du eurer Absprache gemäß geleistet hast?"

Roland: „Na klar, das kann man ja auch erwarten!"

Mediator: „Ich habe gehört, dir ist es wichtig, dass deine Arbeit, die du für eure gemeinsame Ideen getan hast anerkannt wird und deine Entscheidung über die Reihenfolge und Art respektiert wird. Ist es das, was dir wichtig ist?"

Roland: *(ziemlich beruhigt leise)* „Ja."

Mediator *(an Astrid)*: „Ich habe Roland sagen hören, dass es ihm wichtig ist, dass seine Arbeit, die er für eure gemeinsame Ideen gemacht hat anerkannt wird, ebenso seine Entscheidung über die Reihenfolge und Art respektiert wird. Wie geht es dir damit, wenn du dies hörst?"

Astrid: „Wenn ich das so höre, macht mich das traurig. Ich habe das nie so gesehen." *Pause* – „Ich hatte immer eine klare Vorstellung davon, wie die Gartenarbeit erledigt werden sollte. Und es hat mich geärgert, dass er das nicht so gemacht hat. Zumal ich die Gartenarbeit eh nicht so gerne mache. Um alles muss ich mich kümmern!"

Roland: „Genauso ist es. Du mischst dich überall ein!"

Mediator *(an Astrid)*: „Ist dir wichtig, dass die Dinge um dich herum erledigt werden?"

Astrid: „Na, klar, wer soll es denn sonst machen?"

Mediator: „Dabei ist dir auch wichtig, dass die Dinge schnellstmöglich erledigt werden?"

Astrid: „Na ja, schnellstmöglich nicht unbedingt, aber so, dass man sich darauf verlassen kann und nicht wieder alles bei mir hängen bleibt!"

Roland bekommt einen roten Kopf und atmet hörbar durch.

Mediator *(an Roland)*: „Bist du wütend, weil du dir Verständnis für deine Tätigkeit wünscht?"

Roland: „Ja und wie, ich habe das Gefühl, Du bist voll auf ihrer Seite und ich werde total übergangen!"

Mediator: „Ich möchte dir gerne sagen, was ich gerade mache. Mir ist es wichtig, das Astrid das hören kann, was du gesagt hast. Dabei ist es jedoch notwendig, auch ihren Schmerz und ihre Verunsicherung zu würdigen. Kannst du für deinen Teil noch etwas Geduld aufbringen?"

Roland: „Na ja, du wirst das schon richtig machen."

Mediator: „Hast du die Geduld?"

Roland: „Ja ist schon ok."

Mediator *(zu Astrid)*: „Dir ist also wichtig, dass die vereinbarten Arbeiten schnell erledigt werden und du dich darauf verlassen kannst?"

Astrid: „Ja. Wenn ich aber so in mich hineinspüre, stelle ich fest, dass ich hohe Ansprüche habe!"

Mediator: „Fühlst du dich verantwortlich dafür, dass die Dinge erledigt werden?"

Astrid: „Klar, wenn nicht ich, wer dann?"

Mediator: „Ist es dir wichtig, dass die Sachen so erledigt werden, wie du dir es wünscht und auch in deinem Zeitverständnis?"

Astrid: „Oh ja! Ich muss gerade mit Bedauern feststellen, dass ich bei Vereinbarungen oft davon ausgehe, dass sie so abzulaufen haben, wie ich es mir vorstelle und dass diese sofort erledigt werden müssen. Und zwar perfekt. 120% perfekt! Wenn ich mir jetzt darüber bewusst werde, muss ich erkennen, dass ich dein (Rolands) Bemühen und deinen Einsatz gar nicht erkennen kann, geschweige denn würdigen. Das macht mich sehr traurig."

Mediator *(an Roland)*: „Wie geht es dir damit, wenn du dies hörst?"

Roland: „Ich bin dankbar für diese Mitteilung. Irgendwie habe ich das schon geahnt. Deshalb habe ich mich auch immer wieder zurückgezogen. Ich fühlte mich oft so hilflos. Ich hatte das Bedürfnis nach Anerkennung und irgendwie spürte ich den Druck in dir. Das hat mich hilflos gemacht und ich habe das Vertrauen verloren, unsere Beziehung halten zu können. Ich konnte deine und meine Bedürfnisse nicht mehr unter einen Hut bringen. Um diese Belastung zu umgehen habe ich mich für den Gedanken der Trennung entschieden und dies auch immer wieder ausgesprochen."

Astrid: „Aber warum hast du denn das nie gesagt, das mit dem Druck?!"

Roland: „Weil es mir jetzt erst bewusst wird. Und weil ich erkenne, dass mir die Dinge insgesamt manchmal zu schnell gehen. Ich wünsche mir Zeit, um das erspüren zu können!"

– *Schweigen*

Mediator *(an Roland)*: „Wie geht es dir jetzt?"

Roland: „Leichter und verwirrt, weil ich nicht weiß, was ich nun machen soll."

Mediator: „Was ich von dir verstanden habe ist, dass du dir mehr Zeit wünschst, wenn du erkennst, dass es gerade eng um dich herum wird. Ist es das?"

Roland: „Ja, das hätte ich zwar so nicht sagen können, aber das ist es. Ich wünsche mir in manchen Situationen mehr Zeit. Mehr Zeit."

Mediator: „Kannst du dir vorstellen, zu erkennen, wenn dieser Moment auftaucht?"

Roland: „Ja, klar wenn ich mich beengt fühle und am liebsten nach ‚Trennung' schreien würde!"

Mediator: „Kannst du dir vorstellen, dies zu erspüren und dann in Richtung einer ‚Auszeit' zu sorgen?"

Roland: „Ja und dann möchte ich mich gerne zurückziehen können. Und sie soll mich dann nicht dauernd bedrängen, ob ich nun weggehe."

Astrid: „Oh je, da bekomme ich Angst. Weil ich nicht weiß, warum du das machst und ich möchte gerne wissen, was ich falsch gemacht habe, damit ich dich nicht verliere!"

Mediator: „Astrid, möchtest du sicher gehen, dass du die Situation erkennen kannst und du auch weißt, dass Roland mit der Entscheidung des Zurückziehens nicht die Beziehung in Frage stellt?"

Astrid: „Ja, klar! Das ist mir sehr wichtig!"

Mediator *(an Roland)*: „Könntest du dir vorstellen, diese Entscheidung zu kommunizieren? Und kannst du hier noch mal wiederholen, dass es dir nicht um Trennung geht sondern um Ruhe; wenn das wirklich so für dich ist?"

Roland: „Gerne. Ich weiß noch nicht wie, aber ich könnte dir ein Zeichen geben, dass du weißt, dass es um Ruhe und Raum für mich geht. Was soll ich noch wiederholen?"

Mediator: „Dass es dabei nicht um Trennung geht."

Roland: „Ja klar, das ist doch klar, es geht doch nicht um Trennung; wirklich nicht!"

Mediator *(an Astrid)*: „Würdest du bitte wiederholen, was du von Roland verstanden hast?"

Astrid: „Roland hat gesagt ich soll ihn nicht so bedrängen mit meiner Trennungsangst!"

Mediator: „Ich habe von Roland verstanden, dass er ein Bedürfnis nach Ruhe hat."

Mit Blickkontakt versichere ich mich bei Roland, dass dies seine Botschaft ist.
„Würdest du mir bitte rückmelden, was du verstanden hast?"
Astrid: „Nun ja, Roland will manchmal seine Ruhe haben."
Mediator *(an Roland):* „Ist es das, was du sagen wolltest?"
Roland: „Ja, schon."
Astrid: „Ist ja ok, ich möchte nur wissen, wann das so ist."
Mediator: „Ich denke mit dem Hinweis auf diesen Wunsch wird sich bald eine Möglichkeit ergeben. Was hat Roland noch gesagt, hinsichtlich der Beziehung?"
– *Schweigen*
Astrid: „Ähm, …, Er hat gesagt, dass es ihm nicht um Trennung geht. … Und damit geht es mir gut. Ich vertraue ihm; nein, ich weiß, dass das so stimmt. Mit den Trennungsängsten muss ich selber klar kommen. Das ist mein Ding."

Nachdem ich die Interessen und Bedürfnisse von Roland verstanden habe, möchte ich Astrid besser verstehen:

Mediator (an Astrid): „Gibt es etwas, dass du unter dem Blickwinkel der Gleichwertigkeit im Dialog mit Roland ansprechen und klären möchtest?"
Astrid: „Nein, ist schon alles ok!" – *Pause* – „Moment mal, wenn ich das jetzt so auf mich wirken lasse, finde ich schon etwas, das mich nervt. Warum musst du immer am Funkgerät mit deinen Fahrern rumquasseln, wenn ich in der Küche arbeite?" *(Anmerkung: Das Funkgerät befindet sich in der Küche.)*
Mediator: „Würdest du dir gerne mehr Ruhe und Raum wünschen, wenn du in der Küche arbeitest?"
Astrid: „Ja, es ist für mich auch so, dass die Küche ein Ort der Entspannung von einem anstrengenden Arbeitstag ist. Kochen lenkt mich ab und lässt mich von der Arbeit distanzieren und da kann ich kreativ sein, ohne mich anstrengen zu müssen."
Mediator: „Ist für dich das Kochen eine Tätigkeit, die dich entspannt und zur Ruhe kommen lässt und mit der du gleichzeitig auch zum Wohle eures Lebens beitragen kannst?"
Astrid: „Schon, und dabei nervt mich diese ewige Funkerei!"
Mediator: „Bist du genervt, weil du in der Küchenarbeit gerne so sein möchtest, dass Du Ruhe, Entspannung und Kreativität leben kannst?"
Astrid: „Klar, und davon hat Roland ja auch etwas, immerhin bekommt er etwas zu essen."
Roland: „Das war deine Idee und dein Wunsch für uns zu kochen, sag nicht, dass ich mich von dir bedienen lasse!"

Astrid: „Nein, ich koche ja gerne für uns beide. Wirklich! Ich möchte das nur in Ruhe machen können und nicht immer die Funkerei mitbekommen!"

Roland: „Das ist nicht fair, damit kannst du jetzt nicht kommen. Du hast genau gewusst, dass du einen Leiter eines Security-Service heiratest und da hast du auch zugestimmt und jetzt kommst du mir mit diesen Vorwürfen!"

Mediator *(an Roland)*: „Ich spüre, dass du wütend bist, weil dir die Wertschätzung für deine Arbeit fehlt. Ist es für dich in Ordnung, wenn ich wiederhole, was ich von Astrid verstanden habe?"

Roland: „Ja, vielleicht bin ich da gerade etwas zu empfindlich gewesen, ich möchte hören, was du von Astrid verstanden hast."

Astrid: „Mir ist schon klar, dass du die Arbeit machen musst, das ist ok, aber es nervt halt, wenn ich in Ruhe kochen möchte!"

Mediator *(wiederholt Astrid)*: „Ich habe von Astrid verstanden, dass sie gerne für euch beide kocht. Dass sie das jedoch gerne in einem Küchenumfeld machen würde, in dem sie gleichzeitig das Kochen als Ruhe und Entspannung erleben kann. Außerdem habe ich gehört, dass sie die Notwendigkeit des Funkens auch versteht."

Astrid: „Genau. Und es macht mich hilflos, das unter einen Hut zu bringen."

Mediator *(an Roland)*: „Würdest du sagen, was du verstanden hast, von dem was du gerade gehört hast?"

Roland: „Ich habe verstanden, dass ich nicht mehr funken soll, wenn sie in der Küche ihre Ruhe braucht. Aber das geht nicht. Keiner draußen kann sich danach richten, ob du gerade in der Küche bist. Und wenn schon, woher sollen die denn das überhaupt wissen. Das geht nicht."

Mediator: „Roland, danke, dass du mir gesagt, hast, was du verstanden hast. Fühlst du dich unter Druck, weil du sicher sein möchtest, dass du auch funken kannst, wenn Astrid in der Küche arbeitet?"

Roland: „Ja, sonst können wir den Laden doch gleich dicht machen!"

Mediator: „Das Funken ist notwendig, damit du deine Leute koordinieren kannst?"

Roland: „Ja."

Mediator: „Fühlst du dich verstanden?"

Roland: „Von dir schon, aber von Astrid?"

Astrid: „Ich verstehe sehr gut, dass du das Funken brauchst. Und dass dies zu deinem Job gehört. Aber mir geht es doch nur um die Ruhe in der Küche."

Mediator: „Was hast du von dem verstanden, was Astrid sagte?"

Roland: „Sie versteht die Notwendigkeit der Funkgespräche. Was war das andere noch? Sag es noch mal bitte, ich habe es vergessen."

Weil Astrid etwas genervt und überrascht wirkt, springe ich ein und wiederhole.

Mediator: „Für mich (als Astrid) ist es wichtig, dass ich unser gemeinsames Essen in Ruhe zubereiten kann, das hilft mir zusätzlich zur Entspannung. Was hast du verstanden?"

Roland: „Dass du, wenn du unser Essen machst, gerne Ruhe hättest, dann kannst du besser entspannen. War es das?"

Ich nehme mit Astrid Blickkontakt auf.

Astrid: „Ja, das passt so, das meine ich."

Roland: „Und du sagst nicht, dass ich nicht funken soll?"

Astrid: „Nein, das ist doch klar, gehört doch zu deinem Job."

Roland: „Ja, wenn das so ist, können wir doch das Funkgerät im Gang unterbringen, beim Telefon. Es ist eh angenehmer für mich, weil ich dann beides zusammen habe, Funkgerät und Telefon. Das ist doch die Lösung, oder?"

Hier haben die Medianden, nachdem sie offensichtlich gegenseitig ihre Interessen und Bedürfnisse verstanden hatten, gleich eine Lösung gefunden.

Astrid: „Gefällt mir sehr gut. Ich habe ja meinen eigenen Telefonanschluss. Dass wir da nicht schon früher drauf gekommen sind?" – Pause – „Aber jetzt wäre es mir noch wichtig, dass ich die Ruhe in der Küche bekomme, wenn ich sie brauche, unabhängig vom Funken. Manchmal möchte ich auch nicht mit dir reden müssen. Das hätte ich jetzt gerne irgendwie geregelt."

Mediator *(wiederholt, um Astrid zu vermitteln, dass sie verstanden worden ist und um mit Roland die Verbindung zu halten):* „Für dich, Astrid, ist es wichtig, sicher zu gehen, dass du, wenn du es brauchst, in der Küche deine Ruhe haben kannst und nicht mit Roland sprechen musst, wenn du es gerade nicht möchtest?"

Astrid: „Ja, und ich will aber auch, dass du, Roland, weißt, dass dies nur für diesen Moment gilt und nicht für immer!"

Mediator: „Roland, was hast du von Astrid gerade gehört?"

Roland: „Sie möchte sicher sein, dass sie in der Küche auch mal nicht mit mir reden muss, wenn sie gerade ihre Ruhe braucht. Aber das soll nicht immer sein."

Astrid: „Genau."

Mediator *(an beide)*: „Habt ihr eine Idee wie man das lösen kann?"

Roland: „Das ist doch im Prinzip dasselbe, was ich auch für mich haben wollte! Oder?"

Astrid: „Irgendwie schon."

Roland: „Im Fußball gibt es so etwas wie eine gelbe Karte. Wobei ich hier nicht bestrafen will, aber könnten wir nicht eine Art Karte zeigen, wenn wir unsere Ruhe haben wollen und dabei sicher sein wollen, dass der andere dies nicht als Kritik auffasst?"

Astrid: „Mensch, Günter [Mediator], du hast so schöne Visitenkarten mit der Gazelle, und dem Wort Kommunikation drauf. Die gefällt mir gut und ich möchte mich gerne an dieses Gespräch erinnern. Gib doch jedem von uns eine und wir könnten uns dann diese Karte zeigen. Roland, was hältst du davon?"

Roland: „Das ist eine tolle Idee. Ich bin gespannt, wie dies funktioniert. Ich habe Lust, es auszuprobieren."

Mediator *(an beide)*: „Wie geht es euch jetzt mit dieser Situation?"

Astrid: „Gut, gut. Und ich bin traurig, dass wir das nicht schon früher kennen gelernt haben. Wir hätten uns viel Kummer und Streit ersparen können. Und ich möchte mir noch ein andermal anschauen, was es mit meinen Anspruch auf Perfektionismus so auf sich hat. Danke."

Roland: „Es fühlt sich sehr gut an für mich. Ich merke, dass ich wesentlich ruhiger bin. Ein immenser Druck ist von mir gewichen. Ich bin so froh, dass ich nicht mehr sofort alles erkennen und für mich lösen muss. Die Vorstellung, es langsamer angehen lassen zu können ohne gleich mit Trennung drohen zu müssen, beruhigt mich. Ich hoffe nur, dass ich dann an die Karte denke! Ich bin sehr beeindruckt. Danke."

Diese Mediationssitzung hat ca. zwei Stunden gedauert. Es gab vorher keine Absprachen.

Ich blieb weiter in Kontakt mit den Beteiligten und konnte mehrere Wochen später erfahren, dass sich die Lösung mit den Karten bewährt hat und für den gewünschten Freiraum sorgt.

Anmerkung: Bei dieser Ehemediation waren die Probleme des Zusammenlebens zu mediieren. Zwischen den Eheleuten hatten sich viele Missverständnisse angesammelt, was zu gegenseitigen Vorwürfen führte.
Der Mediator hat es verstanden, die Kommunikation wieder in Gang zu bringen. Er hat sich dazu insbesondere der Techniken des Zusammenfassens und Fokussierens bedient. Für den Erfolg entscheidend war, dass es ihm gelungen ist, die Gefühle der Eheleute klar herauszuarbeiten.
Die am Ende gefundene Lösung besticht durch ihre Kreativität.
Im Hinblick darauf, dass der Ehemann bereits überlegt hatte, sich von seiner Frau zu trennen, ist die Versöhnung nach einer nur zweistündigen Sitzung aus unserer Sicht ein großer Erfolg.

> Der Narben lacht,
> wer Wunden nie gefühlt.
> *(Shakespeare, Romeo und Julia)*

Fall 2. Den Kindern zuliebe

Irmgard von Ertzdorff

- Familienmediation,
- Streit zwischen getrennt lebenden Eheleuten um den Umgang der Kinder mit ihrem Vater,
- Mediation im Rahmen der gesetzlichen Jugendhilfe durchgeführt von einer Mediatorin mit dem Grundberuf Sozialpädagogin,
- Einbeziehung der Kinder in eine von sechs Sitzungen,
- Anschauliches Beispiel dafür, dass auch Eltern mit hohem Konflikt-potential im Interesse ihrer Kinder zu einer guten Zusammenarbeit finden können.

Zum Aufgabengebiet in unserem großen kommunalen Sozialdienst, in dem ich viele Jahre als Sozialpädagogin und Mediatorin tätig war, gehört u. a. das Leistungsangebot der gesetzlichen Jugendhilfe, § 17 KJHG, in dem es heißt: „*Im Falle der Trennung oder Scheidung sind Eltern unter angemessener Beteiligung des betroffenen Kindes oder Jugendlichen bei der Entwicklung eines einvernehmlichen Konzeptes für die Wahrnehmung der elterlichen Sorge zu unterstützen ...*"

Im Folgenden beschreibe ich den Ablauf einer Mediation mit Frau und Herrn Homann (Namen geändert). In meiner Darstellung schildere ich folgende Sequenzen besonders ausführlich:

Die Anfangsphase, in welcher die Weichen für die Mediation gestellt wurden und das Spannungsfeld „Behörde und Mediation" zum Tragen kam und das für die Arbeit im Rahmen der Jugendhilfe typische Gespräch mit den Kindern.

Die Mediation erstreckte sich über einen Zeitraum von vier Monaten (mit Sitzungen von jeweils 90 Minuten). Es fanden insgesamt sechs Treffen statt, eine davon mit den Kindern.

Kontaktaufnahme

Der Kontakt kam über einen Anruf von Frau Homann zustande. Sie berichtete, dass sie seit einem Jahr von ihrem Mann getrennt lebe. Die Kinder, Eva, 12 Jahre und Martin, 9 Jahre, lebten bei ihr. Den Scheidungsantrag habe sie gestellt, ihr Mann habe der Scheidung nur halbherzig zugestimmt.

Zwischen ihnen gäbe es große Unstimmigkeiten bezüglich des Umgangs mit den Kindern. Es sei mit ihrem Mann nicht zu reden. Sie selbst sei deshalb seelisch sehr belastet und vor allem die Kinder würden unter dieser Situation leiden. So wünsche sie sich, dass ihm von Seiten des Jugendamts nahe gebracht werde, wie er sich den Kindern gegenüber besser verhalten könne. Auch würde sie gerne Regelungen mit ihm vereinbaren wollen, an die er sich dann halten müsse.

Frau Homann wurde angeboten, gemeinsam mit dem Vater zu einem Erstgespräch zu kommen.

Ein paar Tage später rief Herr Homann an und erklärte, seine Frau renne mit ihrem Anliegen, eine „Jugendbehörde" einzuschalten, bei ihm offene Türen ein. So wie sie ihm die Kinder dauernd unter Ausreden vorenthalte, könne es nicht weitergehen. Es werde Zeit, dass ihrer Willkür Einhalt geboten werde. Er habe bereits überlegt, bei Gericht Antrag auf Übertragung des alleinigen Sorgerechtes zu stellen, weil er sich nicht mehr zu helfen wisse. Den Kindern zuliebe wolle er es aber „im Guten" probieren, obwohl er sich nicht viel davon verspreche.

Ich erklärte Herrn Homann, dass es bei unseren Gesprächen nicht darum gehe, dass wir Stellung beziehen oder gar einem Elternteil die Meinung sagen: „Unsere Aufgabe ist es ausschließlich, Sie bei der Suche nach einer guten Vereinbarung, die Kinder betreffend, zu unterstützen."

Anschließend wurde ein Termin für ein Erstgespräch vereinbart.

Erstgespräch

Das Elternpaar wirkte zu Anfang des Gesprächs sehr angespannt und gegenseitig distanziert (deutlich abgewandte Körperhaltung, kein Blickkontakt).

Herr Homann äußerte gleich zu Beginn, dass er sich von dem gemeinsamen Gespräch nicht viel verspreche, da man mit seiner Frau nicht mehr vernünftig reden könne, aber den Kindern zuliebe wolle er nichts unversucht lassen.

Ich äußerte Verständnis für die Skepsis von Herrn Homann. Die Abwertung gegenüber seiner Frau „neutralisierte" ich, indem ich an beide gewandt meinte: „Es ist ganz normal, Zweifel am Erfolg von gemeinsamen Gesprächen zu haben, wenn jemand lange die Erfahrung macht, dass man sich nicht verstanden fühlt und sich bei wichtigen Punkten nicht einigen kann. Umso deutlicher wird es, wie sehr Ihnen Eva und Martin wichtig sind, da Sie trotz dieser Bedenken gemeinsam hier an einem Tisch sitzen."

Ein konstruktives Miteinander kurz nach einer offensichtlich sehr belastenden Trennung, ist schwierig. Ich machte deutlich, dass genau hier die Chancen bei einer Mediation liegen könnten. Es könne dabei gelernt werden, konstruktiver miteinander zu sprechen, um dann Wege aus den Konflikten zu finden.

Weiter hob ich hervor, dass ich gute Chancen hierfür sehe, nachdem sie beide einen starken gemeinsamen Bezugspunkt hätten: die Liebe zu ihren gemeinsamen Kindern!

Anschließend machte ich meine **Rolle als Mediatorin** deutlich: mein Bemühen, beide zu verstehen und eine neutrale Haltung dem Ergebnis gegenüber, keine Parteinahme, sofern die Vorschläge nicht dem Kindeswohl zuwider laufen.

Herr Homann fragte, was denn meine Funktion wäre, wenn Sie selbst Lösungen finden sollten – ich vom Jugendamt müsste doch am ehesten wissen, was für ihre Kinder gut ist.

Mediatorin: „Ich bin mir sicher, Sie als Eltern wissen viel besser als ich, was für ihre Kinder gut ist. Sie lieben Eva und Martin, kennen Ihre Bedürfnisse, wissen was ihnen gut tut und worunter sie leiden. Manchmal trüben vielleicht nur Missverständnisse oder Unausgesprochenes den Blick. Meine Unterstützung besteht darin, für eine Gesprächsstruktur zu sorgen und zwischen Ihnen zu vermitteln, so dass Sie einander besser verstehen können. Ich habe Abstand und daher einen anderen Blickwinkel. Dadurch könnten Verständnisprobleme verringert und vielleicht auch ein Ausweg aus der Sackgasse gefunden werden.

Frau Homann: „Also wie eine Art Dolmetscherin?"

Ich bejahte. Ergänzend wies ich beide darauf hin, dass sie die Vermittlungsgespräche jederzeit beenden könnten und ihnen daraus kein Nachteil entstehen würde.

Mediatorin: „Ich stehe unter Schweigepflicht. Sollte es doch zu einem Gerichtsverfahren kommen und unsere Behörde nach § 50 KJHG zu einer Stellungnahme gebeten werden, wird diese nicht von mir, sondern von einer Kollegin oder einem Kollegen abgegeben werden." *An beide:* „Können Sie sich vorstellen, in dieser Weise zu arbeiten?"

Frau Homann: „Ja, auf alle Fälle! Alleine schaffen wir es nicht und es geht doch um unsere Kinder! Die leiden eh' schon so unter der Situation und wir müssen doch da als Eltern vernünftiger sein! An ihren Mann gewandt: Norbert, das siehst du doch auch so?!"

Herr Homann: „Das schon, klar leiden die Kinder, aber wer ist denn schuld daran?!"

Mediatorin „Sehe ich es richtig, Herr Homann: Sie als Vater machen sich um die Kinder Sorgen und hätten gerne, dass es ihnen besser geht, aber Sie hadern noch damit, ob Sie die Gespräche möchten, da Sie die Verantwortung für die Trennung bei Ihrer Frau sehen?"

Herr Homann: „Ja genau!"

Mediatorin: „Was denken Sie, Herr Homann, könnte Ihnen helfen, sich zu entscheiden?"

Herr Homann: „Na ja, vielleicht bringt es ja was, wenn Sie mir endlich einmal zuhören **muss,** sie meint ja, es sind nur **ihre** Kinder!"

Mediatorin: „Sie könnten sich für die Aufnahme der Mediationsgespräche nur dann entscheiden, weil Sie hoffen, dass dabei ihre Frau Ihnen richtig zuhören müsste?"

Herr Homann: „Ja, so ungefähr."

Mediatorin: „Frau Homann, was sagen Sie dazu?"

Frau Homann: „Das gilt für ihn genauso, das Zuhören, meine ich.

Mediatorin: Die Gespräche können Ihnen beiden helfen, sich gegenseitig besser zuzuhören. Dass Sie noch hin und her gerissen sind, Herr Homann, ist für eine Mediation eigentlich kein Hinderungsgrund. Wichtig ist, dass Sie bereit sind, offen über Ihre Anliegen zu sprechen.

Sehe ich es richtig, dass Sie beide einverstanden sind, wenn wir einige Gesprächstermine vereinbaren?"

Herr Homann: „OK, versuchen wir es halt."

Frau Homann atmete erleichtert auf.

Als nächstes bat ich beide um ihre **„Eckdaten"**:

Frau Homann begann – ohne Absprache mit ihrem Mann – zu reden. Ich bat, kurz unterbrechen zu dürfen und fragte Herrn Homann, ob es für ihn in Ordnung wäre, wenn seine Frau begänne, was er bejahte.

Frau Homann 40 Jahre, ist vormittags als Sprechstundenhilfe in einer Naturheil-Praxis tätig. Nachmittags ist sie für die Kinder und deren Versorgung da. Sie bewohnt mit den Kindern die eheliche Wohnung. Ihre finanzielle Situation erlebt sie als sehr beengend. Für die Kinder bekomme sie Unterhalt, über die Höhe des Ehegattenunterhalts hätten sie sich noch nicht befriedigend geeinigt, diesbezüglich wolle sie eine gerichtliche Regelung bei der Scheidung anstreben. Zurzeit ist sie dabei, eine berufliche Fortbildung (Astrologische Beraterin) zu machen, welche ein Mal monatlich am Wochenende stattfindet.

Seit gut einem halben Jahr *(hier warf Herr Homann ein: „Ach, ein halbes Jahr, dass ich nicht lache!")* habe sie einen Freund, der allerdings in der Schweiz lebe. Bei ihm verbringe sie mit den Kindern bisweilen die Wochenenden.

Herr Homann, 44 Jahre, ist Oberarzt an einer Klinik; er hat Schicht- und Wochenenddienst. Er lebt in unmittelbarer Nähe der Kinder in einem 1-Zimmerappartement, finanziell fühle auch er sich belastet.

Das Paar ist seit 14 Jahren verheiratet und lebt seit knapp einem Jahr getrennt.

Ursprünglich habe er die Scheidung nicht gewollt, doch sie habe ihn förmlich aus der ehelichen Wohnung gedrängt, indem sie mit ihrem „Lover", als er einmal Wochenenddienst hatte, in der Wohnung war. Da konnte er beim besten Willen nicht mehr unter einem Dach mit ihr bleiben. Damit die Kinder jederzeit zu ihm kommen können, habe er extra in der Nähe eine Wohnung gesucht und auch gefunden. Inzwischen stimme er „wohl oder übel" der Scheidung zu. Mit dem Umstand, dass die Kinder bei der Mutter leben, sei er „notgedrungen" einverstanden, denn „es müsse ja einen Dummen geben, der das Geld verdient."

Über die Ausübung des gemeinsamen Sorgerechtes bestand grundsätzlich Einigkeit. Sollte die Ehefrau aber sein Anliegen bezüglich der Kinder nicht besser berücksichtigen, müsse er das alleinige Sorgerecht beantragen. Dann arbeite er eben weniger und kümmere sich dann nachmittags um die Kinder.

Frau Homann verdrehte an dieser Stelle die Augen, sagte aber nichts.

Bei der Schilderung der „Eckdaten" blieb Frau Homann relativ sachlich, Herrn Homann gelang dies weniger. Als er darauf hinwies, dass ihn seine Frau bei den Kindern schlecht mache und ihm die Kinder vorenthalte und *Frau Homann immer wieder dazu kommentierte:* „Das stimmt doch gar nicht!", *hörte ich zunächst zu, um nicht „bestrafend" zu wirken.*

Schließlich meinte ich: „Es ist sehr verständlich, dass Sie jetzt am liebsten gleich alles los werden wollen. Doch damit Sie hier auch eine gute Lösung für Ihre Konflikte finden können, braucht es eine gewisse „Gesprächskultur."

Ich wies auf die **Gesprächsregeln** hin: „Jeder spricht abwechselnd und nacheinander. Jede Seite stellt ihre Position und Sichtweise der Konfliktthemen dar. Zuerst werden alle Themen gesammelt. Je genauer die Themen benannt werden, desto besser. Erst danach werden wir gemeinsam Ideen für Lösungen entwickelt. Endgültige Regelungen werden dann gegen Ende unserer Sitzungen vereinbart. Weiter ist es sehr hilfreich, wenn Sie eine gewisse Form beachten. Das kann schwer werden, denn jeder von uns hat eingefahrene Gesprächsmuster, die oft nicht geeignet sind, um vom Anderen verstanden zu werden."

Die Arbeitstitel **„Sprecher"** und **„Zuhörer"** werden eingeführt und die dazugehörigen Regeln erklärt:

Der **„Zuhörer"** sollte ausreden lassen, nicht unterbrechen, auch wenn es schwer fällt, sich notfalls Notizen machen – aktiv zuhören, das heißt *nur* hören – versuchen, nicht nebenher zu interpretieren, innerlich kommentieren oder bewerten.

Der **„Sprecher"** sollte von sich sprechen, d.h.: Vorwürfe, Anklagen, Interpretationen vermeiden, dafür bei sich selbst auf die Suche gehen („was bedeutet es für mich, wie fühle ich dabei...").

Es wurde hinzugefügt, dass sie bei der Einhaltung der Regeln Unterstützung erhalten. – *Es ist Aufgabe der Mediatorin, für günstige Gesprächsbedingungen zu sorgen.*

Am Ende gab ich einen Ausblick zur nächsten Sitzung: Themensammlung und Gewichtung – die Eheleute wurden gebeten, sich als „Hausaufgabe" zu überlegen, was genau ihre Anliegen und Themen sind.

Zweite Sitzung – Themensammlung

Das Elternpaar kam zur nächsten Sitzung gut vorbereitet. Beide hatten sich schriftlich Notizen gemacht. Die Erarbeitung der Themen gelang relativ zügig und ohne größere Unterbrechungen des jeweiligen „Sprechers". Die Themen wurden schließlich – getrennt nach Mutter und Vater – auf Flipchart festgehalten. Bei den Themen wurden viele **Gemeinsamkeiten** deutlich, beide wollten die Klärung folgender Punkte:

– Wochenendregelung,
– Regelung der Wochentage,
– Regelung der Feiertage/Ferien,
– Belange der Kinder,
– Umgang miteinander,
– Umgang mit dem Freund der Mutter.

Frau Homann wollte darüber hinaus Entlastung bei den Kindern und legte Wert auf die Kommunionfeier des Sohnes.

Herr Homann wünschte Klarheit hinsichtlich einer Beeinflussung der Kinder und insgesamt mehr Informationen über sie.

Ich bat das Elternpaar, für sich Prioritäten zu nennen, und sich danach auf eine Reihenfolge zu einigen, in der die Fälle bearbeitet werden könnten. Dieser Prozess gestaltete sich äußerst schwierig.

Frau Homann plädierte für ihre 1. Priorität:

Wenn sie einen besseren Umgangston miteinander hätten, z.B. sie sich nicht mehr nur ausschließlich seine ungerechtfertigten Anschuldigungen anhören müsste, ließen sich alle anderen Themen mit Leichtigkeit lösen.

Herr Homann sah das ganz anders: Wenn sie ihm die Kinder unter der Woche nicht so „krass" vorenthalten und gegen ihn beeinflussen würde, dann könne er auch einen anderen Ton ihr gegenüber anschlagen.

Offensichtlich ein Teufelskreis. Ich fragte beide, ob sie eine Idee hätten, wie sie diesen unterbrechen könnten? Oft genüge ein erster kleiner Schritt.

Dabei gab ich folgende Anregung: „Wenn Sie als Vater und Sie als Mutter einmal bei sich selbst nachfühlen, was die einzelnen Themen für Sie selbst bedeuten und dies dann dem anderen mitteilen, könnte es eventuell gelingen, eine Einigung für die Reihenfolge zu finden."

Schließlich ergab sich folgende Reihenfolge:

1. Regelung der Wochentage,
2. Regelung der Wochenenden,
3. Belange der Kinder, ergänzt mit Informationen über die Kinder,
4. Umgang miteinander (hier wurde „Beeinflussung" und „Entlastung" subsumiert),
5. Gestaltung der Kommunion von Martin,
6. Gestaltung der Feiertage/Ferien,

7. Umgang der Kinder mit dem Freund der Mutter.

Dritte und vierte Sitzung

In diesen Sitzungen gaben die Eheleute nacheinander ihre Positionen, Haltungen, Anliegen und bereits eigene Lösungsvorschläge bekannt.

Beispielsweise wollte **Herr Homann** die Kinder häufig sehen, möglichst täglich, auch an den Wochenenden mindestens an einem Tag. Er wünschte sich eine bessere Rücksichtnahme auf seinen Schichtdienst. Weiter wollte er umfassende und rechtzeitige Informationen über die Kinder, wenn sie krank sind, über Noten und Elternabende. Wichtig war ihm, dass sie mit dem Freund der Mutter möglichst gar nicht zusammenkommen.

Frau Homann wünschte sich klare, verbindliche Wochenendregelungen: 14-tägig, mit Absprachen von einem halben Jahr im Voraus unter Berücksichtigung ihrer Fortbildungstermine; ferner die Einhaltung der „Abhol- und Bringzeiten" und rechtzeitige Benachrichtigung über Veränderungen; des Weiteren, dass der Vater die Kinder mehr in schulischen Belangen unterstützt (besonders Eva in Mathe) und mit dem Sohn mehr unternimmt („Männerspiele"); außerdem, dass er die Bedürfnisse der Kinder besser berücksichtigt und ihren Freund akzeptiert.

Dies führte beim jeweils Anderen oftmals zu heftigem Widerspruch und neuerlichen Konflikten, aber im Laufe der Sitzungen nahmen die Feindseligkeiten ab. Bisweilen kamen eine ernsthafte Arbeitshaltung und zumindest ein Hauch von Interesse für die Befindlichkeit des Anderen auf. Ich versuchte, den Konfliktpartnern zu helfen, „hinter" die Position zu blicken. Dies gelang schließlich durch Fragen wie: „*Und was bedeutet das nun für Sie genau?*" und durch Zusammenfassen der Bedürfnisse, die ich hinter der Position heraushörte. Dabei überschnitten sich die Themenbereiche teilweise und Kernpunkte schälten sich heraus.

Beispiel einer Gesprächssequenz

Herr Homann: „Ich finde es von dir so daneben, wenn du Martin und Eva abends nach dem Essen nicht mal eine Stunde zu mir lässt, wo ich doch so nah wohne. Das war doch der Grund dafür, dass ich in ihre Nähe gezogen bin, dass sie jederzeit kommen können!"

Mediatorin: „Sie vermissen ihre Kinder am Abend sehr?"

Herr Homann: „Das ist manchmal kaum auszuhalten."

Mediatorin: „Möchten Sie darüber etwas mehr erzählen?"

Sichtlich bewegt und den Tränen nahe erzählte er, wie sehr er unter der Trennung der Kinder im Alltagsleben leidet. Wie schön es früher war, schon im Treppenhaus beim nach Hause kommen ihre Stimmen zu hören.

Mediatorin *(an die Frau gerichtet)*: „Wie ist das für Sie, wenn Sie das hören?"

Frau Homann *(auch sichtlich berührt)*: „Ja, das tut mir auch sehr leid, so habe ich es von Dir bisher aber nie gehört. Du machst mir nur Vorwürfe, ich würde absichtlich die Kinder von dir fernhalten! Ich bin doch einverstanden, wenn sie unter der Woche zu dir kommen, das finde ich ja auch gut, dass sie dich in der Nähe haben! Nur die Kinder haben oft selbst so viel zu tun und sie haben auch nicht immer dann Zeit, wenn du es willst. Vor allem Eva, sie muss manchmal so viel lernen!"

Herr Homann: „Das erzählt mir ja keiner, ich krieg ja nichts mit!"

Mediatorin: „Es interessiert Sie, was die Kinder in der Schule zu tun haben?"

Herr Homann: „Ja freilich, aber ich erfahre ja nur zufällig wann Elternabende sind!"

Frau Homann: „Das stimmt nicht, ich hab dir eine E-Mail geschickt."

Herr Homann: „Du weißt, dass ich die nicht immer lese!"

Frau Homann: „Nein, das wusste ich bis jetzt nicht!"

Mediatorin: „Ist es richtig, dass Sie als Vater am Leben ihrer Kinder grundsätzlich mehr Anteil haben möchten?"

Herr Homann: „Ja, denn irgendwann habe ich sonst gar nichts mehr bei ihnen zu melden!".

Mediatorin: „Sie haben Angst, dass sie ihnen entgleiten könnten, weil sie Eva und Martin nicht mehr so oft in Ihrem Alltag erleben?"

Herr Homann: „Ja genau!"

Mediatorin: „Frau Homann, was sagen Sie zu der Befürchtung Ihres Mannes?"

Frau Homann: „Na ja, das kann ich einerseits schon verstehen, aber das braucht er nicht!"

Mediatorin: „Verstehe ich es richtig: Sie können die Befürchtung des Vaters nachvollziehen und möchten ihn da ernst nehmen?"

Frau Homann: „Ja, im Grunde schon!" *(An ihn gewandt)*: „Doch wie du dich manchmal aufführst und mich anschreist vor den Kindern, da kann ich dann auch nicht mehr!"

Mediatorin: „Da ist offensichtlich das Thema ‚Art des Umgangs miteinander' angesprochen."

Frau Homann: „Ja, sehen Sie, daran scheitert oft alles, an seiner unbeherrschten Art! Und die Kinder bekommen dann mit, dass ich nur noch heule. Ich versuche ja, alles von ihnen fern zu halten, doch ich bin auch nur ein Mensch" *(weint)*. „Und es ist wirklich schlimm, wie sie dann leiden, vor allem Eva, sie zieht sich dann nur noch zurück und lässt mich gar nicht mehr an sich heran."

Mediatorin: „Die Kinder werden oftmals sehr involviert, verständlicherweise, und Sie würden ihnen gerne alles ersparen?"

Herr Homann: „Ich doch auch! Aber ich war da so in Rage, weil sie mich angelogen hat – ich möchte einfach nicht, dass die Kinder mit ihrem

‚Typen' zusammentreffen, und da hat sie mich angelogen: Sie war das ganze Wochenende mit ihnen bei ihm und mir sagt sie, sie ist bei ihren Eltern! Und hintenherum muss ich es dann erfahren!"

Frau Homann: „Ja, weil ich mir nicht anders zu helfen weiß, das geht doch auf die Dauer nicht. Michael gehört doch jetzt auch zu meinem Leben!"

(Herr Homann wendet sich wortlos schnaubend ab).

Mediatorin: „Kann es sein, Herr Homann, dass da noch viele alte Wunden angerührt werden? Vielleicht ist es wichtig, dass Sie etwas davon hier ,auf den Tisch legen'. Alte Verletzungen können oft sehr im Weg sein."

Es wurde deutlich, dass Herr Homann die neue Beziehung seiner Frau als Grund für das Scheitern der Ehe ansah. Diesen Punkt zu vertiefen, hätte den Rahmen der Sitzung gesprengt. Doch allein die Benennung seiner tiefen Kränkung und der Umstand, dass seine Frau diese wahrnehmen und im späteren Verlauf sagen konnte, wie leid ihr es tat, dass sie ihn so verletzt und ihn angelogen hatte, trug wesentlich dazu bei, dass die gegenseitigen Abwertungen weniger wurden. Auch konnte er so seine Position „die Kinder dürfen mit dem Freund der Mutter nicht zusammen kommen" leichter aufgeben.

Zunehmend gewann der gemeinsame **„Bezugspunkt Kinder"** an Bedeutung. Die Ansichten der beiden über deren Befindlichkeit und Bedürfnisse waren sehr unterschiedlich. So meinte z. B. die Mutter nach wie vor, dass Eva viel mehr für die Schule tun müsse und auch wolle und deswegen nicht mehr so häufig zu ihrem Vater kommen könne. Der Vater bestand aber darauf, dass die Mutter sie nur mehr motivieren müsse, zu ihm zu gehen.

Uneins waren die Eltern darüber, wie viel Absprachen und Verbindlichkeit die Kinder für die Wochenenden bräuchten. Herr Homann vertrat anhaltend die Ansicht, dass es für die Kinder besser wäre, sie würden diese flexibel und nach Bedarf gestalten. Frau Homann meinte, sie bräuchten verbindliche Absprachen.

Gegen Ende der 4. Sitzung stellte ich die Frage: „*Was glauben Sie, würden ihre Kinder dazu sagen?*" Dies führte dazu, dass gemeinsam beschlossen wurde, die Kinder zu fragen, ob sie an einer Sitzung teilnehmen möchten. Die Eltern wollten den Kindern anbieten, sich entweder alleine mit mir zu treffen oder zusammen mit ihren Eltern.

Fünfte Sitzung

In der 5. Sitzung kam es daher zu einem Gespräch nur mit den Kindern.

Zu Anfang waren Eva und Martin etwas befangen, wurden aber zunehmend offener und gesprächsbereiter.

Meine Frage, ob die Vermutung richtig sei, dass sie viel von den Streitig-keiten ihrer Eltern mit bekämen, bejahten sie. Ich erklärte ihnen, dass es deshalb wichtig sei, einmal ihre Meinung zu hören. Eva meinte, das fände sie gut, denn schließlich ginge es ja um sie, was ich nur bestätigen konnte.

Vorab versicherte ich ihnen, dass alles, was beide mir sagen würden, zu-nächst geheim bleiben werde und wir dann gegen Ende des Gesprächs klä-ren würden, was ich an die Eltern weitergeben dürfte. Das fanden beide Kinder gut und wie sich herausstellte, war dies auch der Grund, dass sie im Vorfeld entschieden hatten, lieber mit mir alleine zu sprechen. Sie hatten Angst, vor den Eltern nicht frei reden zu können, weil dann „einer belei-digt sein könnte", so Martin.

Auf die klassische Frage in Gesprächen mit Kindern *„Angenommen, es kä-me eine Fee, und ihr, Martin und Eva, dürftet euch was wünschen, was wäre das?"* kam ohne Zögern von

Eva: „Dass sie sich wieder besser vertragen und aufhören, sich wegen uns zu streiten." *und von*

Martin: „Dass wir wieder alle friedlich zusammenleben!"

Mediatorin: „Angenommen, Letzteres kann die Fee nun leider nicht, was wäre das nächst Beste?"

Martin: „Wenn die Wohnung vom Papa gleich neben unserer wäre und es zu uns eine Verbindungstüre gäbe und wir eine gemeinsame Terrasse hätten."

Mediatorin: „Vermisst du denn deinen Papa sehr?"

Martin: „Ja, ich würde schon gerne öfter am Abend einfach mal zu ihm gehen oder dort auch übernachten, aber die Mama erlaubt dies leider nicht."

Mediatorin: „Weißt du, warum?"

Martin: „Die macht sich Sorgen, dass ich da zu lange aufbleiben und fernsehen darf. Die will immer alles ganz genau regeln!"

Mediatorin: „Und wie ist das bei dir, Eva, mit Besuchen unter der Wo-che?"

Eva: „Ich will auch gerne unter der Woche zu Papa, aber nicht so oft, wie er sich das wünscht. Ich möchte am Abend eher auch nur mal was le-sen und Musik hören und für mich sein, weil ich nachmittags schon immer so viel für die Schule tun muss, abends auch oft, und das glaubt er mir nicht. Er meint, die Mama hetzt mich gegen ihn auf, aber das stimmt nicht. Ich weiß gar nicht, wie ich ihm das sagen soll, weil er dann sofort beleidigt ist."

Mediatorin: „An was merkst du das?"

Eva: „Er schreit dann mit Mama und beschuldigt sie. Ich will dann gar nicht mehr sagen, dass ich vielleicht nur mal für mich sein will. Er ist ein-fach so empfindlich und dann tut er mir wieder leid."

Mediatorin: „Kann das sein, dass du dann auch ein schlechtes Gewissen hast?"

Eva: „Ja, das auch!"

Martin: „Und die Mama heult dann immer."

Eva: „Ja, das nervt auch. Die soll sich nicht immer so aufregen!"

Ein großes Anliegen war beiden Kindern, dass sie sich rechtzeitig auf die Wochenenden beim Vater einstellen können. Der Papa sage manchmal ganz kurzfristig ab, weil er arbeiten muss. Oder, wenn sie schon etwas geplant hätten und er dann Zeit für sie hätte, wäre er sauer. Ein weiterer Punkt sei, dass sie eigentlich schon gerne ab und zu mit der Mama bei deren Freund in der Schweiz wären. Dort gäbe es einen sehr süßen Hund. Schön wäre es, wenn da der Papa nicht so beleidigt wäre. Einmal habe er sogar Fotos zerrissen, nur weil da auch der Michael darauf zu sehen war. Sie wollten ihm ja nur den Hund auf dem Foto zeigen. Das sei blöd, dass sie da gar nichts erzählen könnten.

Gegen Ende des Gespräches klärten wir, was ich mit den Eltern besprechen darf. Bis auf das, dass der Papa immer so schnell beleidigt ist, und dass die Mama nervt, wenn sie so viel weint, sollte ich ihnen alles sagen! Wohl in der großen Hoffnung, ich könnte sie zu ihren Gunsten beeinflussen. Ich versicherte, dass ich das mit den Eltern besprechen würde. Ihre Eltern würden dann mit meiner Hilfe entscheiden, was gemacht wird.

Sechste Sitzung

Frau und Herr Homann waren sehr am Inhalt des Gespräches mit den Kindern und an meinem Eindruck von ihnen interessiert. Bis auf den Inhalt, der vertraulich zu behandeln war, erzählte ich ausführlich von deren Sichtweisen und Bedürfnissen. Auch gab ich meinen Eindruck wieder, dass ich ihre Kinder als ausgesprochen nett und offen empfand. Allerdings sei mir auch der enorme Loyalitätskonflikt von Eva und Martin deutlich geworden und dass die Kinder erheblich darunter litten.

Es war offensichtlich, dass die Eltern von dem Gehörten berührt waren. Der **gemeinsame Bezugspunkt** „Liebe zu den Kindern" gewann im Laufe der nächsten Stunde zunehmend an Bedeutung.

So war es nicht mehr all zu schwierig, Regelungen und Lösungsvorschläge zu erarbeiteten, die sich an den Bedürfnissen der Kinder orientierten.

Zur Frage meinerseits, „Welche Ideen haben Sie, Ihre und die Interessen der Kinder unter einen Hut zu bringen?" entwickelten beide zunehmend kreative Lösungsvorschläge, von denen einige wieder verworfen und andere umgewandelt wurden.

Schließlich erarbeiteten sie eine schriftliche **Vereinbarung,** die folgendermaßen aussah:

Beide setzen sich jeweils zu Anfang des Monates mit Kalender und Dienstplan des Vaters zusammen und planen die Wochenenden. Dabei wird Herr Homann, so gut es geht, auf die Fortbildungstermine seiner Frau achten und Bereitschaft zeigen, bei Bedarf seine Schicht zu tauschen.

Frau Homann achtet darauf, dass der Vater die Kinder monatlich mindestens an zwei ganzen Wochenenden (Freitag, 15.00 Uhr, bis Sonntag, 19.00 Uhr) und zusätzlich einmal am Samstag sehen kann.

Herr Homann wird mit Eva einmal wöchentlich einen Termin vereinbaren, um dann, so fern sie dies möchte, mit ihr Mathematik oder Englisch zu üben.

Martin kann abends, wenn er möchte und Frau Homann nichts mit ihm geplant hat, zum Vater, mindestens aber zwei Mal pro Woche. Dieser sorgt dafür, dass er spätestens um 20.00 Uhr nach Hause geht.

Frau Homann verpflichtet sich, dem Vater jeweils am Freitagvormittag eine E-Mail zu schicken, um ihm mitzuteilen, wie es den Kindern geht (Persönliches und Schulisches) und ihm rechtzeitig alle Termine zu nennen, welche die Kinder betreffen. Herr Homann wird noch am selben Tag den Erhalt der E-Mail bestätigen.

An der Kommunionfeier von Martin werden beide Eltern teilnehmen. Frau Homann wird die Feier organisieren, Herr Homann wird die Kosten des Mittagessens in der Gaststätte übernehmen. Die Mutter verzichtet darauf, ihren Freund, wie ursprünglich geplant, dazu einzuladen.

Grundsätzlich verpflichten sich beide, zukünftig Feindseligkeiten zu vermeiden und sich mit Respekt zu begegnen. Herr Homann betonte hierbei: „nur den Kinder zu Liebe!"

Damit waren alle Punkte geregelt. Nur bezüglich des Kontakts der Kinder zum Freund der Mutter konnte keine Lösung gefunden werden. Der Vater bestand aber nicht mehr auf einem gänzlichen Kontaktverbot der Kinder.

Die Vereinbarung hat meines Erachtens gute Chancen, dauerhaft umgesetzt zu werden.

Anmerkung: Bei dieser Mediation lag die Hauptschwierigkeit darin, dass die Eltern emotional sehr verletzt und zerstritten waren. Die Einführung der Gesprächsregeln trug wesentlich zu einer konstruktiveren Kommunikation bei. Die Mediatorin hat es verstanden, die Eltern über das allmähliche Erkennen und Anerkennen der Gefühle hinter der Position des anderen zu einer gegenseitigen Akzeptanz zu führen. Entscheidend für den Erfolg der Mediation war, dass das Wohl der Kinder als gemeinsamer Bezugspunkt der Eltern herausgearbeitet werden konnte. Hilfreich für den Prozess war auch, dass die Mediatorin den Verletzungen des Vaters, der als „Verlassener" „emotional aufholen" musste, ausreichend Raum gegeben hat.

> Die ganze Welt ist Bühne,
> und alle Fraun und Männer bloße Spieler.
> *(Shakespeare, Sommernachtstraum)*

Fall 3. Scheidung nach 37 Ehejahren
Eva Weiler

– Scheidungsmediation,
– Streit um den nachehelichen Ehegattenunterhalt und das gemeinsame Haus,
– Mediation mit sechs, über ein halbes Jahr verteilten Sitzungen, durchgeführt von einer Anwaltmediatorin,
– Anschauliche Darstellung der einzelnen Mediationsschritte anhand der Aufzeichnungen an der Flipchart.

Die Anmeldung zur Mediation erfolgt telefonisch durch den Ehemann, Herrn Miller. Wir vereinbaren einen Termin für den darauf folgenden Dienstag. Zu diesem ersten Treffen kommt das Ehepaar gemeinsam.

Erste Mediationssitzung
Nach der Begrüßung wende ich mich zunächst an Frau Miller und frage sie, was sie zu mir führt. Frau Miller meint, sie habe sich mittlerweile damit abgefunden, dass ihr Mann die Familie verlassen werde. Sie seien aber uneins, was mit dem gemeinsamen Haus geschehen soll. Sie würde es gerne behalten, ihr Mann möchte es verkaufen.

Ich frage Herrn Miller, was er dazu meint. Er schilderte die Situation in Hinblick auf das Haus ebenfalls als problematisch. Es sei öfter ein Anlauf genommen worden, eine Lösung zu finden, aber man sei bisher nicht weitergekommen. Außerdem sei für ihn der Unterhalt ein Problem. Er und seine Frau seien jeweils bei einem Beratungsanwalt gewesen. Die Auskünfte hinsichtlich der Unterhaltszahlungen seien unterschiedlich gewesen. Seine Frau ergänzt, dass sie nunmehr wisse, dass ihr Mann auch gegen ihren Willen das Haus zum Verkauf freigeben könne. Herr Miller betont, dass ihm aber an einer einvernehmlichen Lösung gelegen sei.

Ich fragte die Lebensumstände ab, die sich wie folgt darstellen:

Familien- und Sozialdaten
Frau Miller: 63 Jahre, bis zur Geburt des 1. Kindes als Krankenschwester tätig. Seit das 3. Kind 10 Jahre alt ist Halbtagstätigkeit als Krankenschwester in Teilzeit, Nettoeinkünfte derzeit 1.500,– EUR.

Die Ehefrau will die Beziehung nicht beenden. Sie hat sich lediglich im Laufe der Zeit damit abgefunden, dass ihr Mann die Familie verlässt.

Herr Miller: 61 Jahre, Orthopäde, war zu Beginn der Beziehung noch Student, später als Arzt in Vollzeit tätig. Monatlicher Nettoverdienst ca. 4.350,- EUR.

Der Ehemann hat vor zwei Jahren eine neue Beziehung begonnen, ist bald danach ausgezogen und wohnt jetzt zusammen mit seiner Freundin in einer Mietwohnung. Einen Grund für die Trennung will er nicht nennen. Man habe sich auseinander gelebt.

Gemeinsamkeiten: 37 Jahre verheiratet, 3 Kinder, Tochter 36 Jahre, Sohn 24 Jahre, weitere Tochter 21 Jahre.

Gemeinsames Haus (hälftige Miteigentumsanteile). Das Haus ist 1902 (Jugendstil) erbaut worden, 1985 vom Ehepaar renoviert worden, laut Gutachten derzeit 430.000,- EUR wert.

Die Familie hat das Haus bis zum Auszug von Herrn Miller vor zwei Jahren gemeinsam bewohnt. Im Moment wohnt die Ehefrau mit den beiden jüngsten Kindern im Haus. Der Ehemann zahlt derzeit 1.500,- EUR Gesamtunterhalt an seine Ehefrau und für die jüngste Tochter und den Sohn, die noch studieren. Die Ehefrau zahlt davon jeweils 400,- EUR an die beiden Kinder und findet diesen Unterhaltsbetrag bislang ausreichend.

Anschließend frage ich Herrn und Frau Miller, was sie bereits über Mediation wissen. Beide sind gut informiert. Ich ergänze das Bild noch hinsichtlich der Neutralität und der Aufgaben des Mediators und weise auf Offenheit und Vertraulichkeit hin sowie auf die Rolle des Rechts als einen Maßstab unter mehreren. Außerdem betone ich ihre Verpflichtung, sich mindestens einmal vor Abschluss der Mediationsvereinbarung von einem Beratungsanwalt juristisch beraten zu lassen. Ich lege beiden meinen Mediationsvertrag vor. Herrn und Frau Miller lesen ihn durch und haben im Moment keine Fragen dazu. Ich mache ihnen den Vorschlag, den Vertrag mit nach Hause zu nehmen, um ihn dort noch einmal in Ruhe durchzulesen und ihn in der nächsten Sitzung unterschrieben mitzubringen.

Anschließend besprechen wir, wer die Kosten für die Mediation übernehmen wird. Die Eheleute einigen sich darauf, sich diese hälftig zu teilen.

Nachdem alles so reibungslos läuft, können wir zur Themensammlung übergehen. Dabei ergeben sich keine Besonderheiten. Nach der Themensammlung werden die einzelnen Punkte ihrer Dringlichkeit nach geordnet:

Frau Miller	**Herr Miller**
1. Haus	1. Haus

2. Kindesunterhalt
   Ehegattenunterhalt
	2. Ehegattenunterhalt
	   Kindesunterhalt

3. Vermögensteilung	3. Vermögensteilung
4. Wohnung	

Da das Thema „Haus" bei beiden an erster Stelle steht, vereinbaren wir, in der nächsten Sitzung an diesem Thema weiter zu arbeiten. Außerdem gebe ich den Medianden ein Formular für den Haushaltsplan mit. Ich weise darauf hin, dass es sinnvoll ist, diese Vorarbeit zu Hause zu leisten, da wir dann in den Sitzungen effektiver arbeiten können.

Zweite Mediationssitzung

Für diese Stunde habe ich mir vorgenommen:
- die unterschiedlichen Sichtweisen (= Positionen) das Haus betreffend genau zu erfassen,
- die Bedürfnisse und Interessen der Parteien diesbezüglich zu ermitteln,
- die Grundlagen für die Entscheidungsfindung herausarbeiten,
- mit den Medianden möglichst viele Optionen entwickeln,
- die Optionen bewerten und auswählen zu lassen, mit den Bedürfnissen vergleichen und eventuell vorläufige Ergebnisse festhalten.

In der Sitzung wird Folgendes herausgearbeitet:

Positionen

Frau Miller findet, dass das Haus ein ganz besonderes Objekt ist. Es liegt nahe bei einem See und ist im Jugendstil erbaut, mit ca. 130 qm Wohnfläche. Sie ist der Meinung, dass auch wenn man eine Ehe auflöst nicht alles, was bisher da war, zerstört oder aufgeteilt werden sollte. Sie will das Haus behalten.

Herr Miller meint, dass es ihm zustehe, seine Haushälfte ausgezahlt zu bekommen, da er sonst vermutlich immer in einer Mietwohnung leben müsse und das sei nicht zumutbar.

Bedürfnisse und Interessen das Haus betreffend

Frau Miller	**Herr Miller**
- Haus für sich und die Kinder erhalten, da das Objekt einmalig durch Lage (nahe beim See) und besonderen Charakter (Jugendstil) ist.	Wichtig, finanzielle Ressourcen zu haben, Neues zu beginnen, sowohl
	- Wohneigentum zu erwerben
- Arbeitsentlastung durch teilweise Abgabe der Verantwortung für das Haus.	- Kapital zur Sicherheit und Altersvorsorge zu haben.

Ich frage jeweils die eine Seite, ob sie die Bedürfnisse der anderen nachvollziehen könne. Das ist überwiegend der Fall. Wir arbeiteten heraus, dass derjenige, der die Familie verlässt und eine neue Beziehung hat, auch Kraft hat, etwas Neues zu beginnen, wohingegen derjenige, der sich nur schweren Herzens vom anderen trennt, lieber an dem festhält, was einmal war.

Grundlagen für die Entscheidungsfindung (Fairnesskriterien)

Anschließend bitte ich die Medianden mir mitzuteilen, welche allgemeinen Kriterien für sie wichtig sind und ihrer Entscheidung zu Grunde gelegt werden sollen. Angeschrieben werden:

– abschließende Lösungen, die weitere Auseinandersetzungen unnötig machen,
– Fairness,
– auch das Recht als Maßstab ansehen,
– Entgegenkommen des Ehemannes als Ausgleich für seinen Scheidungswunsch.

Optionen

Schließlich bitte ich Herrn und Frau Miller, mir sämtliche ihnen einfallenden Lösungsmöglichkeiten zu nennen und dabei möglichst kreativ zu sein. Ich weise auf die Regel hin, dass die einzelnen Vorschläge zunächst angeschrieben und erst später bewertet werden. Die Vorschläge dürfen auch etwas ausgefallener sein, um wirklich alle vorhandenen Möglichkeiten auszuloten.

Das Ehepaar arbeitet zügig und konzentriert. Wir sammeln die folgenden **Optionen:**

1. Die Kinder fragen, ob und wie weit sie daran interessiert sind, das Haus zu übernehmen
   a) einzeln
   b) zusammen.
2. Im Freundes- und Bekanntenkreis nach Interessenten fragen.
3. Die Schwester von Frau Miller, Beatrix, fragen, ob Interesse am Haus besteht.
4. Makler mit dem Verkauf beauftragen.
5. Den jeweils anderen Ehepartner auszahlen.
6. Das Haus vermieten und Mieteinnahmen teilen.
7. Hausanteil mit Unterhalt verrechnen.

Bei der anschließenden Bewertung der Optionen stellt sich heraus, dass sich beide Seiten zunächst alle gefundenen Möglichkeiten offen halten möchten. Wir stellen fest, dass auch weitere Informationen benötigt werden. Da wir bereits 1½ Stunden gearbeitet haben, wird zum Abschluss noch die **weitere Vorgehensweise** festgelegt:

1. Herr Miller spricht mit den Kindern.
2. Falls diese kein Interesse haben, fragt Herr Miller im Freundeskreis.
3. Frau Miller fragt ihre Schwester Beatrix.

Nach dieser effektiven und ohne Streit verlaufenen Sitzung vereinbaren wir einen weiteren Termin in fünf Wochen, da Herr Miller zwischenzeitlich in Urlaub gehen wird.

Dritte Mediationssitzung

Ich frage, ob sich zwischenzeitlich etwas ereignet hat, was an dieser Stelle mitgeteilt werden sollte. Beide Medianden meinen, dass es nichts Neues gebe, sie wollten vielmehr gleich auf ihre Hausaufgaben zu sprechen kommen.

Herr Miller beginnt damit, dass er mit seiner ältesten Tochter gesprochen hat. Sie sei nicht daran interessiert, ihm seine Haushälfte abzukaufen. Bei seinem Sohn und der jüngeren Tochter habe die Anfrage aus seiner Sicht keinen Sinn, da beide noch studieren und kein Vermögen haben.

Frau Miller teilt mit, sie habe ihre Schwester Beatrix gefragt. Beatrix werde nächstes Jahr in Rente gehen, wisse aber noch nicht so genau, was sie alles in ihrem Leben verändern wollte. Derzeit wohne sie in Heidelberg. Einen Umzug nach Bayern könne sie sich vorstellen. Auch das Zusammenleben mit ihrer Schwester sei eine Alternative zum alleine leben, sofern es zwei getrennte Wohnbereiche gäbe. Allerdings müsse sich Beatrix erst einmal bei ihrer Bank erkundigen, wie eine solide Finanzierung aussehen könnte. Frau Miller hat mit ihr besprochen, dass sie die Hälfte des geschätzten Wertes von 430.000,- EUR, somit 215.000,- EUR, als Kaufpreis aufzuwenden hätte. Ich frage Frau Miller, ob sie sich diese Lösung für sich vorstellen könnte, falls Beatrix den Miteigentumsanteil kaufen würde. Sie meint grundsätzlich ja, allerdings müsse man sich noch über die Einzelheiten einigen. Es sei möglich, das Haus in zwei Wohnungen zu unterteilen, dazu müssten aber noch einige bauliche Maßnahmen erfolgen. Auch Herr Miller findet die Idee gut.

Wir erörtern mögliche Umbaumaßnahmen, die hier nicht im Detail wiedergegeben werden.

Anschließend schlage ich vor, zunächst diese Lösungsmöglichkeit weiterzuverfolgen und vorläufig nicht am Thema „Haus" weiterzuarbeiten, bis Frau Miller und ihre Schwester die noch offenen Fragen für sich geklärt hätten.

Ich frage das Paar, an welchem Thema sie nunmehr weiterarbeiten möchten. Sie einigen sich nach einigem Hin und Her auf den Punkt „Ehegattenunterhalt".

Beide wollen von mir errechnet haben, wie viel Unterhalt denn nun zu - zahlen sei. Ich weise darauf hin, dass die Vorgehensweise in der Mediation etwas anders ist. Grundsätzlich sei zunächst der **Bedarf** jeder Seite zu ermitteln.

Frau Miller teilt daraufhin mit, dass sie mit dem Unterhalt ein aktuelles Problem hat. Sie habe, wie bereits oben erwähnt, immer 1.500,- EUR von ihrem Mann erhalten und damit auch den Unterhalt für die beiden jüngeren Kinder, die noch studieren, finanziert. Sie habe bisher beiden Kindern monatlich 400,- EUR gezahlt. Beide wohnen noch zu Hause. Nun habe die jüngste Tochter im letzten Monat zusammen mit ihrem Freund eine

Wohnung für 450,- EUR gemietet. Deswegen müsse sie ab dem nächsten Monat zusätzlich weitere 225,- EUR an die Tochter zahlen. Das sei ihr allein zu viel.

Herr Miller hört zum ersten Mal von dem Umzug seiner jüngsten Tochter

Ich lasse das Paar kurz den Bedarf der Tochter nach dem Auszug schätzen. Sie kommen beide auf ca. 625,- EUR einschließlich der Kosten für die Wohnung.

Nachdem die Zeit für die Sitzung abgelaufen ist, mache ich den Vorschlag, dass Herr Miller im nächsten Monat seine Unterhaltzahlung an Frau Miller um 150,- EUR auf insgesamt 1.650,- EUR erhöhen könnte. Die weitere Vorgehensweise soll dann in der nächsten Sitzung besprochen werden.

Beide erklären sich mit diesem Vorschlag einverstanden. Frau Miller ergänzt, die finanzielle Situation würde sich demnächst entspannen, da der jüngere Sohn bald mit seinem Studium fertig würde.

Da beide Seiten den Punkt „Unterhalt" möglichst schnell geregelt haben möchten, vereinbaren wir einen weiteren Termin in zwei Wochen.

Bei meinen Nachüberlegungen wird mir bewusst, dass Frau Miller beim Thema Unterhalt nervös und aggressiv war, obwohl wir noch nicht ins Detail gegangen waren. Ich habe das Paar bisher als außerordentlich diszipliniert und überlegt erlebt und mich gewundert, dass insbesondere bei der unterschiedlichen Motivation zur Trennung nicht mehr Aggression vorhanden war. Es wird für mich sichtbar, dass es durchaus noch starke Gefühle unter der Oberfläche gibt.

Vierte Mediationssitzung

Herr Miller kommt pünktlich zum Termin in die Kanzlei. Ich bin erstaunt, dass er allein ist, da das Paar am Ende der letzten Sitzung besprochen hatte, dass sie gemeinsam zu mir fahren werden, da der Termin schon um 8.00 Uhr morgens beginnt. Herr Miller meint, er wolle seiner Frau entgegen fahren. Sie trifft jedoch kurz darauf bei uns in der Kanzlei ein.

Ich beginne die Sitzung mit der Frage, ob sich seit dem letzten Termin etwas ereignet hat, von dem ich wissen sollte.

Frau Miller meldet sich sofort zu Wort. Sie ist aufgeregt und teilt mit, dass sie nach unserer letzten Sitzung stark an der Mediation gezweifelt hat. Sie sei sehr unzufrieden darüber, wie der Unterhalt für die jüngste Tochter verhandelt worden sei. Sie habe das Gefühl gehabt, in einem Basar zu sitzen. Ich teile Frau Miller mit, dass ich ihre Unzufriedenheit verstanden habe.

Anschließend frage ich **Herrn Miller**, wie er die letzte Sitzung erlebt habe. Er meint, für ihn sei sowohl die Lösung mit dem Haus wie auch die Verhandlung über die Unterhaltzahlung für die jüngste Tochter in Ordnung gewesen. Er habe allerdings für den nächsten Monat nicht den ausgehandelten Betrag von 1.650,- EUR zur Zahlung angewiesen, sondern diesen um weitere 100,- EUR auf 1.750,- EUR erhöht. **Frau Miller** sieht ihn erstaunt an und meinte, das habe sie noch gar nicht bemerkt.

Ich betone, dass es ganz normal ist, dass beide Seiten ein und denselben Vorgang unterschiedlich wahrnehmen und bewerten.

Ich führe zum Thema „Unterhalt für die jüngsten Tochter" aus, dass ich meinen Vorschlag nur für eine kurzfristige Notlösung halte. Aus meiner Sicht sei dieser Punkt erst kurz vor Ende der Sitzung von Frau Miller angesprochen worden und offensichtlich habe Handlungsbedarf bestanden. Ich könne auch verstehen, dass sie die Vorgehensweise in der letzten Sitzung als unbefriedigend empfunden habe, und schlage vor, den Punkt „Unterhaltszahlung für die jüngste Tochter" heute zum Thema zu machen. Beide finden diesen Vorschlag gut.

Vorab frage ich Herrn und Frau Miller, ob die bisher gefundene Lösung bezüglich des Hauses weiterverfolgt werden soll oder ob andere Optionen diskutiert werden müssen. **Frau Miller** meint daraufhin schnell: Nein, nein, sie sei bereits in konkreten Verhandlungen mit ihrer Schwester, wie es weitergehen soll. Diese habe auch in den nächsten Tagen einen Termin bei der Bank und bei ihrem Steuerberater.

Auf meine Frage, ob nun der Unterhalt für die jüngste Tochter bearbeitet werden solle, meinen beide, dass sie zunächst doch lieber das Thema „Unterhalt als Ganzes", speziell auch Ehegattenunterhalt, besprechen wollten. Ich frage das Ehepaar daher zunächst nach ihren Bedürfnissen und Interessen.

Bedürfnisse und Interessen den Unterhalt betreffend

Frau Miller	Herr Miller
– sicheres Auskommen	– Sicherheit und Berechenbarkeit im Alltag
– Möglichkeit, sich auch einmal eine längere Reise leisten zu können	– genügend Geld, um sich auch einmal kleine „Highlights" wie z. B. Konzerte oder Reisen leisten zu können

Als nächstes frage ich, was beiden als **Grundlage der Entscheidungsfindung** wichtig wäre.

Beide nennen hier

– das Recht kennen,
– faire Verteilung untereinander,
– nicht schlechter gestellt werden als während der Ehe (Frau Miller).

Auf meinen Vorschlag, nunmehr den jeweiligen Bedarf zu erfassen, geht das Paar nicht ein. Beide möchten die Unterhaltsberechnungen besprechen, die sie bereits vor Beginn der Mediation von ihren Beratungsanwälten erhalten hatten.

Frau Miller teilt mit, dass ihre Anwältin ihr keinen konkreten Betrag ausgerechnet hat. Sie habe ihr lediglich erklärt, dass ein studierendes Kind jeweils ca. 640,-EUR erhalten würde und dass vom Einkommen des Ehegatten $^1/_{10}$ ihm selbst verbliebe und auch nochmals 5% für berufsbedingte Aufwendungen abgezogen würden. Der Rest müsse hälftig geteilt werden.

Herr Miller legt eine konkrete Unterhaltsberechnung vor.

Nettoeinkommen von Herrn Miller	4.350,- EUR
abzüglich 5% berufsbedingter Aufwendungen	− 217,50 EUR
	4.132,50 EUR

Davon seien die Unterhaltsbeträge für die beiden studierenden Kinder in Höhe von jeweils 486,- EUR abzuziehen (640,- EURUnterhalt abzüglich 154,-, EUR Kindergeld), zusammen 72,- EUR.

Nettoeinkommen nach Aufwendungsabzug	4.132,50 EUR
abzüglich gezahlter Kindesunterhalt von insgesamt	− 972,- EUR
	3.160,50 EUR

Nettoeinkommen von Frau Miller	1.500,- EUR
abzüglich 5 % berufsbedingte Aufwendungen	−75,- EUR
	1.425,- EUR

Daraus errechnet sich für Frau Miller ein Ehegattenunterhalt in Höhe von 782,- EUR. Damit hätte sie einen Gesamtbetrag von 2.207,- EUR zur Verfügung, ihr Mann einen Betrag von 2.378,50 EUR.

Der Anwalt von Herrn Miller hat eine weitere Berechnung gefertigt und auf Seiten von Frau Miller einen Wohnvorteil von 900,- EUR angesetzt, da Frau Miller im Gegensatz zu Herrn Miller derzeit keine Miete zahlen muss. Damit bekäme sie einen wesentlich geringeren Unterhalt. Frau Miller meint, dass sie diesen Wohnvorteil nicht gerecht findet, da ihr Mann nach Verkauf seiner Haushälfte auch keinen Wohnvorteil für sein „halbes Haus" angerechnet bekomme. Herr Miller kann sich dieser Überlegung anschließen.

Des Weiteren wird diskutiert, dass sich der Unterhaltsbetrag ändern muss, sobald ein Kind mit dem Studium fertig ist.

Am Ende der Sitzung frage ich: „Sagen Sie mir etwas, was in dieser Sitzung heute für Sie wichtig war, von dem Sie meinen, dass ich es wissen sollte."

Frau Miller meint, es sei ihr wichtig zu erwähnen, dass sie mich nicht hätte kritisieren wollen. Ich sage ihr, dass ich das auch nicht so verstanden habe und dass es für den weiteren Verlauf der Mediation wichtig sei, dass sie diesen Punkt angesprochen habe.

Herr Miller meint, er sei froh, dass wir nunmehr in die Unterhaltszahlungen eingestiegen seien. Er könne sich das Ganze jetzt ein bisschen besser vorstellen.

Wir vereinbaren einen neuen Termin in drei Wochen.

Fünfte Mediationssitzung

Das Ehepaar möchte an der Unterhaltsfrage weiter arbeiten. Beide wollen jetzt nur noch von **einem** Kindesunterhalt in Höhe von 640,- EUR für die Tochter ausgehen. Nachdem der Sohn voraussichtlich in ca. zwei Monaten sein Studium beenden wird, soll der Einfachheit halber der Unterhalt ab diesem Zeitpunkt berechnet werden.

Frau Miller hat zu Hause ihren Bedarf mit Hilfe des Formulars, das ich ihr mitgegeben habe, berechnet. Sie hat dazu ihre monatlichen Ausgaben für
– Ernährung,
– Bekleidung,
– Wohnneben- und Instandhaltungskosten,
– Kfz-Kosten,
– Haushaltshilfe,
– Versicherungen,
– Mitgliedsbeiträge,
– persönliche Ausgaben,
zusammengezählt. Insgesamt kommt sie auf einen Bedarf von 2.500,- EUR. Nachdem ihr Einkommen 1.500,- EUR beträgt, soll ihr Ehemann 1.000,- EUR an Unterhalt bezahlen.

Die weitere Berechnung ergibt, dass Herr Miller nach den Zahlungen an seine Ehefrau und die Tochter monatlich 2.710,- EUR zur Verfügung hat. Das reicht für seinen Bedarf, den er mit 2.600,- EUR angibt.

Ich frage beide, ob sie mit diesem Verteilungsergebnis zufrieden seien. **Frau Miller** meint, das sei mehr, als sie derzeit habe, was natürlich daran läge, dass der Sohn laut der Berechnung keinen Unterhalt mehr bekäme, so dass mehr für sie beide übrig bliebe.

Herr Miller meint, er sei nicht zufrieden, da er lediglich ca. 200,- EUR mehr zur Verfügung habe als seine Ehefrau. Er müsse dafür ganztags arbeiten und sie nur den halben Tag. Er sei der Meinung, dass seine Frau, nachdem die Kinder jetzt ausgezogen seien, auch wieder etwas mehr arbeiten könne.

Frau Miller meldet sich zu Wort und führt länger aus, sie sei der Meinung, ihr Mann habe 30 Jahre lang die Möglichkeit gehabt, sich schwerpunktmäßig seiner Arbeit zu widmen und Karriere zu machen. Der Lohn dafür sei, dass er heute gut verdiene. Sie habe die Familie versorgt. Von ihrer ursprünglichen Absicht sich weiterzubilden, wenn die Kinder etwas größer seien, sei sie später abgekommen, da dies neben der Arbeit für die Familie einfach nicht mehr drin gewesen sei. Sie sei der Meinung, dass sie in ihrem Alter nicht mehr verpflichtet sei, ihre Arbeit auszudehnen. Außerdem würde sie vermutlich keine Ganztagstätigkeit mehr bekommen.

Herr Miller meint, das sei schon richtig, dennoch finde er, dass seine Frau zumindest versuchen könne, etwas mehr zu verdienen.

Hier wird für mich spürbar, dass das ein wunder Punkt ist. Ich frage deshalb Herrn Miller, ob er würdigen kann, was Frau Miller bisher für die Familie geleistet hat und füge hinzu, dass ich Frau Miller im Anschluss daran die gleiche Frage in Bezug auf ihn stellen werde.

Herr Miller meint, er sehe sehr wohl, dass seine Frau den Kindern immer eine gute Mutter gewesen sei und im Alltag sicher mehr für die Familie getan habe als er. **Frau Miller** sieht darauf hin etwas entspannter aus und betont auf meine Frage hin, dass sie ihren Mann in wirtschaftlichen Dingen immer als verantwortungsvoll und zuverlässig erlebt habe. Jetzt schaut auch Herr Miller wieder freundlicher.

Frau Miller teilt mit, dass sie gerne eine Pause zum Nachdenken hätte. Sie möchte den Unterhalt zu Hause noch einmal durchrechnen.

Herr Miller ist damit einverstanden.

Auf meine Frage nach der weiteren Vorgehensweise sind beide sich schnell einig, dass sie nun zunächst die Vermögensteilung besprechen möchten. Da die Sitzung fast zu Ende ist, schlage ich vor, mit dem eigentlichen Thema nicht mehr zu beginnen. Ich frage, welche Vorarbeit dafür noch geleistet werden könne. Beide meinen, sie müssten ihre Kontostände klären.

Ich schlage vor, dass beide noch einmal mit ihren Beratungsanwälten über den Unterhalt und eventuell auch über den Zugewinnausgleich sprechen, sobald sie die Zahlen für ihre Kontostände haben. Dabei erfahre ich, dass Frau Miller ein Sparkonto mit einem Betrag von etwas unter 10.000,- EUR hat, Herr Miller ein Vermögen von Sparguthaben und Fonds von insgesamt ca. 90.000,- EUR. Ich bitte beide Seiten, sich vorab die Kontoauszüge zuzusenden, damit sie mit den gleichen Zahlen zu den Beratungsanwälten gehen können.

Wir vereinbaren einen neuen Termin in drei Wochen.

Sechste Mediationssitzung
Frau Miller möchte an den in der letzten Sitzung gefundenen Beträgen für den Unterhalt festhalten. Ich frage **Herrn Miller**, ob dies für ihn in Ordnung sei, da er in der letzten Sitzung vorgeschlagen habe, seine Frau solle etwas mehr arbeiten. Er meint, er habe sich die Sache nochmals in Ruhe überlegt und könne nun der gefundenen Lösung zustimmen.

Anschließend bearbeiten beide Parteien die Frage des Vermögensausgleichs.

Ich frage das Paar, was ihnen hierbei wichtig sei. Beide meinen übereinstimmend, dass sie sich in diesem Punkt gern an das Recht halten würden. Sie hätten zwischenzeitlich mit ihren Anwälten das Zugewinnausgleichsschema besprochen. Nach den übereinstimmenden Auskünften ihrer Beratungsanwälte ergibt sich ein Anspruch von Frau Miller in Höhe von 40.000,- EUR.

Herr Miller meint, diese Summe sei für ihn in Ordnung, allerdings wolle er den Betrag erst zahlen, wenn er den Kaufpreis für seinen Miteigentumsanteil am gemeinsamen Haus erhalten habe.

Für **Frau Miller** ist dies in Ordnung. Sie teilt mit, ihre Schwester habe mittlerweile die Finanzierung geregelt. Der Kaufpreis könne in ca. zwei Monaten gezahlt werden. Frau Miller und ihre Schwester wollen sich die Kosten für die Umbaumaßnahmen von voraussichtlich ca. 12.000,- EUR je zur Hälfte teilen. **Frau Miller** will diesen Betrag von den 40.000,- EUR bezahlen, die sie zu bekommen hat. Eigentlich habe ihr ja ihr Mann durch seinen Auszug diese Kosten verursacht, aber sie möchte ihm an diesem Punkt entgegenkommen, da er ihr beim Unterhalt entgegengekommen sei. Zum ersten Mal in all den Sitzungen lächelt Herr Miller seine Frau an.

Als letztes Thema ist nun der Punkt „Wohnung" zu besprechen. **Herr Miller** meint, das habe sich erledigt, denn er könne von dem Verkaufserlös eine Eigentumswohnung zumindest teilweise finanzieren.

Wir besprechen, in welcher Form die Vereinbarung abgefasst werden soll. Beide entscheiden sich für eine notarielle Vereinbarung, in der alle besprochenen Themen aufgenommen werden sollen.

Wir vereinbaren, dass ich dem Notar einen Entwurf zuleite. Sobald die Vereinbarung vom Notar – ergänzt um die grundbuchrechtlichen Angaben – zurückkommt, werde ich sie den Parteien zusenden. Sofern noch Änderungswünsche vorhanden sind, werden wir diese telefonisch besprechen. Beide Seiten sind an einem baldigen Abschluss der Angelegenheit interessiert.

Weiterer Verlauf

Sechs Wochen später wird der Vertrag beim Notar unterzeichnet. Die Übertragung des Miteigentumsanteils von Herrn Miller auf die Schwester von Frau Miller findet im gleichen Termin statt.

Anmerkung: Die Schwierigkeit bei dieser Mediation war, dass sich im Laufe der 37 Ehejahre bei beiden Parteien viele Verletzungen angehäuft hatten, die während des Mediationsprozesses teilweise aufbrachen, von den Parteien aber nicht genauer angesehen werden wollten.

Günstig wirkte sich aus, dass die Parteien bereits längere Zeit getrennt lebten und den starken Willen hatten, hier zu einer einvernehmlichen Lösung zu kommen.

Auffällig war, dass der Mediationsprozess zunächst sehr zügig ablief, so dass bereits in der zweiten Sitzung eine umfangreiche Optionensammlung entwickelt wurde. Da die Lieblingsoption beider Seiten die Einbeziehung Dritter vorsah, waren weitere Überlegungen und Verhandlungen erforderlich, ehe ein Ergebnis erzielt werden konnte.

Die gefundene Lösung ist speziell auf dieses Paar und seine Familie zugeschnitten. Das Gesetz hätte eine derartige Lösung – das Haus betreffend – nicht vorgesehen.

> Selbstliebe, Herr, ist nicht so schnöde Sünde
> als Selbstversäumnis.
> *(Shakespeare, König Heinrich V.)*

Fall 4. Hoffnung auf ein Happy End
Gunter Schlickum

- Paarmediation,
- Streit um Mitarbeit und Beteiligung der Frau am Geschäft des Mannes,
- Im Hintergrund tief greifende Störungen der langjährigen Paarbeziehung,
- Co-Mediation von einer psychosozialen Mediatorin und einem Anwaltsmediator,
- Eigenverantwortlichkeit der Medianden als Grenze der Mediation.

Vorgespräch

Die Mediation bahnte sich auf einem zweitägigen Reiterfest in Niederbayern an. Gastgeber war das spätere Mediationspaar, mit ich damals bereits bekannt war. Die Bekanntschaft, die auf gemeinsame Freunde zurückging, bestand zwar schon seit einigen Jahren, war aber nur oberflächlich. Die näheren Lebensumstände des Paares waren mir nicht bekannt.

Am Samstag erfuhr ich von anderen Gästen, dass das Gastgeberpaar, Paula und Peter, wieder einmal im Streit miteinander läge. Am Sonntag wandte sich Peter mit der Frage an mich, ob ich etwas Zeit erübrigen und zwischen ihm und Paula vermitteln könne. Er schilderte die Situation so, dass Paula sich nicht an die Abmachungen halte und seit einer Woche die vereinbarte Mitarbeit in seinem Laden verweigere.

Ein späteres Gespräch mit Paula bestätigte, dass ein Streit um den Laden im Gange war. Aus ihrer Sicht stellte sich die Situation allerdings anders dar: Sie war mit der gegenwärtigen Regelung unzufrieden, weil sie für ihre Mitarbeit zu wenig Geld bekäme, nämlich nur ca. 1200,- EUR pro Monat. Damit könne sie nicht auskommen, zumal sie auch einen Teil der Miete für das Haus zu zahlen habe. Sie fühle sich Peter ziemlich ausgeliefert. Der habe ihr wiederholt gesagt, dass er auf ihre Mitarbeit auch verzichten könne.

Nach den beiden Einzelgesprächen hatte ich den Eindruck, dass beide unter der Situation litten und nach einem Ausweg suchten, ohne dabei ihre Beziehung in Frage zu stellen. Auf meine Bitte hin setzten wir uns zu einem Gespräch zu dritt zusammen. Dabei ging es mir auch darum, herauszufinden, ob hier eine Mediation oder eine Paartherapie das richtige sei.

Peter fand, es reiche aus, nur über den Laden zu verhandeln, die Beziehung könne man ruhig außen vor lassen, zunächst jedenfalls. Paula meinte, dass für sie Laden und Beziehung untrennbar verbunden seien, wobei letztere aber nicht unbedingt im Sinne ihrer bisherigen Liebesbeziehung verstanden werden müsse. Diese Aussage Paulas veranlasste Peter, seine Meinung zu ändern. Auch er sah nun eine enge Verbindung zwischen den Problemen im Laden und in der Beziehung.

Ich teilte den beiden meine Einschätzung mit, dass es möglich sei, über das Thema Mitarbeit im Laden im Wege der Mediation zu verhandeln, dass sich aber dabei ergeben könne, dass eine Paartherapie hilfreich sei. Ich erklärte mich auch bereit, als Mediator zu fungieren, allerdings nicht allein, sondern zusammen mit einer Co-Mediatorin. Beide waren damit einverstanden.

Co-Mediation erschien mir als guter Weg, die Unabhängigkeit auf der Mediatorenseite zu stärken. Bei einer nochmaligen Überprüfung meiner Gefühle dem Paar gegenüber war ich zwar zu dem Ergebnis gelangt, dass ich beiden etwa gleich nahe stand und daher über die erforderliche Neutralität verfügte. Gleichwohl schien es mir wichtig, eine weitere Person hinzuzuziehen, die dem Paar völlig unbefangen gegenüberstand. Auch wegen der erkennbar heftigen Streitdynamik des Paares schien mir eine Co-Mediation günstig. Ich wandte mich deshalb an meine ständige Co-Mediatorin, die einen psychosozialen Berufshintergrund hat und auch Ehe- und Familienberaterin ist. Sie erklärte sich bereit, die Mediation mit mir durchzuführen. In der Mediation sah unsere Zusammenarbeit so aus, dass abwechselnd jeweils einer die Gesprächsführung innehatte, während der andere sich zurückhielt und nur dann eingriff, wenn er dazu besonderen Anlass sah. Im Anschluss an die Mediation reflektierten wir gemeinsam die Sitzung und bereiteten das weitere Vorgehen vor.

Erster Mediationstermin
Zu Beginn der 1. Sitzung, die überwiegend von mir moderiert wurde, legte ich offen, was mir aus persönlicher Erfahrung und dem Vorgespräch mit dem Paar bereits bekannt war. Damit wollte ich meinen Informationsstand auch meiner Co-Mediatorin zugänglich machen. Anschließend wurden die weiteren **Lebensumstände des Paares** ermittelt.

Paula, 37 Jahre, hatte Musik studiert, ihr Studium aber nicht abgeschlossen. Sie war ohne erlernten Beruf. Ihren Lebensunterhalt bezog sie ausschließlich über Peters Laden, in dem sie mitarbeitete ohne jedoch förmlich angestellt zu sein. Sie war zuckerkrank und litt an einer chronischen Allergie.

Peter, 39 Jahre, war von Beruf Ingenieur. Er hatte viele Jahre bei einem großen Automobilkonzern gearbeitet. Bei seinem Ausscheiden hatte er eine Abfindung von 50.000,- EUR erhalten. Ihm gehörte der in einer Kleinstadt gelegene Laden für Reiterzubehör.

Die Beziehung bestand seit etwa elf Jahren. Schwere Krisen gab es von Beginn an. Das Paar war nicht verheiratet. Es hatte einen gemeinsamen, 10-jährigen Sohn, für welchen Paula das alleinige Sorgerecht hatte.

Das Paar lebte zusammen auf einem Bauernhof in Niederbayern, den Paula angemietet hatte.

Wir machten die Medianden nun mit den Grundsätzen der Mediation bekannt, insbesondere Offenheit und Vertraulichkeit. Ihnen wurde der vorformulierte Mediationsvertrag vorgelegt und erläutert. Dabei wurden auch die Mediationskosten angesprochen. Peter und Paula verständigten sich darauf, diese hälftig zu teilen.

Als es ans Unterschreiben ging, zögerte Peter. Er wandte sich an Paula mit der Frage, ob man das nicht doch alleine machen könne, zumal die Mediation mit erheblichen Kosten und Zeitaufwand verbunden sei. Er würde es lieber sehen, wenn sie sich „so" einigen könnten. Sonst hätten sie sich ja auch immer irgendwie geeinigt. Sie solle ihm Vorschläge machen, und wenn er die nicht annehmen sollte, könne man es ja immer noch mit Mediation versuchen.

Ich reagierte darauf mit dem Hinweis, dass sich beide gerne in Ruhe überlegen könnten, ob sie die Mediation beginnen wollten. Als meine Co-Mediatorin eigentlich schon die Verabschiedung einleiten wollte, wandte sich Peter an Paula mit der Frage, ob sie nun „total unglücklich" sei, was jene mehr oder minder bestätigte. Daraufhin änderte Peter plötzlich seine Haltung und erklärte sich zur Mediation bereit. Der Mediationsvertrag wurde doch unterzeichnet.

Mediationshypothesen

Peter scheint davon auszugehen, dass er sich ohne Mediation besser durchsetzen kann als in der Mediation. Die direkt ausgehandelten Vereinbarungen scheinen ihm vorteilhaft, stellen ihn aber später vor das Problem, dass Paula diese Vereinbarung nicht einhält.

Umgekehrt scheint Paula sehr an der Mediation gelegen zu sein, weil sie ihre Interessen in direkten Verhandlungen mit Peter nur schlecht durchsetzen kann. In der Mediation sieht sie eine Chance, zu einer auch aus ihrer Sicht gerechten Vereinbarung zu kommen.

Damit begann die eigentliche Mediation. Nachdem beide ein dringendes Interesse an einer Zwischenlösung in Bezug auf den Laden geäußert hatten, wurde dieser zum Thema gemacht. Beide wurden gebeten, ihre Vorstellungen darzulegen.

Paula verlangte ab sofort 500,- EUR statt wie bisher 300,- EUR pro Woche. Dies erboste Peter sehr. Er warf Paula vor, über die vorläufige Lösung die endgültige Lösung vorwegnehmen zu wollen. Daraufhin erklärte sich Paula bereit, sich zunächst weiter mit 300,- EUR wie bisher zufrieden zu geben. Dies wiederum veranlasste Peter, nun doch 500,- EUR pro Woche zu akzeptieren.

Zum Abschluss der Sitzung wurde noch ein Fortsetzungstermin für die nächste Woche vereinbart.

Zweiter Mediationstermin

Auf die Frage meiner Co-Mediatorin, welche diese Sitzung moderierte, ob sich seit dem letzten Mal etwas Neues ergeben habe, teilte Paula mit, dass sie nun wieder im Laden mitarbeite und nach einer neuen Übereinkunft 140,- EUR pro Tag (an drei Tagen pro Woche) erhalte.

Peter bestätigte dies und nutzte die Gelegenheit zu Selbstrechtfertigungen und Vorwürfen an Paula. Diese habe die zwischen ihnen getroffene Vereinbarung gebrochen, grundlos und willkürlich. Zum Beweis dafür bot er sogar einen Tonbandmitschnitt an, den er bei sich habe. Außerdem wies er darauf hin, dass der Laden augenblicklich nicht viel hergebe und die wirtschaftliche Situation es eigentlich gar nicht erlaube, die zugesagten 140,- EUR pro Tag zu bezahlen. Er glaube allerdings, dass der Laden ein erhebliches Potential beinhalte. Wenn sich die Situation einmal bessern sollte, könnte er auch mehr bezahlen.

Paula reagierte heftig auf Peters Ausführungen. Insbesondere das angebliche Tonband als Beweismittel brachte sie auf. Sie räumte ein, dass sie die getroffenen Vereinbarungen teilweise nicht eingehalten habe. Dies liege daran, dass die Vereinbarungen ihren Interessen nicht hinreichend Rechnung getragen hätten. Damals sei sie „dumm" gewesen.

Es zeigte sich, dass Paula vor etwa fünf Jahren, kurz nach Eröffnung des Ladens, bereits schon einmal für sechs Wochen ihre Mitarbeit eingestellt hatte, was aus ihrer Sicht eine Art Notbremse gewesen war. Dass sie nun erneut die Mitarbeit im Laden eingestellt habe, begründete sie damit, dass Peter ihr mit einer „Kündigung" gedroht hatte, nachdem sie einmal Geld aus der Kasse genommen hatte, weil sie dringend Geld benötigt habe. Dies wurde von Peter als Unterschlagung betrachtet.

Die Ausführungen der beiden wurden oft sehr emotional. Ein Wort gab das andere und schon gab es heftigen Wortwechsel. Dabei ging es nicht nur um den Laden, sondern auch um andere Punkte. Immer wieder wurden Begebenheiten angesprochen, die viele Jahre zurücklagen Als das Thema auf den gemeinsamen Sohn kam, wurde deutlich, dass Peter seine Position insoweit als unterlegen einschätzte.

Auch wenn die Emotionalität der Auseinandersetzungen viel Zeit kostete, wurde in dieser Phase nicht versucht, das Paar zu sachlichen Verhandlungen anzuhalten. Stattdessen wurde durch Nachfragen besonders meiner Co-Mediatorin versucht, den emotionellen Kern der Streitigkeiten offen zu legen, was teilweise auch gelang.

Auf beiden Seiten wurden enttäuschte Hoffnungen und tiefsitzende Verletzungen sichtbar. Peter störte sich besonders an Paulas Unzuverlässigkeit, Paula litt besonders unter Peters Übermacht.

Schließlich beruhigte sich die Atmosphäre wieder. Beide Medianden betonten ihr Interesse an sachlichen Ergebnissen. Sie wollten die Zusammenarbeit im Laden fortsetzen. Diese müsse besser geregelt werden.

Paula führte aus, dass sie eine faire Regelung anstrebe, die ihr ein gesichertes Auskommen gewähre und sie unabhängig vom mehr oder minder schwankenden Wohlwollen Peters mache. Es müsse auch eine Regelung für ihre Altersversorgung gefunden werden und auch für den Fall, dass das Geschäft aufgegeben werde.

Peter meinte, dass nicht nur Paulas Bezahlung geregelt werden müsse, sondern auch deren Arbeitszeiten. Auch er fand die Frage, welche Konsequenzen aus der Aufgabe des Ladens folgen sollten, regelungsbedürftig. Besonders wichtig war ihm, dass die zu erarbeitende Vereinbarung auch eingehalten würde.

Da der gesetzte Zeitrahmen (60 bis 90 Minuten) abgelaufen war, wurde die Mediation auf einen neuen Termin, eine Woche später, vertagt.

Bei der anschließenden Nachbesprechung zeigte sich, dass wir es beide für wichtig gehalten hatten, den Gefühlen des Paares viel Raum zu lassen. Wir sahen den gern zitierten Satz „Die Gefühle sind der Schlüssel" bestätigt und betrachteten es als Erfolg, dass es den Medianden zeitweise gelungen war, Verständnis für den anderen aufzubringen.

Nachdem der letzte Mediationstermin relativ unstrukturiert abgelaufen war, nahmen wir uns für den neuen Termin vor, diesen stärker anzuleiten.

Dritter Mediationstermin

Zu Beginn der Sitzung wurden noch einmal einige Grundsätze klargestellt, nicht zuletzt, dass jeder den anderen ausreden lassen und nicht unterbrechen möge.

Danach stellte ich die Verbindung zur letzten Sitzung her, in dem ich die verschiedenen Sichtweisen zusammenfasste: **Peter** sei der Auffassung, dass Vereinbarungen getroffen worden seien, die von Paula nicht eingehalten worden seien, was zur Folge habe, dass keine verlässliche Zusammenarbeit möglich sei. **Paula** vertrete die Haltung, dass die getroffenen Vereinbarungen (wie sie allerdings erst im Nachhinein festgestellt habe) für sie ungünstig gewesen seien, und habe sich deshalb außerstande gesehen, diese einzuhalten.

Beide fanden sich in dieser Zusammenfassung wieder.

Anschließend wurde an der Themensammlung weitegearbeitet. Die Medianden einigten sich darauf, dass Peter beginnen solle. Er nannte das Thema Laden mit allem drum und dran als sein einziges Thema, welches verschiedene Unterpunkte beinhalte, Paulas Verdienst genauso wie ihre

Arbeitzeiten. Nach einer kleinen Pause fügte er noch hinzu, dass er schon noch weitere Themen im Hinterkopf habe, diese aber im Augenblick noch nicht benennen wolle. Dies wurde von uns nicht weiter problematisiert. Stattdessen wiesen wir darauf hin, dass Themen jederzeit nachgemeldet werden könnten.

Hypothese: Peters Bemerkung veranlasste mich zu der Hypothese, dass dieser die schon kurz angeklungene Frage des Sorgerechts für den gemeinsamen Sohn zunächst noch außen vor lassen wollte, um sie zu einem aus seiner Sicht geeigneteren Zeitpunkt einzubringen.

Gebeten, nun ihre Themen zu formulieren, nannte auch Paula zunächst den Laden als einziges Thema. Dann formulierte sie einige Unterpunkte:
– Verbindlichkeit der zu treffenden Vereinbarung,
– Festlegung der Bedingungen ihrer Mitarbeit (Angestellte oder Partnerin),
– Sicherung ihres Lebensunterhalts und ihrer Altersversorgung,
– Klärung der Zukunftsperspektiven (z.B. Folgen der Aufgabe des Ladens).

Nach längerem Nachdenken nannte Paula noch zwei weitere Themen:
– Rechtsverbindliche Regelung der Wohnsituation,
– Partnerschaftsvereinbarung.

Insgesamt ergaben sich folgende Themen:

Paula	**Peter**
1. Laden	1. Laden
2. Bedingungen ihrer Mitarbeit	2. (Verlässlichkeit)
3. Arbeitsentgelt	3. (evtl. weitere Themen)
4. Alterssicherung	
5. Zukunftsperspektiven	
6. Wohnsituation	
7. Partnerschaftsvereinbarung	

Während Paula ihre Themen benannte, die teilweise auch bereits eine Artikulation ihrer Interessen beinhalteten, war bei Peter eine gewisse Unruhe erkennbar. Diese wurde aber nicht thematisiert, da sich beide gleich darauf verständigten, als erstes über den Laden zu reden.

Die Medianden wurden nun gebeten, ihre Positionen zu formulieren.

Mit Zustimmung Paulas begann Peter, längere Ausführungen zur Geschichte des Ladens zu machen. Mit unserer Unterstützung fasste er seine Position in folgende Punkte:
1. Paulas Mitarbeit könne (wegen der unzureichenden Finanzlage) auch in näherer Zukunft nicht als sozialversicherungspflichtige Anstellung erfolgen. Das könne allenfalls eine Zukunftsoption sein.

2. Er könne nur 120,- EUR pro Tag (bei drei Tagen pro Woche) zahlen, später eventuell mehr.
3. Alle Vereinbarungen müssten eingehalten werden.
4. Wenn der Laden weiterhin auf ihn laufe, müsse er auch ein Weisungsrecht Paula gegenüber haben.

Dann war Paula an der Reihe, ihre Sicht darzustellen. Sie bedurfte dabei viel Unterstützung durch uns. Fast hatte es den Anschein, als scheue sie sich, für sich selbst einzutreten. Jeder Punkt schien sie große Anstrengung und Überwindung zu kosten. Am Ende wirkte sie erleichtert und auch ein wenig stolz.

1. Sie brauche 140,- EUR pro Tag (bei drei Tagen pro Woche) und dazu noch Geld zum Aufbau einer eigenen Altersversorgung. Wenn dies gewährleistet sei, benötige sie für ihre Sondereinsätze, z.B. auf Märkten, keine weitere Vergütung.
2. Sie wolle auch eine Absicherung für den Krankheitsfall.
3. Ihre Mitarbeit im Laden müsse auf sicheren Füßen stehen („keine jederzeitige sofortige Kündigung").
4. Am liebsten wäre ihr eine reguläre Anstellung mit Kranken- und Rentenversicherung.
5. Sie wolle ein Mitspracherecht im Laden und sei bereit, Mitverantwortung dafür zu übernehmen.
6. Sie wolle am Kapital des Ladens beteiligt werden.

Die Positionen standen sich wie folgt gegenüber:

Paula	**Peter**
– Tagesvergütung mindestens 140,- EUR	– Tagesvergütung höchstens 120,- EUR
– zusätzliches Geld für Altersversorgung	– vorläufig keine zusätzlichen Leistungen
– Absicherung für Krankheit	– vorläufig kein Anstellungsverhältnis, evtl. später
– gesicherte Position	
– vorzugsweise Anstellungsverhältnis	– Weisungsrecht im Laden
– Mitverantwortung für Laden	– Verlässlichkeit der Abmachungen
– Mitspracherecht	
– Beteiligung am Laden	

Während Paula ihre Positionen formulierte, verstärkte sich die schon vorher bei Peter spürbare Unruhe weiter. Mit den zwar nicht ganz ernst gemeinten, aber auch nicht nur zum Scherz gesagten Worten „dann Tschüss" gab er zu verstehen, dass Paula seiner Ansicht nach zu weit gegangen sei.

Da die Zeit abgelaufen war, stellte sich die Frage nach einem Fortsetzungstermin. Da sowohl bei mir wie auch bei meiner Co-Mediatorin Urlaubspläne bestanden, kam ein solcher frühestens nach vier Wochen in Betracht.

Paula erklärte sich bereit, sogleich einen neuen Termin auszumachen.

Peter hingegen zögerte. Er machte wieder Bedenken gegen eine Mediation geltend. Ob man nicht doch lieber eine Paarberatung machen solle, vielleicht bei der Caritas in der Nähe ihres Wohnortes. Dies sei weniger zeitaufwändig und auch billiger.

Um die ohnehin von der Zeit her überzogene Sitzung zu einem Ende zu bringen, schlug ich vor, einen Termin unter Vorbehalt auszumachen, der noch bis eine Woche vorher absagt werden könnte. Dieser Vorschlag wurde allseits akzeptiert.

Nachtrag

Genau eine Woche vor dem vereinbarten 4. Mediationstermin erreichte mich ein Fax von Peter, in dem er den Termin absagte. Meine Co-Mediatorin und ich waren beide nicht überrascht, aber doch etwas enttäuscht. Wir fanden es schade für das Paar, dass die Chance, über ein sachliches Ergebnis auch die persönliche Beziehung voranzubringen, ungenutzt bleiben würde. Die Mediation war damit zu Ende und wurde auch später nicht wieder aufgenommen.

Ich blieb weiter in losem Kontakt mit dem Paar, das die Beziehung allem Anschein nach so streitintensiv wie zuvor fortsetzte. Zwei Jahre später erfuhr ich, dass die beiden sich getrennt hatten. Peter war inzwischen aus dem Bauernhof ausgezogen. Paula lebte dort weiter mit dem gemeinsamen Sohn. Die Trennung war von Paula ausgegangen, die sich einem anderen Mann zugewandt hatte. Peter tat sich schwer, die Trennung zu akzeptieren.

Anmerkung: Bei dieser Paarmediation fällt die Ungleichgewichtigkeit des Paares ins Auge. Der nicht nur wirtschaftlichen Dominanz des Mannes steht die Schwierigkeit der Frau gegenüber, ihre Interessen zu vertreten. Bezeichnenderweise brach der Mann die Mediation in dem Moment ab, als es der Frau gelungen war, mit Unterstützung der Mediatoren ihre Wünsche und Bedürfnisse zu formulieren.

Mehr als befreundet,
weniger als Freund.
(Shakespeare, Hamlet)

Fall 5. Keine Einladung zum Geburtstag
Anne Backer

- Schulmediation,
- Konflikt zwischen zwei Schülern, von denen der eine den anderen nicht zu seinem Geburtstagsfest eingeladen hat,
- Co-Mediation durch ältere Mitschüler,
- Gutes Beispiel für Lösung durch verbesserte Kommunikation.

Die nachfolgend geschilderte Schlichtung befasst sich mit einem Streit, der typisch für den Schulalltag ist.

An dieser Schule haben sich Schüler und Schülerinnen (Durchschnittsalter 17 Jahre) auf freiwilliger Basis zu Streitschlichtern (sogenannten Konfliktlotsen) ausbilden lassen.

Alexandra und Helga, die beiden Streitschlichterinnen, haben mit den beiden Schülern Jonas und Michael, die Streit miteinander hatten, vorab einen Termin vereinbart. Sie erwarten die beiden nun in einem eigens für die Schlichtungen vorgesehenen Raum in der Schule.

Es klopft. Eine Streitschlichterin öffnet die Tür und bittet die wartenden Schüler herein.

Streitschlichterin Helga: „Hallo, ich bin Helga und das ist Alexandra.“
Jonas: „Ich bin Jonas.“
Michael: „Ich heiße Michael.“
Streitschlichterin Alexandra: „Gut, setzt euch bitte.“
(Alle setzen sich.)
Streitschlichterin Helga: „Bevor wir mit dem Gespräch anfangen, möchten wir euch ein paar Dinge erklären.“
Streitschlichterin Alexandra: „Wir sind neutral, d.h., dass wir nicht für Jonas oder Michael sind, weil er ein cooles T-Shirt hat oder umgekehrt. Wir sind keine Richter, wir verurteilen euch nicht. Wir sind dafür da, dass ihr gemeinsam eine Lösung findet. Wir sind nur eine Hilfe, damit euer Gespräch ruhig abläuft und ihr gemeinsam zu einer Lösung kommen könnt. Außerdem stehen wir auch unter Schweigepflicht, das bedeutet, dass wir nichts weitersagen dürfen von dem, was ihr uns erzählt.“
Streitschlichterin Alexandra: „Es gibt auch ein paar Regeln, die ihr einhalten müsst. Ihr solltet euch gegenseitig ausreden lassen und einander zuhören. Ihr solltet euch auch nicht beschimpfen. Wir möchten hier keine Ausdrücke hören. Es wäre auch gut, wenn ihr versucht, euch keine Vorwürfe zu machen und stattdessen sagt, wie ihr euch in bestimmten Situationen gefühlt habt. Seid ihr mit den Regeln soweit einverstanden?“

Jonas: *(nickt)*

Michael: „Ja, okay."

Streitschlichterin Helga: „Also, wer von euch möchte beginnen und erzählt uns von eurem Problem?"

Michael: „Soll der Jonas anfangen, der ist doch an allem schuld."

Streitschlichterin Alexandra: „Gut, dann fängt Jonas an, wenn er damit einverstanden ist."

Jonas: „Okay. Also, der Michael ist halt nicht mein allerbester Freund, aber wir haben uns immer gut verstanden. Und dann ganz ohne Grund hat er einfach meinen Turnbeutel geklaut und ich hatte keine Ahnung warum und …"

Michael: „Stimmt doch gar nicht, du weißt ganz genau, warum ich das gemacht hab. Weil du ein fieser hinterlistiger Kerl bist."

Streitschlichterin Alexandra: „Jetzt Moment, wir hatten ausgemacht, dass ihr euch nicht unterbrecht und euch nicht beschimpft. Lass Jonas fertig erzählen und dann bist du dran. Ist das okay für dich?"

Michael: „Ja, okay."

Streitschlichterin Helga: „War da irgendetwas davor, das es ausgelöst hat, dass er deinen Turnbeutel geklaut hat, wie du sagst?"

Jonas: „Nein, ich hab ja schon gesagt, dass ich echt nicht weiß, warum. Das war ja dann auch nicht alles, er hat mich ja dann auch noch beleidigt, hat so was wie ‚dummes Schnitzel' und ‚Evolutionsbremse' zu mir gesagt und dann als Krönung hat er mir ein Bein gestellt und hat mich in die Seite getreten. Ich hab mich gewehrt und wir haben uns geprügelt, aber es war echt bloß Notwehr, denn wer weiß, was der Irre als Nächstes mit mir gemacht hätte."

Streitschlichterin Alexandra: „Ich würde ihn trotzdem nicht als Irren bezeichnen. Kannst du dir nicht vorstellen, warum er das gemacht haben könnte?"

Jonas: „Nein, ich hab' echt keine Ahnung."

Streitschlichterin Helga: „Gut, hab' ich das richtig verstanden? Du sagst, dass Michael deinen Turnbeutel versteckt und dich beschimpft hat. Richtig?"

Jonas: „Genau."

Streitschlichterin Alexandra: „Und wie sah es aus deiner Sicht aus, Michael?"

Michael: „Ja, was der Jonas sagt stimmt schon irgendwie, aber ich hab's nur gemacht, weil er ein ganz mieser Verräter ist."

Streitschlichterin Helga: „Und warum ist er das deiner Ansicht nach?"

Michael: „Bisher war ich jedes Jahr auf Jonas' Geburtstagsparty eingeladen, nur eben dieses Jahr nicht, obwohl ich ihn auch eingeladen hab', denn ich lad' ihn jedes Jahr ein."

Streitschlichterin Alexandra: „Hast du darüber nachgedacht, ob er vielleicht einen Grund hatte, dich nicht einzuladen?"

Michael: „Nein, ich hab' ihm nichts getan."

Streitschlichterin Alexandra: „Jonas, gab es einen Anlass, weswegen du ihn nicht eingeladen hast?"

Jonas: „Ja, dieses Jahr hat mir meine Mama erlaubt, in einen Freizeitpark zu fahren, und weil das alles so teuer ist, hab' ich leider nur vier Freunde mitnehmen können. Und ich hab' ja schon gesagt, dass der Michael nicht mein allerbester Freund ist, und deshalb hab' ich ihn nicht eingeladen. Ich hab' ja nicht wissen können dass er so komisch darauf reagiert."

Streitschlichterin Helga: „Kannst du das verstehen, Michael?"

Michael: „Schon, meine Mutter hätte mir wahrscheinlich auch nicht erlaubt, mehr als vier einzuladen."

Streitschlichterin Alexandra: „Und wie war das genau mit den Beleidigungen?"

Michael: „Ich war halt immer noch sauer und er hat mich zuerst ‚blöder Hund' genannt und dann hab ich ihn halt ‚dummes Schnitzel' genannt."

Jonas: „Ich war ja auch sauer, weil ich ja nicht gewusst hab', wieso er mir einfach so meinen Turnbeutel versteckt hat."

Streitschlichterin Alexandra: „Und wie kam es dann zur Prügelei? Denn, wenn ich richtig verstanden hab', dann behauptest du, Jonas, dass der Michael dir ein Bein gestellt und dich dann in die Seite getreten hat."

Jonas: „Ja, so war es auch."

Streitschlichterin Helga: „Und Michael, war es jetzt wirklich so oder ganz anders aus deiner Sicht?"

Michael: „Nun ja, wir spielen immer Fußball in den Pausen, und an dem Tag hat es halt ein bisschen geregnet und alles war nass und der Boden war so rutschig. Ich wollte gerade den Ball abpassen und dann stand da der Jonas, mit dem Rücken zu mir und ich konnte ihm nicht ausweichen, bin voll ausgerutscht, ihm rückwärts ins Bein und er ist umgefallen. Ich bin dann aufgestanden und sofort wieder ausgerutscht und bei ihm in die Seite mit meinem Fuß und er hat aufgeheult, vor Schmerz nehme ich an, dann wollte ich mich entschuldigen und dann kommt er wieder mit seinem „blöden Hund" und stößt mich so von sich weg und das hab' ich mir nicht gefallen lassen und hab ihn zu Boden gecatcht und ja, dann haben wir uns geprügelt."

Streitschlichterin Alexandra: „Das ist ja ein bisschen anders als die Variante vom Jonas. Könnt ihr euch noch genau erinnern, wie es passiert ist?"

Jonas: „Ja, es kann schon sein, dass es so war wie der Michael es behauptet. Ja, es war schon so, wenn ich so drüber nachdenke, kann es ja wirklich ein Versehen gewesen sein. Ich bin an dem Tag auch ein paar Mal hingeflogen."

Streitschlichterin Helga: „Wenn ich das jetzt mal alles zusammenfasse, dann war es zunächst so, dass erst das mit dem Geburtstag war, dann hat der Michael als Reaktion den Turnbeutel versteckt und der Jonas hat daraufhin den Michael zuerst beschimpft und dann andersrum. Zum Schluss ist es durch einen Unfall zu einer Prügelei gekommen, richtig?"

Michael: „Ja, muss so gewesen sein."

Jonas: „Ja, war schon so."

Streitschlichterin Helga: „Okay, das heißt, das war für euch eine Ausnahmesituation und ihr kommt eigentlich gut miteinander aus?"

Jonas: „Ja."

Michael: „Doch, sonst immer, eigentlich."

Streitschlichterin Alexandra: „Was denkt ihr, könntet ihr euch jetzt eine Lösung vorstellen, damit es in Zukunft nicht mehr so eskaliert?"

Jonas: „Keine Ahnung, wir könnten ja dann einfach mal drüber reden."

Michael: „Hm, ja, ich glaub schon, dass wir uns das, was uns stört, mal einfach sagen sollten."

Streitschlichterin Alexandra: „Das halte ich für einen sehr guten Vorschlag. Redet das Nächste mal einfach miteinander, bevor es zur Prügelei kommt."

Streitschlichterin Helga: „Wenn ihr glaubt, dass ihr bei eurem Gespräch Unterstützung braucht, dann könnt ihr, wann immer ihr wollt, zu uns kommen. Wir helfen euch gerne."

Streitschlichterin Alexandra: „Dann sagt einfach, dass ihr wieder zu Helga und Alexandra wollt."

Jonas: „Ja gut, machen wir."

Michael: „Ja, in Ordnung."

Streitschlichterin Helga: „So, ich denke, es wäre vielleicht auch gut, wenn ihr nächsten Mittwoch mal vorbeischaut in der Pause, nur um vielleicht etwas, was ihr jetzt vergessen habt, zu klären, beziehungsweise damit wir uns auch ein Bild davon machen können, ob es wieder klappt zwischen euch. Einverstanden?"

Michael: „Einverstanden!"

Jonas: „Ja, geht klar!"

Streitschlichterin Alexandra: „Also, danke dafür, dass ihr gekommen seid. Wir hoffen, dass wir euch helfen konnten. Denkt an eure Abmachung und macht's gut, tschüss."

Streitschlichterin Helga: „Ciao, bis nächste Woche."

Michael: „Okay, tschüss."

Jonas: „Tschüss."

Anmerkung: Für die Streitschlichterinnen lag die größte Schwierigkeit darin, die Fäden in der Hand zu halten und gleichzeitig den streitenden Schülern ein Gefühl der Sicherheit zu geben. Es war hilfreich, zu wiederholen, was die Schüler gesagt hatten, ohne sie zu bedrängen. Die Streitschlichterinnen sahen sich zum Eingreifen veranlasst, als beide Seiten begannen, sich gegenseitig zu beschimpfen und zu unterbrechen. Wichtig für sie war, vor Augen zu haben, dass es am Schluss zu einem Kompromiss kommen sollte, bei dem keine Seite benachteiligt würde.

Der Weg zu einer Lösung des Konflikts wurde frei, als den beiden streitenden Schülern klar wurde, dass jeder von ihnen einen Fehler gemacht hatte und dass es zu Missverständnissen gekommen war. Dass dies erkennbar wurde, ist der Verdienst der jungen Streitschlichterinnen.

Der Fall zeigt, dass Kinder und Jugendliche zu einer hochwertigen Kommunikation imstande sind.

Die Streitschlichterinnen

Helga Friedrich Salgado: „Ich bin 18 Jahre alt und seit über drei Jahren bei den Gesprächsvermittlern meiner Schule, am Rudolf-Diesel Gymnasium in Augsburg, tätig. Ich wurde an zwei Seminartagen in der Theorie und im Laufe eines halben Jahres mit Hilfe von simulierten Fällen auch in der Praxis ausgebildet. Es macht mir viel Spaß, weil ich helfen kann, das Klima an meiner Schule zu verbessern. Zudem sehe ich es als eine bessere Alternative zum Strafenkatalog der Lehrer, um Konflikte zwischen Schülern aus der Welt zu schaffen. Oft entsteht eine sinnvolle Lösung, die besser ist, als ein Verweis der Lehrer."

Alexandra Klejnocki: „Ich bin 18 Jahre alt und seit vier Jahren Streitschlichterin an meiner Schule, dem Rudolf-Diesel Gymnasium. Das Wichtigste für meine Arbeit als Streitschlichterin habe ich innerhalb eines Jahres in zweistündigen Treffen, die einmal wöchentlich stattgefunden haben, gelernt. Hierbei sind wir mit Hilfe von simulierten Fällen vorgegangen und haben von Anfang an dafür gesorgt, dass wir Erfahrungen sammeln, indem wir dreimal in der Woche auf Fälle gewartet haben, die wir dann anschließend schlichten durften. Bis heute macht es mir viel Spaß, anderen Mitschülern bei der Bewältigung ihrer Konflikte zu helfen und ihnen die Möglichkeit zu geben, eine friedliche Lösung für ihre Probleme zu finden."

> Es ist ein Geist des Guten in dem Übel
> zög ihn der Mensch nur achtsam da
> heraus.
> *(Shakespeare, Heinrich V.)*

Fall 6. Arbeitsplatz: Immobilienbüro

Simone Pöhlmann und Angela Roethe

- Mediation aus dem Bereich des Arbeitslebens,
- Störung des Betriebsklimas in einer Immobilienfirma,
- Mehrparteien-Mediation mit drei Kolleginnen unter Hinzuziehung des Vorgesetzten,
- Co-Mediation zweier Mediatorinnen,
- Gutes Beispiel dafür, wie Mediation nicht nur zu sachlichen Lösungen führen, sondern auch die zwischenmenschlichen Beziehungen verbessern kann.

Beteiligte

Maria Danzer (44), Sachbearbeiterin,
Franziska Kramer (46), Sachbearbeiterin,
Lilo Paulsen (35), Sachbearbeiterin,
alle drei sind Angestellte der Firma Wagner & Brehme.

Der Anfang

Herr Kamphausen, Abteilungsleiter bei Wagner & Brehme, ruft in unserem Büro an und bittet um eine Mediation für drei Mitarbeiterinnen seiner Abteilung. Er teilt mit, dass er grundsätzlich über Mediation informiert ist.

Auf unsere Fragen hin erfahren wir, dass
- zwei von den Mitarbeiterinnen (Frau Danzer und Frau Kramer) schon länger in der Firma und in seiner Abteilung sind,
- vor einem halben Jahr eine dritte Mitarbeiterin (Frau Paulsen) dazu gekommen ist,
- es seither zu ständigen Reibereien und Unstimmigkeiten zwischen diesen Mitarbeiterinnen kommt,
- die anderen Kollegen und Kolleginnen inzwischen mit hinein gezogen werden,
- die Arbeit allgemein darunter leidet,
- er persönlich mit der Sache nichts zu tun hat,
- seine Schlichtungsversuche vergeblich, wenn nicht sogar kontraproduktiv waren.

Herr Kamphausen teilt ferner mit, die drei Mitarbeiterinnen hätten sich zu einem Mediationsgespräch bereit erklärt. Er fragt, welche Kosten damit für die Firma verbunden seien. Wir erklären ihm daraufhin unseren Arbeitsstil: „Wir bemühen uns, Mediationen möglichst auf eine Sitzung zu beschränken, die allerdings drei bis fünf Stunden dauern kann. Dazu kommen die Kosten für die von uns oft für praktikabel gehaltene Nachbesprechung (meist maximal zwei Stunden). Diese Nachbesprechung setzen wir, so nötig und gewünscht, vier bis sechs Wochen nach der Mediation an."

Wir informieren Herrn Kamphausen über unseren Stundensatz und die Möglichkeit, uns wahlweise als einzelne Mediatoren oder uns beide gemeinsam als Co-Mediatoren zu beauftragen. Wir sagen ihm, dass der Inhalt der Mediationsgespräche vertraulich ist, und wir ihm demnach keine Rückmeldung über den Inhalt geben werden, dass die Beteiligten sich aber darauf einigen könnten, ihm die Ergebnisse zu präsentieren.

Herr Kamphausen bittet darum, die Mediation in einem Besprechungsraum seiner Firma durchzuführen. Dem können wir zustimmen, nachdem wir geklärt haben, dass dieser Raum außerhalb des allgemeinen Bürobetriebs liegt. Wir bitten, eine Flipchart und Getränke bereit zu stellen.

Am Ende dieses etwa halbstündigen Telefonates entscheidet sich Herr Kamphausen mit folgender Begründung für eine Co-Mediation: „Ach wissen Sie, es ist bestimmt besser, wenn Sie zu zweit sind. Bei den Dreien geht es richtig hoch her. Ich weiß aus bitterer Erfahrung, dass man da alleine gar nichts ausrichten kann."

Wir lassen das so stehen und vereinbaren einen Termin.

Die Vorbereitung

Eine Woche später erscheinen wir 30 Minuten vor dem vereinbarten Zeitpunkt, um den Raum in Augenschein zu nehmen und die bei dem vorhandenen Mobiliar möglichen Sitzordnungen zu überlegen. Wir sind positiv überrascht, weil wir einen geeigneten runden Tisch und ein freundliches Umfeld vorfinden.

Herr Kamphausen kommt zusammen mit seinen drei Mitarbeiterinnen und stellt sie uns vor. Nach der Begrüßung fragen wir alle gemeinsam, ob die an der Mediation Beteiligten alleine über Lösungen entscheiden können. Dazu Herr Kamphausen: „Na ja, wenn es um grundsätzliche Veränderungen geht, möchte ich das natürlich mitentscheiden. Wo es nur um Sachen zwischen Ihnen Dreien geht, da will ich gar nichts mit zu tun haben." Wir klären noch, dass Herr Kamphausen in den nächsten Stunden im Hause und gegebenenfalls verfügbar sein wird. Dann verabschiedet er sich.

Wir setzen Frau Paulsen zwischen Frau Danzer und Frau Kramer, um zu signalisieren, dass wir sie nicht als „die Alten" und „die Neue" sehen, sondern jede von ihnen einzeln.

Methode: Als langjährig gut eingespielte Co-Mediatorinnen haben wir uns entschieden, unseren jeweiligen Einsatz fließend, gleichberechtigt und je nach Bedarf und Möglichkeiten zu gestalten.

Der Auftakt

Wir stellen uns vor, sprechen kurz über das Konzept der Mediation und lassen uns von allen Dreien bestätigen, dass sie bereit sind, an der Klärung der Konflikte und möglichen Lösungen (die sie allerdings derzeit für unwahrscheinlich halten!) mitzuarbeiten. Es kommen noch einige Fragen zur Mediation, die wir beantworten.

Wir besprechen die Frage der Vertraulichkeit und bitten darum, sich auf drei nützliche Gesprächsregeln einzulassen:
– keine Beleidigungen oder persönlichen Angriffe,
– jeder darf ausreden,
– keine Unterstellungen.
Als sie zustimmen, erklären wir, wie wichtig uns das ist, weil nur so eine konstruktive Auseinandersetzung stattfinden kann. Wir erbitten zusätzlich von ihnen das Recht, jeweils zu intervenieren, falls die Regeln verletzt werden sollten. Wie immer wird das großzügig eingeräumt. Frau Danzer sagt, fast empört: „Intervenieren Sie nur. Bei mir wird es ohnehin nicht nötig sein. Ich weiß, was sich gehört." Die anderen Beiden schauen entgeistert, sagen aber nichts.

Meine Co-Mediatorin sieht alle drei Beteiligten an und sagt: „Prima, das ist sicher für alle so, vielleicht brauchen wir es auch gar nicht."

Diese Einleitung hat ungefähr 20 Minuten gedauert.

Themen sammeln

Da wir für die Struktur der Mediation – und damit auch für Redezeiten, Balance und Reihenfolge – verantwortlich sind, bitten wir Frau Kramer, zu beginnen und in etwa fünf Minuten zu erzählen, was aus ihrer Sicht eigentlich los ist.

Diese Entscheidung haben wir spontan gefällt. Besprochen war vorher, dass wir zunächst eine der beiden langjährigen Mitarbeiterinnen zu Wort kommen lassen würden. Aufgrund der Bemerkung von Frau Danzer entscheiden wir uns der Ausgewogenheit wegen für Frau Kramer und sagen den anderen, dass sie danach die gleiche Redezeit bekommen, um ihre Sichtweise zu schildern. Sollte es für sie hilfreich sein, könnten sie sich Notizen machen.

Frau Kramer beschwert sich ausführlich und facettenreich über die letzten Monate. Wir unterbrechen nicht, machen keine Bemerkungen dazu, stellen keine Fragen und halten auch mit Frau Paulsen und Frau Danzer Augenkontakt. Wir machen uns aber Notizen, nicht zu den Beschwerden, sondern zu den Themen, die wir raushören.

Dann bedanken wir uns bei Frau Kramer und bitten Frau Paulsen als Nächste zu sprechen und dabei möglichst nicht auf das einzugehen, was Frau Kramer gesagt hat, sondern ihre eigene Sichtweise zu schildern.

Gleiches Vorgehen – und dann ist Frau Danzer dran.

Berufliche Aufgabe dieser drei Damen ist es, jeweils Exposés für die Objekte zu erstellen, die Wagner & Brehme im Auftrag der Kunden verkaufen soll. Es handelt sich hierbei um ziemlich große Objekte, Gewerbeflächen und Villen. Diese Exposés sind ausführlich, anschaulich und mit Bildern versehen. Ein Exposé hat durchschnittlich acht bis zehn Seiten. Dazu kommen manchmal Architektenpläne oder detaillierte Angaben zu Abschreibungsmöglichkeiten. Diese Exposés werden jeweils auch ins Internet gestellt. Jede Sachbearbeiterin betreut jeweils gleichzeitig mehrere Objekte. Gedacht ist, dass alle ungefähr gleich viel zu tun haben, wobei Frau Paulsen sagt, dass sie gerne noch mehr übernehmen würde.

Nun ist insgesamt eine dreiviertel Stunde vergangen, und wir haben durch die vielen Beschwerden einen guten Überblick bekommen, welche Themen in dieser Mediation anstehen.

Methode: Diese Themen benennen wir nun in einer gemeinsamen Themenzusammenfassung in neutraler Sprache ohne spezielle Zuordnung an eine der Sprecherinnen.

Aus der Beschwerde über den übermäßigen, unangemessenen Arbeitseinsatz von Frau Paulsen wird also das Thema „Arbeitsstil", aus der Beschwerde von Frau Paulsen darüber, dass sie nie über neue Objekte informiert wird, wird das Thema „Kommunikation". Frau Danzers Ärger über die Selbstverständlichkeit, mit der sich Frau Paulsen neuer Aufgaben annimmt, führt zu dem Thema „unterschiedliche Erwartungen und die Art des Umgangs miteinander".

Alle drei haben Schuldzuweisungen vorgenommen in Bezug auf Zuständigkeiten, Übergriffe und mangelnde Zuverlässigkeit hinsichtlich der Arbeit an den Netzseiten. Wir benennen das als Thema „Aktualisierung der Webseiten".

Dazu kommt noch die von Frau Kramer vorgetragene Sorge, „dass wir alle wegen Frau Paulsen bald noch mehr arbeiten müssen." In dem Fall vermuten wir, dass sich da ein Strukturproblem verbirgt, möchten aber nichts beschwören, und nennen als Thema stattdessen „Frage der zukünftigen Arbeitsbelastung und Arbeitsbewältigung".

Methode: Wir vergewissern uns, dass wir damit alle wichtigen Themen erfasst haben und erklären, dass diese Liste selbstverständlich jederzeit erweitert werden kann.

Bisher gibt es nur Notizen auf unseren Blöcken. Wir schreiben nichts auf die Flipchart, was Zerwürfnisse bestätigen oder Positionen betonen könnte. Die Flipchart werden wir erst nutzen, wenn es darum geht, Optionen für Lösungen zu sammeln.

Klärungsphase

Wir meinen, dass die unterschiedlichen Erwartungen und die Art des Umgangs miteinander der Auslöser für viele der Schwierigkeiten waren. Daher beginnen wir die Klärungsphase mit diesem Thema.

Aus Gründen der Ausgewogenheit wenden wir uns dieses Mal zuerst an Frau Paulsen: „Sie haben alle drei betont, wie schwierig der Umgang miteinander ist. Bitte erzählen Sie, Frau Paulsen, uns nun, was aus Ihrer persönlichen Sicht so unangenehm ist. Sie, Frau Danzer, und Sie, Frau Kramer, bekommen dann anschließend die gleiche Gelegenheit. Bitte sprechen Sie zunächst nicht zueinander, sondern erklären sie es uns, damit wir uns ein Bild machen können."

Frau Paulsen holt weit aus – wir hören genau zu. An einer Stelle unterbrechen wir sie, weil wir eine Bemerkung für eine Unterstellung halten. Frau Paulsen sagt nämlich: „Frau Danzer hat, also ehrlich, Maria, du hast doch nur Angst vor einem reellen Wettbewerb." Frau Danzer zuckt sichtbar zusammen. Wir intervenieren: „Frau Paulsen, das sind Gedanken, die aus Sicht von Frau Danzer möglicherweise eine Unterstellung und für sie ärgerlich sind." Frau Danzer nickt heftig und erleichtert. „Bitte nehmen Sie es zurück." Frau Paulsen stimmt zu.

Nachdem sie zu Ende gesprochen hat, fassen wir zusammen, welche Bedürfnisse und Gefühle, Vorstellungen, Erwartungen und Überzeugungen wir gehört haben. Dabei koppeln wir jeweils die Gefühle und Bedürfniss: „Als ihre Kolleginnen am Freitag Mittag beschlossen haben, dass alle, auch Sie, die Aufträge dann eben erst am Montag fertig machen würden, da waren Sie entsetzt und unglücklich, weil es Ihnen so wichtig ist, zuverlässig und termingerecht zu arbeiten?"

Methode: Wenn der Mediator in dieser Form aktiv zuhört (verbalisiert), macht er gleichzeitig für alle Beteiligten die Sichtweise, die Haltung und das Erleben des Sprechers transparent.

Frau Paulsen wirkt überrascht. Sie spürt, dass wir sie verstehen, auch wenn wir kein Einverständnis signalisieren.

Im nächsten Schritt bitten wir Frau Danzer und Frau Kramer zu schildern, wie diese Ereignisse für sie waren, und verbalisieren in gleicher Weise. Langsam entsteht ein „dreidimensionales" Bild des Geschehens, und das zeigt, wie unterschiedlich die Vorstellungen der drei Beteiligten sind.

Methode: Dadurch, dass wir in dieser Phase der Mediation alle Beschwerden in Bedürfnisse und Erwartungen übersetzen, ist das Gespräch für die Beteiligten weniger bedrohlich. Sie müssen nicht mehr so kämpfen, sie fühlen sich von uns verstanden, der Aggressionspegel sinkt deutlich.

Während wir auf diese Weise alle Aspekte des Vergangenen (auch die Themen Arbeitsstil und Kommunikation) beleuchten, beginnen die Beteiligten vorsichtig – fast ohne unser Zutun – direkt miteinander über ihre Erwartungen, Ideen und Vorstellungen zu sprechen. Das ist für uns ein Zeichen, dass sie an sich bereit sind, nun über die Zukunft zu reden. Wir aber wissen, dass noch etwas Wichtiges fehlt: „Wir freuen uns, dass Sie jetzt so viel Punkte geklärt haben, aber bevor Sie ihr konkretes zukünftiges Miteinander vereinbaren, müssten Sie noch die Frage der Aktualisierung der Websites, zu der Sie so ganz unterschiedliche Vorstellungen genannt hatten, besprechen."

Methode: Wir verständigen uns kurz, dass wir die bereits besprochenen Beziehungsthemen für den Augenblick so stehen lassen und noch nicht an potenziellen Lösungen arbeiten wollen. Wichtig erscheint uns zunächst, das noch offene Sachthema der Websites anzusprechen, das auch für Ärger gesorgt hatte, und für das später ganz konkrete Lösungen gebraucht werden.

Auch hier bitten wir die Beteiligten wieder, nacheinander und zunächst zu uns zu sprechen. Einmal mehr zeigt sich, dass Frau Danzer und Frau Kramer sich in ihrer Grundhaltung und ihren Vorstellungen sehr ähnlich sind.

Frau Danzer: „Ich muss einfach mal klarstellen, dass diese Websites immer genau so aktuell sein können, wie es unsere reguläre Arbeitszeit erlaubt. Ich habe nicht die Absicht, dafür Überstunden zu machen, nur weil Lilo so ein übertriebenes Pflichtgefühl ..." Wir schicken uns an zu unterbrechen, als sie sich korrigiert: „Na gut, dann nicht *übertriebenes,* aber schon *riesengroßes* Pflichtgefühl!"

Dazu **Frau Kramer:** „Das wäre ja noch schöner, wenn wir jetzt wegen Lilo dauernd so hetzen müssten, das tut doch niemandem gut. Mir ist meine Gesundheit wichtiger als Lilos Arbeitsdrang, wenn wir dem folgen, sitzen wir das ganze Wochenende im Büro."

Frau Danzer: „Na, das fehlt gerade noch. Mein Mann fängt jetzt schon an zu meckern – und irgendwie hat die Firma doch auch vorher überlebt, und zwar gut."

Wir nehmen das auf: „Aha, das heißt, Sie beide sind sich da weitgehend einig in Ihren Vorstellungen, was zusätzliche Arbeit an Freitagen betrifft? Sie haben in Punkto Freizeit ähnliche Prioritäten, und Sie möchten eigentlich da gar keine Veränderung, weil Sie die auch nicht für nötig halten. Der Versuch von Frau Paulsen, eine Änderung herbeizuführen, ärgert Sie?" Beide nicken entschlossen. „Mhm, hier ist nun offensichtlich ein Ungleichgewicht in der Abteilung. Sie Beide möchten, dass die Dinge so bleiben, wie sie sind, während auf der anderen Seite Frau Paulsen quasi als Einzelkämpferin gewisse Veränderungen anstrebt. Frau Paulsen, was sagen Sie dazu und können Sie erklären, warum Ihnen das so wichtig ist?"

Frau Paulsen ist den Tränen nahe: „Das ist doch so klar. Wir sind ein Dienstleistungsunternehmen, d.h. es geht um Service. Viele Leute informieren sich doch gerade am Wochenende. Und ausgerechnet da sind wir dann nicht topaktuell. Ich bin ja nun oft Freitagabend noch im Büro geblieben. Immer wieder rufen Leute an, denen ich dann sagen muss, dass Objekte schon weg sind, oder dass es neue gibt, die noch nicht drin sind. Das ist doch unprofessionell, und ich habe den massiven Ärger der Kunden abgekriegt. Ich habe das bisher immer nur Ihnen beiden gesagt und nicht Herrn Kamphausen, aber ehrlich, wenn wir das nicht verändern, dann muss ich es auch ihm sagen. Ich finde es ja überhaupt am Besten, wenn wir das Büro mindestens Samstag Vormittag noch besetzen würden, und ich verstehe ehrlich nicht, was daran so schwierig sein soll. Ich bin es auch gründlich leid, dauernd von den beiden runtergeputzt zu werden, nur weil ich eine andere Meinung habe. Das ist mir zu viel! Ich bin schon ganz nervös, weil die beiden sich immer so Blicke zuwerfen, und dann frage ich mich, ob Ihnen schon wieder was nicht passt!"

Wir fassen zusammen: „Frau Paulsen, Sie sagen also, dass es Ihnen darum geht, einen bestmöglichen Service mit zufriedenen Kunden sicher zu stellen, und dass Sie den aus Ihrer Sicht dafür nötigen Einsatz von allen erwarten. Dazu gehört aus Ihrer Sicht auch die Frage der Samstagspräsenz. Und Sie sind ziemlich verzweifelt, weil Sie denken, dass Ihre Motivation gar nicht verstanden wird?" Wir ergänzen: „Und dann sind es offensichtlich zwei unterschiedliche Bereiche, die sich da vermischen: zum einen die Frage des Ungleichgewichtes – hier eine Person, dort zwei – zum anderen das Thema ‚Gewohntes versus Veränderung‘."

Frau Kramer und Frau Danzer wirken etwas betreten. Die Frage des Kräfteverhältnisses hatten Sie sich nie in aller Konsequenz klargemacht, „und dass Lilo darunter leidet, das hat sie ja nie gezeigt." Dann zögert Frau Danzer einen Moment und sagt: „Lilo, das tut mir richtig leid, das habe ich nicht mitgekriegt, und das habe ich auf keinen Fall gewollt". Und Frau Kramer fügt ganz leise hinzu: „Ich auch nicht".

Methode: Wir halten einen Moment inne, sagen nichts, und lassen diese neue Nähe wirken.

Frau Paulsen atmet tief, schaut ihre beiden Kolleginnen fragend an und sagt dann, etwas schüchtern: „Ich bin ja froh zu hören, dass es euch um die Arbeitszeiten geht. Ich habe immer gedacht, ihr wolltet mich nicht bei euch haben, weil Ihr so ein eingeschworenes Team seid, und dann habe ich überhaupt nicht gewusst, wie ich mich verhalten soll." Entsetzt lacht Frau Kramer auf: „Ach, wenn du wüsstest, wie froh wir sind, dass du da bist –

wir sind doch schier untergegangen bei so vielen Aufträgen. Der Kamphausen hat doch gar keine Ahnung, wie viel Arbeit das überhaupt ist. Wir wollen nur nicht abends oder auch noch am Wochenende arbeiten. Und da hast du dich halt gleich so vorgedrängelt…"

Im weiteren Verlauf wird klar, dass Frau Danzer und Frau Kramer zwar auf keinen Fall Überstunden machen wollen, dass sie aber durchaus für eine neue Arbeitsverteilung offen wären. Aus unserer Sicht könnten sie nun fast beginnen, über mögliche Lösungen nachzudenken, was alle drei auf Nachfrage erleichtert bestätigen. Ein Punkt allerdings steht dem noch entgegen, und wir freuen uns, dass Frau Paulsen ihn ohne Umschweife anspricht: „Wir können doch gar nichts entscheiden, weil letzten Endes Herr Kamphausen sagen muss, was geht und was nicht geht. Mir macht es ja nichts aus, Überstunden zu machen, aber ob er die bezahlen will…" Frau Kramer und Frau Danzer nicken nachdenklich.

Wir nehmen das auf und fragen: „Möchten Sie Herrn Kamphausen jetzt dabei haben? Was soll oder darf er wissen von dem, was Sie hier besprochen haben? Gibt es noch etwas, das Sie klären möchten, bevor er kommt?" Die drei schauen sich an und dann sagt Frau Kramer: „Also von mir aus wäre es jetzt in Ordnung, und er kann wissen, dass wir die Unstimmigkeiten zwischen uns geklärt haben, und auch, in welche Richtung unsere Überlegungen gehen. Wir brauchen einfach flexiblere Lösungen, für alle − für die Kunden genauso wie für uns."

Methode: Wir ordnen die Optionssuche und schlagen vor: „Aus unserer Sicht gibt es hier zwei Themenkomplexe. Einmal die Frage, wie Sie in Zukunft besser miteinander arbeiten und umgehen wollen und dann die Fragen der Arbeitszeiten und Aufteilungen, zu deren Regelung Sie auch Herrn Kamphausen brauchen. Deshalb denken wir, dass es sinnvoll wäre, zunächst konkret über den ersten Teil, über das was nur Sie betrifft, nachzudenken, und schon mal Lösungen zu vereinbaren, und dann zum zweiten Teil Herrn Kamphausen dazu zu bitten."

Alle drei sind einverstanden.

Optionen sammeln

Wir treten an die Flipchart und fordern dazu auf, nun per Brainstorming (also ohne die gefundenen Optionen in diesem Schritt zu bewerten) viele mögliche Ideen dafür zu entwickeln,

- wie sie in Zukunft miteinander umgehen wollen,
- wie sie über unterschiedliche Meinungen kommunizieren wollen,
- wie sie möglicherweise auftauchende Konflikte angehen wollen,
- wie und mit wem Fragen der Arbeitsverteilung besprochen werden können.

Die Flipchart ist im Nu voll geschrieben mit vielen Anregungen und Ideen.
– Mehr Zeit zum Reden einplanen.
– Jede kümmert sich mehr darum, alles am Freitag fertig zu stellen.
– Auch bei normalen Gesprächen jeden ausreden lassen.
– Immer mal nachfragen, ob es Probleme gibt.
– Lilo schraubt ihre Ansprüche ein bisschen runter.
– Zusammen etwas unternehmen (Kino oder so).
– Maria und Franziska sprechen Lilo direkt an, wenn ihnen etwas nicht passt.
– Gegenüber dem Abteilungsleiter geschlossen auftreten.
– Aufgaben besser verteilen.
– Maria und Franziska unterstützen Lilo dabei, höhere Standards durchzusetzen.
– Lilo sagt Maria und Franziska, wenn sie sich überfahren oder ausgeschlossen fühlt.
– Zusammen Mittag essen.

Wir bitten die drei Frauen nun, ihre Vorschläge kurz daraufhin zu überprüfen, ob sie die von ihnen selbst im Laufe der Verhandlungen entwickelten Kriterien erfüllen:
– offener Meinungsaustausch,
– Teambildung,
– respektvoller Umgang.

Sie diskutieren diverse Ideen, verwerfen einige und präzisieren manches. Mit unserer Hilfe formulieren sie dann folgende Vereinbarung zu ihrem künftigen Miteinander.

Vereinbarung
– Jeden Donnerstag um 14.00 Uhr machen wir ein gemeinsames Treffen, in dem wir besprechen, was in der vergangenen Woche zwischen uns gut gelaufen ist und was verbesserungswürdig ist. Dabei kann sich jede von uns offen beschweren, aber nicht über länger Vergangenes. Wir bemühen uns, Gesprächsregeln der Mediation einzuhalten: Ausreden lassen, keine persönlichen Angriffe, keine Unterstellungen.
– Lilo denkt sich eine gemeinsame Unternehmung aus, damit wir uns alle besser kennen lernen können. Sie macht bis zum 15. Oktober 2006 zwei Vorschläge. Maria und Franziska entscheiden innerhalb von zwei Tagen, welche sie wahrnehmen wollen. Die Unternehmung soll bis Ende November stattfinden.
– Franziska kümmert sich einmal in der Woche an einem noch zu vereinbarenden Tag, an dem alle drei anwesend sind, um die Lieferung eines Sushi-Mittagessens, das nur wir drei zusammen verspeisen.

Methode: Wir haben einen Laptop dabei und formulieren gleich mit allen Dreien eine unterschriftsreife Vereinbarung.

Der erweiterte Kreis

Damit sind die Beteiligten zunächst mal sehr zufrieden. Mehr könnte sich ja noch entwickeln, sagen sie. Wir rufen Herrn Kamphausen an, der auch sofort Zeit hat und gleich kommt. Frau Danzer übernimmt es, ihn über das Ergebnis zu informieren, ohne inhaltlich auf Details einzugehen. Er sieht erleichtert aus. Dann informieren wir ihn, dass es einen Themenkomplex gibt, an dem nicht weiter gearbeitet werden kann, ohne seine Interessen und Vorstellungen zu kennen: Das betrifft die Arbeitszeiten, speziell am späteren Freitag, und den Bereich Kundenzufriedenheit und Service.

Frau Paulsen erläutert ihre Vorstellungen davon, was die Kunden brauchen. Sie erzählt, was sie erlebt hat, und wie es besser funktionieren könnte. Die Kunden sollten vernünftig informiert werden, auch am Wochenende.

Frau Kramer und Frau Danzer erklären anschließend, sie seien zu verschiedenen Umstellungen bereit, aber aus familiären Gründen und Notwendigkeiten heraus wollten sie freitags möglichst nicht länger und am Wochenende eigentlich gar nicht arbeiten. Wenn es denn unbedingt sein muss, möchten sie konkrete finanzielle Vorteile in Form von Überstundenzuschlägen. Sie besprechen sachlich mit einander, welche Möglichkeiten es gibt. Herr Kamphausen ist sehr für flexible Zeiten zu haben, sagt aber deutlich, dass er aus firmeninternen Gründen auf keinen Fall Überstunden gegen Bezahlung genehmigen kann.

Sie kommen zu folgender **Vereinbarung:**
- Eine unterschiedliche Arbeitszeit ist für alle in Ordnung.
- Die Arbeitszeit endet für Frau Danzer und Frau Kramer am Freitag um 16.00 Uhr. Sollte etwas ganz Dringendes zu erledigen sein, so sprechen sie sich Freitagvormittag ab, und eine von ihnen bleibt so lange wie nötig.
- Frau Danzer und Frau Kramer sind einverstanden, dass Überstunden nicht bezahlt werden. Sollten Überstunden entstehen, so werden sie nach Absprache mit Herrn Kamphausen ausschließlich in der darauf folgenden Arbeitswoche mit freien Stunden abgegolten.
- Frau Paulsen regelt ihre Arbeitszeit neu: Sie kalkuliert dabei ein, dass sie freitags bis 20 Uhr und samstags von 9 bis 14 Uhr anwesend ist, um die Exposés zu aktualisieren und eventuelle Kundenanfragen beantworten zu können.
- Frau Paulsen macht Herrn Kamphausen bis zum 12. Oktober 2006 einen Vorschlag, wie sie diese Stunden innerhalb der Arbeitswoche ausgleichen will.
- Herr Kamphausen beruft ab sofort bei Bedarf (mindestens aber einmal im Monat) Teamsitzungen ein, um Fragen der Firma, Wünsche der Kunden,

Arbeitsbedingungen, Arbeitsbelastung usw. offen zu diskutieren und Lösungen zu erarbeiten, die dem Wohl der Firma und der Mitarbeiter dienen.

– Auf allseitigen Wunsch wird Frau Danzer die Einhaltung dieser Vereinbarung überwachen.

– Sollte die Umsetzung dieser Mediationsvereinbarung noch nicht ganz gelingen, wird eine der Mediatorinnen zu den gemeinsamen Sitzungen gebeten. Das wird Frau Paulsen nach Absprache mit den anderen veranlassen.

– Herr Kamphausen erklärt, dass die Firma bis Jahresende 2006 die Kosten für eine etwaige Begleitung durch die Mediatorin übernehmen wird, auch wenn er nicht beteiligt ist.

– Am 13. November 2006 wird eine der Mediatorinnen alle Beteiligten kurz anrufen und nachfragen, wie die Umsetzung klappt und wie zufrieden sie sind. Sollte sich in diesen vertraulichen Gesprächen herausstellen, dass noch Klärungs- und Gesprächsbedarf besteht, wird die Mediatorin einen Termin mit den Beteiligten vereinbaren.

Methode: Aus unserer Erfahrung wissen wir, dass zumindest das Angebot für einen solchen Nachfolgetermin sinnvoll ist, ob er nötig wird, wird sich herausstellen.

Auch diese Vereinbarung haben wir mit allen Beteiligten gemeinsam formuliert und anschließend getippt. Wir lesen sie noch einmal vor und fragen, ob alle wichtigen Punkte akkurat erfasst sind. Alle unterschreiben. Frau Paulsen macht schnell Kopien. Die Atmosphäre ist entspannt, die Beteiligten wirken alle sehr erleichtert. Nach fast vier Stunden bedanken wir uns und beenden die Sitzung.

Anmerkung: Der vorgestellte Konflikt beinhaltet mehrere Schwierigkeiten. Da die Mediation vom Vorgesetzten initiiert worden war, musste erst einmal die Kooperationsbereitschaft der drei betroffenen Mitarbeiterinnen hergestellt werden. Außerdem waren die gefundenen Lösungen von der Zustimmung des Vorgesetzten abhängig. Die Mediatorinnen haben es verstanden, den Kern des Konfliktes herauszuarbeiten, und mit Hilfe von aktivem Zuhören, Zusammenfassen und Reframing den drei Frauen zu einer besseren Kommunikation verholfen. Sie haben die Mediandinnen zu Verhandlungen angeregt, die eine Fülle von Optionen hervorgebracht haben. Das Ergebnis überzeugt auch deshalb, weil nicht nur eine Lösung auf der Sachebene, sondern ebenso auf der persönlichen Ebene entwickelt werden konnte, die hilfreich für die weitere Gestaltung der Zusammenarbeit sein dürfte.

> Freundschaft hält Stand in allen Dingen
> nur in der Liebe Dienst und Werbung nicht.
> *(Shakespeare, Viel Lärm um nichts)*

Fall 7. Arbeit und Liebe
Beatrix Albrecht

- Mediation auf dem Gebiet des Gesellschaftsrechts,
- Streit zweier Frauen um die Auflösung einer früher gemeinsam geführten Schreinerei,
- Blockmediation durch eine nichtanwaltliche Mediatorin innerhalb von zwei Tagen an einem Wochenende,
- Anschauliches Beispiel für die Arbeit auf der persönlichen Ebene und die Wirkung auf der Sachebene.

Daten zu den beteiligten Personen und der Ausgangsituation

Susanne Wimmer, 35 Jahre, Schweizerin, gelernte Schreinerin, tätig als Unternehmerin – eine kleine, sportliche Frau, die genau weiß, was sie will.

Karolina Hauser, 37 Jahre, Deutsche, gelernte Schreinerin, tätig als Angestellte in der Behindertenbetreuung (Schreinerei, Gärtnerei) – eine sanfte Frau, die auf Harmonie und Ausgleich bedacht ist.

Beide Beteiligte haben am 14.8.1994 in Bern/Schweiz die Schreinerei „die Holzzwerge" gegründet. Da Karolina bis zum Ende der Zusammenarbeit am 8.9.1996 keine unbefristete Arbeitserlaubnis bekam (sie war nur kurzfristig immer wieder einmal legal tätig bei einem Brandschutzunternehmen), wurde Susanne als Firmeninhaberin eingetragen. Der Rechtsstreit der Firma „die Holzzwerge" um die Anerkennung von Karolina als legale Mitarbeiterin der Schreinerei scheiterte.

Die Schreinerei wurde im Kellerraum eines kleinen alten Hauses betrieben. Die hergestellten Produkte waren vor allem Vollholzmöbel mit biologischen Oberflächen sowie die Restauration von Antiquitäten.

Während der Dauer der gemeinsamen Tätigkeit wurden insgesamt 85.000,- SFr. (also umgerechnet ca. 55.000,- EUR) durch Kundenaufträge eingenommen. Davon ca. 55.000,- SFr. (ca. 35.000,- EUR) durch Susanne und ca. 30.000,- SFr. (ca. 20.000,- EUR) durch Karolina. Die Aufträge konnten den Mediandinnen jeweils genau zugeordnet werden. Das Geld floss auf das Firmenkonto, von dem auch anfallende Kosten beglichen wurden. Da außer den Materialkosten keine weiteren Kosten berücksichtigt wurden (Miete, Löhne etc.), handelte es sich im weitesten Sinne um Bruttoeinnahmen.

Die Aufgabenverteilung war wie folgt geregelt:
1. Jahr: Susanne: Planung, Kalkulation, Führung
        Karolina: praktische Arbeit, Lernen

2. Jahr: Susanne: Neubau von Möbeln

Karolina: Restauration antiker Möbel

Im 2. Jahr erfolgte eine komplett getrennte und eigenständige Abwicklung der jeweiligen Aufgabenbereiche.

Es kam immer wieder zu Konflikten, die auch emotional ausgetragen wurden. Schließlich spitzte sich die Situation nach einem Unfall von Susanne im Herbst 1996 derart zu, dass Karolina aus der Firma „die Holzzwerge" am 8.9.1996 ausschied.

Ein schriftliches Angebot von Susanne bzgl. einer Auszahlungssumme für Karolina wurde von der gemeinsamen Buchhalterin gefertigt und versandt. Da die genannte Summe weit unter den Vorstellungen von Karolina lag, schaltete diese einen Rechtsanwalt ein. Es folgte ein langwieriger Briefwechsel, der letztendlich zu keinem Ergebnis geführt hatte. Die Parteien verkehrten zu diesem Zeitpunkt nur schriftlich miteinander. Die jeweiligen Rechtsanwaltskosten lagen zwischenzeitlich bei ca. 6.000,- EUR pro Partei.

Im April 2001 kam unabhängig voneinander bei beiden Frauen die Idee einer Mediation auf, da sie des Streitens müde und an einer friedlichen Lösung des Konflikts interessiert waren.

Daten zur Mediation

Karolina meldete sich telefonisch Ende April bei mir persönlich und erkundigte sich nach den Möglichkeiten der Mediation. Sie hatte über gemeinsame Bekannte erfahren, dass ich eine Ausbildung als Mediatorin habe und außerdem sowohl über juristische wie auch therapeutische Kenntnisse verfüge.

In zwei ausführlichen getrennt geführten Telefonaten mit Karolina und Susanne wurde den Beteiligten jeweils die Mediation in Grundzügen erläutert, sowie ein Termin und ein neutraler Besprechungsort vereinbart. Es wurde das Thema Gesamtdauer und Bezahlung angesprochen. Die Mediation sollte aus Kostengründen nach Vorgabe der Parteien nicht mehr als zwei Tage (idealerweise sechs bis acht Stunden insgesamt) dauern. Das Thema Aufteilung der Kosten sollte in der Mediation zum Thema gemacht werden.

Es fanden insgesamt zwei Mediationssitzungen statt.

Erste Sitzung

Es erfolgten Sachstandsermittlung, Information über die Grundregeln der Mediation, Klärung des Auftrags, Maßstäbe für einen fairen Umgang, Frage nach Konfliktmustern, Themensammlung, Gewichtung, Gerechtigkeitsempfinden und erste Lösungsansätze.

Sachstandsermittlung

Nachdem ich zuerst darauf achtete, dass sich die Beteiligten an ihrem jeweiligen Sitzplatz wohl fühlten (systemische Aspekte, mit Getränken versorgt waren), wies ich zu Beginn der Mediation auf die Notwendigkeit juristischer Beratung hin. Beide Beteiligten erklärten, dass sie durch einen Rechtsanwalt vertreten seien, und sich im Vorfeld über die juristische Lage und die juristischen Möglichkeiten informiert hätten.

Der Sachstand wich in folgenden Punkten voneinander ab:

Karolina	**Susanne**
– Es geht nur um die finanzielle Abwicklung.	– Es geht nur um die emotionale Klärung.
– Ich war in dich verliebt.	– Ich habe dich nur aus Mitleid mitarbeiten lassen.

Die von den Beteiligten vorgelegten Kostenaufstellungen weichen voneinander ab.

Susanne meinte, ihre Aufstellung sei von Buchhaltern, Steuerberatern und Rechtsanwälten erarbeitet worden.

Hypothesen: Beide sind an einer einvernehmlichen Lösung interessiert, also für die Mediation geeignet. Es wird Auseinandersetzungen ums Geld geben. Gesetzt den Fall die emotionalen Konflikte sind bearbeitet, dann lassen sich die Konflikte das Geld betreffend leichter lösen.

Grundregeln der Mediation

Den Parteien wurden auf Flip-Chart nochmals die Grundregeln der Mediation verdeutlicht:
– Freiwilligkeit,
– Akzeptanz,
– Offenheit,
– Vertraulichkeit,
– Eigenverantwortung,
– Gemeinsame Erarbeitung einer Konfliktlösung,
– Neutralität des Mediators.

Klärung des Auftrags

Es sollte eine gemeinsame, schriftliche Vereinbarung zur Lösung des Konflikts erarbeitet werden; eine weitere Form (z.B. notarielle Beurkundung des Mediationsergebnisses etc. war nicht gewünscht). Höchstdauer der Mediation sollte acht Stunden sein. Es bestand Einvernehmen, dass die Kosten je zur Hälfte von beiden Parteien getragen werden sollten.

Maßstäbe für einen fairen Umgang

Als nächstes Thema bot ich die „Maßstäbe für einen fairen Umgang" an. Es wurden folgende gemeinsame Regeln erarbeitet:
– ausreden lassen (maximal zehn Minuten pro Person),
– nicht anschreien,
– aktives Zuhören,
– versuchen, Verständnis aufzubringen,
– versuchen, am Thema zu bleiben,
– Eingreifen der Mediatorin bei ausufernden Streitigkeiten, Beleidigungen und Unterstellungen und sich wiederholenden Konfliktmustern.

Frage nach den bisherigen Konfliktmustern

Unter Konfliktmuster versteht man eine Verhaltensweise, die immer dann auftritt, wenn eine Person in einen Konflikt gerät. So gibt es Personen, die auf Harmonie bedacht sind und die Wahrnehmung ihrer Interessen unterdrücken; andere fühlen sich angegriffen und werden aggressiv. Es gibt noch zahlreiche weitere Varianten, je nach Erziehung und Erfahrungshorizont der Betroffenen.

Ich fragte beide nach ihren Konfliktmustern. Dabei ergab sich, dass Karolina sich immer untergeordnet hatte und auf Harmonie bedacht war. Karolina hatte alles in sich hineingefressen. Susanne polterte meist los, schrie und arbeitete dann konzentriert weiter oder verließ den Raum, wenn Karolina versuchte, etwas zu antworten.

Ich fragte weiter, ob sie Ideen hätten, wie sie zukünftig in Konfliktsituationen miteinander umgehen könnten, um zu für beide befriedigenden Ergebnissen zu kommen, die für sie beide befriedigend sind. Beide hatten sich seit Ihrer Trennung nicht mehr gesehen, waren aber der Meinung, dass sie an sich gearbeitet und die alten Verhaltensmuster abgelegt hätten. Karolina meinte, sie würde sich jetzt trauen, ihre Meinung zu vertreten. Susanne glaubte, sich so im Griff zu haben, dass es zu keinen Exzessen käme.

Hypothesen: Schon in dieser Phase ist ersichtlich, dass der finanzielle Konflikt nur die Spitze des Eisbergs ist. Ich habe darauf zu achten, dass beide Mediandinnen gleiche Redeanteile haben.

Themensammlung

Es wurde am Flip-Chart mit der Themensammlung begonnen.

Karolina	**Susanne**
– Finanzen	– Distanzlosigkeit
– Stimmige Lösung	– Konkretisierung Forderung
– Status	– Einschätzung Fähigkeiten
– Wertschätzung	– Verantwortlichkeit
– Verantwortlichkeit	

Der Punkt Status wurde nach beiderseitigem Erörtern als Teil des Themas Verantwortlichkeit gesehen.

Gewichtung/Erforschung der Hintergründe und der Interessen und Bedürfnisse

Nach der Themensammlung wurden die genannten Punkte gewichtet. Im Verlauf der sich anschließenden Mediation über die Gewichtung ergaben sich folgende Hintergründe für das dringende Anliegen, die emotionalen Themen an den Anfang zu setzen.

Die beiden Beteiligten lernten sich auf einem Schreinerei-Workshop in Dortmund kennen, bei dem es auch um das Thema Frauen als Unternehmerinnen ging. Karolina verliebte sich auf Anhieb in Susanne. Als es bei Karolina zu einem Streit mit ihren Eltern kam, „flüchtete" diese in die Schweiz zu Susanne. Diese nahm sie aus Mitgefühl auf, lebte aber bereits zu dieser Zeit mit einer festen Partnerin zusammen, der das alles gar nicht gefiel. Im Laufe der Zeit begann Karolina bei Susanne mitzuarbeiten, für das Zimmer bei Susanne zahlte sie Miete.

Im Laufe der Mediation stellte sich heraus, dass beide Parteien zum ersten Mal über ihre Gefühle füreinander sprachen. Die emotionale Unterschiedlichkeit führte zu ständigen „Entladungen" im beruflichen Sektor, weil damit unmittelbar die Themen Anerkennung, Wertschätzung, Einschätzung, Verantwortung, Distanz, Nähe etc. zusammenhingen. Dies wurde den Parteien nunmehr klar und machte sie betroffen. Auf meinen Vorschlag hin machten die Parteien unabhängig voneinander einen halbstündigen Spaziergang.

> **Hypothese:** Sobald die emotionalen Konflikte bearbeitet sind, kann am zweiten Tag der finanzielle Konflikt angegangen werden. Es ist hilfreich, dass die beiden Beteiligten erstmals den Mut haben, offen alles anzusprechen.

Maßstab der Gerechtigkeit

Vor einem Einstieg in das Sammeln und die Mediierung von Lösungsoptionen wurden die Maßstäbe der Gerechtigkeit erarbeitet. D.h., es folgte die Frage, welches Ergebnis dem Gerechtigkeitsempfinden der Beteiligten entsprechen würde.

Karolina	Susanne
– möchte mit Lösung nach Hause	– will, dass Karolina ihren Frieden findet
– Akzeptanz soll sichtbar sein (auch finanziell)	– Karolina soll bereit sein, die andere Seite zu „respektieren"
– Status	– Lösung soll gefunden werden
– Wertschätzung	
– Verantwortlichkeit	

Hypothese: Wenn die Parteien in diesem Konflikt ihr Gesicht wahren können, werden Sie in der Lage sein, Frieden zu schließen und eine Lösung zu finden.

Optionenentwicklung

Ich schlug vor, die Themen der Reihe nach zu besprechen, da sich beide Frauen einig waren, dass auch die „emotionalen" Themen unbedingt Inhalt – und sei es auch nur als Präambel – der Vereinbarung sein sollen. Hier wich das Gespräch von einer klassischen Mediation ab, da es nicht um verschiedene Lösungsmöglichkeiten im klassischen Sinne ging, sondern auch um eine einvernehmliche Formulierung des status quo.

Wie der zweite Tag zeigen sollte, war einer der entscheidenden Punkte, die erarbeitet wurden, die Feststellung der beiden Beteiligten, dass es sich – beruflich gesehen – um ein Angestelltenverhältnis handelte, nicht um eine Geschäfts-Partnerschaft.

Da alle Beteiligten nach Erarbeitung der Lösung zu den emotionalen Fragen erschöpft waren, beendete ich an diesem Punkt die 1. Sitzung und verabschiedete die Beteiligten bis zum nächsten Tag, mit der Hoffnung, dass der emotionale Teil etwas verarbeitet wäre, bevor es an das Finden einer Lösung für die finanziellen Fragen gehen würde. Beide nahmen den erarbeiteten Text der Flipcharts mit nach Hause.

Zweite Sitzung

Es erfolgten weitergehende Optionenentwicklung, Gewichtung der Optionen, Entwurf Mediationsvereinbarung und Unterzeichnung.

Nach der Begrüßung (die Beteiligten sahen sich inzwischen an, gaben sich aber noch nicht die Hand) war zunächst zu klären, ob noch Ergänzungen zum gestern Erarbeiteten gewünscht waren. Dies war nicht der Fall. Die Parteien schlugen vor, zuerst die Höhe der offenen Forderungen gemeinsam zu erarbeiten (Vergleich der mitgebrachten Listen und Rechtsanwaltsschreiben). Es ergab sich Folgendes:
1. Von jeder Mediandin wurden eingebracht:
   Karolina: 500,- SFr. (Gebühren für einen Rechtsstreit)
   Susanne: 22.000,- SFr. (Vermögen, Darlehen, Zahlungen)
2. Einnahmen in den zwei Jahren gemeinsamer Tätigkeit: 87.981,85,- SFr.
3. Kosten:
   Karolina: 8.800,- SFr. (Löhne)
   Susanne: 28.992,- SFr. (Löhne)
   allgemeine Kosten 48.700,- SFr.
   Es verblieb somit nach zweijähriger Tätigkeit ein Betrag in Höhe von 1.489,85 SFr.

Noch offen waren Lohnzahlungen an Karolina: Beide Beteiligten waren sich einig, dass Karolina noch 9.800,- SFr. für geleistete Arbeit zustehen würden.

Ich schlug nun vor, zur Frage des Geldes Ideen (auch ausgefallene) zu entwickeln:

Karolina	**Susanne**
– Lohnzahlung	– Bau eines Pavillons für Karolina
– Entlohnung in Möbel	– Geldzahlung
– Status	
– Wertschätzung	
– Verantwortlichkeit	

Beobachtung: Die beiden Beteiligten lachten inzwischen über manche Dinge. Sie redeten auch ganz offen z.B. über ihre jeweilige finanzielle Lage (bei Karolina gefestigt, bei Susanne immer noch nicht optimal).

Gewichtung der Optionen

Zunächst fragte ich, ob sich noch weitere Optionen ergeben hätten, die für die Beteiligten wichtig seien. Dies war nicht der Fall.

Ich bat die Beteiligten zu überlegen, wie sie die Optionen gewichtet haben wollten und welche Optionen ihrem Gerechtigkeitsempfinden entsprechen würden. Dabei ging es nicht um die Bewertung der Optionen der anderen Partei.

Bei der anschließenden Gewichtung der Optionen entbrannte eine Diskussion um die Zahlungsfähigkeit der jeweiligen Beteiligten, die letztendlich zu folgendem Ergebnis führte:

Susanne kommt nach Deutschland und baut Karolina einen achteckigen Meditationspavillon in den Garten. Die Beteiligten einigten sich auf alle Details. Ich wies die Beteiligten darauf hin, dass sie für den Zeitraum der Erstellung der Hütte nochmals zusammenarbeiten und -leben würden. Beide begrüßten dies ausdrücklich als Möglichkeit, auch die emotionale Seite zu bearbeiten und den Konflikt im Frieden zu beenden.

Hypothese: Die Vereinbarung wird Bestand haben, da sie von beiden Beteiligten in intensiver emotionaler Arbeit erarbeitet wurde. Letztendlich war das Geld nicht der entscheidende Faktor des Konflikts.

Mediationsvereinbarung

Die Vereinbarung wurde Schritt für Schritt am zweiten Sitzungstag erstellt. Beide brachten ihre eigenen Formulierungsvorstellungen ein. Darauf aufbauend wurde eine gemeinsam formulierte Vereinbarung erarbeitet und handschriftlich fixiert. Schließlich wurde der Text von beiden abgeschrieben. Jede unterschrieb jeweils die von der anderen geschriebene Vereinbarung.

Es wurde vereinbart, dass die Mediatorin telefonisch benachrichtigt würde, sobald die Meditationshütte fertig sei. Dieser Anruf erfolgte sechs Wochen nach der Mediation von beiden Mediandinnen gemeinsam.

Anmerkung: Die besondere Schwierigkeit in diesem Fall lag darin, dass zwei verschiedene Mediationsfelder zu bearbeiten waren (Misch-Mediation). Die Arbeitsbeziehung zwischen den beiden Frauen wurde von ihrer Liebesbeziehung überlagert. Enttäuschungen, die sie in diesem Bereich erfahren hatten, schlugen sich im Arbeitsbereich nieder. Eine Lösung war nur durch die Bearbeitung beider Ebenen möglich. Die Arbeit auf der Beziehungsebene brachte den entscheidenden Fortschritt für die materielle Ebene.

Es ist der Mediatorin gut gelungen, die verschiedenen Konfliktebenen klar herauszuarbeiten. Die Lösung, die gefunden wurde, ist besonders kreativ und dem beruflichen Hintergrund der Streitparteien angemessen. Das Gesetz hätte eine derartige Lösung nicht vorgesehen.

Den bessren Gründen müssen gute weichen.
(Shakespeare, Julius Cäsar)

Fall 8. Das Abnahmedesaster
Hans-Uwe Neuenhahn

– Wirtschaftsmediation,
– Verteilungskonflikt zwischen Unternehmen,
– Blockmediation an einem neutralen Ort,
– Prozessrisikoanalyse,
– Vertrauliche Einzelgespräche.

Ausgangssituation

In einem Vertrag mit dem deutschen Unternehmen Alpha verpflichtet sich das ausländische Unternehmen Berta, in den Jahren 2006 500.000 Einheiten, 2007 1.000.000 Einheiten und 2008 1.200.000 Einheiten eines vom Marktführer Alpha hergestellten Produktes abzunehmen und außerhalb Europas im eigenen Namen zu vertreiben. Für den Fall der Nichtabnahme soll Firma Berta einen Betrag von 4,25 EUR pro Einheit zahlen. Es kommt zum Desaster bei den Abnahmen: 2006 werden nur 6.297 Einheiten und 2007 400 Einheiten abgenommen. 2008 ist nach Einschätzung beider Parteien keine Abnahme mehr zu erwarten. Daher stellt Berta ihre gesamten Vertriebsaktivitäten wegen Erfolglosigkeit ein.

Die Firma Alpha macht daraufhin gegenüber dem Unternehmen Berta einen Betrag von 12 Mio. Euro für nicht abgenommene Abnahmemengen geltend. Im Gegenzug bestreitet Berta die Wirksamkeit der Abnahmeverpflichtungen, weist auf nicht marktgerechte Preise sowie auf fehlende Mitwirkung von Alpha bei der Vermarktung hin und verlangt ihrerseits für erbrachte Vorleistungen 4 Mio. EUR, mit Vorbehalt einer Erweiterung dieses Betrages auf 10 Mio. EUR. Die für das Projekt zuständigen Abteilungen von Alpha und Berta machen sich gegenseitig für die geringen Abnahmen verantwortlich. Der vertraglich vorgesehene Einigungsversuch zwischen den zuständigen Vorstandsmitgliedern, den Herren Müller bei Alpha und Dupont, dem Eigentümer von Berta, schlägt angesichts der weit auseinander liegenden Positionen fehl. Beide übergeben die Angelegenheit ihren Juristen.

Mediationsklausel im Vertrag

Eine im Ausgang ungewisse gerichtliche Auseinandersetzung könnte bei zwei Instanzen Verfahrenskosten von knapp 1 Mio. EUR verursachen. Da die Parteien für den Fall von Meinungsverschiedenheiten eine sog. Mediationsklausel vereinbart haben, erklären sie sich zu einer Mediation bereit und einigen sich auf einen von einer Bank empfohlenen Mediator. Sie schließen mit dem Mediator einen Mediationsvertrag unter Einbeziehung der Verfahrensordnung des Europäischen Instituts für Konfliktmanagement e. V – EUCON (zu dessen Aktivitäten siehe *www.eucon-institut.de*). Mit einem ausführlichen Informationsblatt über das Wesen der Mediation, die Rollen der Parteien, der Anwälte, des Mediators, die Zukunftsorientierung der Mediation und die sog. Beste Alternative stimmt der Mediator über die mündlich gegebenen Erläuterungen zur Mediation hinaus die Parteien auf dieses für sie ungewohnte Verfahren ein.

Konfliktanalyse des Mediators

Wirtschaftsmediationen werden meistens schriftlich vorbereitet. Hierzu erbittet der Mediator jeder Partei vorab eine schriftliche Darlegung des Konflikts aus ihrer Sicht. Die Parteien werden dabei angehalten, nicht zu umfangreich vorzutragen, wobei ihnen freigestellt wird, Anlagen beizufügen. Die erbetenen Stellungnahmen übersenden der Justitiar von Alpha und der Anwalt von Berta fristgemäß dem Mediator und entsprechen gleichzeitig dessen Bitte, alle übersandten Unterlagen jeweils auch der anderen Partei zu übersenden. Dieses Prinzip dient der Wiederherstellung der Kommunikation zwischen den Parteien und vor allem dem Vertrauensaufbau der Parteien untereinander und auch zum Mediator. Gleichzeitig erhält der Mediator auf seine Bitte hin vertrauliche, nur für ihn bestimmte Angaben einer jeden Partei über deren Interessen, mögliche Einigungshindernisse, alternative Entscheidungsmöglichkeiten, erfolgte Einigungsversuche und mögliche Lösungsoptionen. Jeder Partei wird damit Gelegenheit gegeben, dem Mediator vertraulich mitzuteilen, was für sie im Hinblick auf den Konflikt besonders wichtig ist. Erfahrungsgemäß machen die Parteien hiervon gerne Gebrauch und akzeptieren – wie auch hier – diese vertrauliche Information des Mediators, da diese Möglichkeit jeder Partei eingeräumt wird.

Die Vorinformationen lassen die persönlichen Animositäten zwischen den Herren Müller und Dupont erkennen. Sie haben den Vertrag persönlich verhandelt und lasten sich nun gegenseitig persönlich den fehlenden Markterfolg an. Beide Seiten sind über das Verhalten des jeweils anderen enttäuscht und fühlen sich betrogen. Wegen der bevorstehenden Übernahme der Kapitalmehrheit an Berta durch einen Investor einerseits und des künftigen Direktvertriebs der betreffenden Produkte durch Alpha andererseits sind für den Mediator keinerlei Win/Win-Ansätze für eine weitere gemeinsame Zusammenarbeit zu erkennen. Es zeichnet sich somit neben dem Beziehungskonflikt ein Verteilungskonflikt ab, d.h. was der eine bekommt, muss der andere bezahlen (sog. Nullsummenspiel).

Vorbereitung der Mediationssitzung

Angesichts des bestehenden Verteilungskonflikts ist eine sorgfältige Vorbereitung des Mediators erforderlich. Er bereitet sich darauf vor, die Parteien durch Visualisierung beim Umgang mit der erkennbaren Komplexität des Konflikts zu unterstützen und ihnen dadurch eine sachgerechte Entscheidung zu ermöglichen. In einer software-gestützten Mindmap stellt er die Streitpunkte wie Verbindlichkeit der Abnahmen, Preissituation, Qualitätsstandards, Wettbewerb mit anderen Händlern, Zusammenwirken von Alpha und Berta etc. dar. Mittels Beamer möchte er diese Darstellung in die Mediationssitzung als Erörterungsgrundlage mit den Parteien einführen. Der Mediator geht davon aus, dass neben einer Bearbeitung des Beziehungskonflikts die Unterstützung der Parteien auch in der realistischen Einschätzung ihrer Prozessaussichten erforderlich sein wird. Ein vielfach anzutreffender Überoptimismus der Parteien hinsichtlich ihrer Erfolgsaussichten im Prozess hindert oftmals eine Einigung. Durch eine realistische sog. Beste Alternative im Falle einer Nichteinigung in der Mediation soll der Einigungsspielraum in der Mediation vergrößert werden. Der Mediator überlegt sich Fragen zur AGB-Anwendbarkeit, Anspruch auf Marge oder Umsatz, Darlegungs- und Beweislasten und anderes mehr, die er den Parteien in der Mediation stellen wird. Auch hier verwendet er das Mindmapping-Programm zur Darstellung der rechtlichen Fragen und einschlägigen Urteile. Die Prozessanalyse wird voraussichtlich ein wichtiges Instrument für die im Mediationsvertrag vereinbarten Einzelgespräche sein, in denen es um den sog. Reality-Check mit der jeweiligen Partei und deren juristischen Berater geht.

Methode: Mit der Verwendung von Mindmap-Programmen, bei denen auch die Beifügung von Dokumenten möglich ist, kann der Mediator relevante Fakten für die Medianden visualisieren und bei Bedarf ergänzen.

Angesichts der Komplexität des Konfliktes soll eine Prozessrisikoanalyse helfen, die Parteien zu einer realistischen Beurteilung und zum Erkennen einer Einigungszone zu führen. Eine solche Analyse zeigt in einer Baumstruktur die möglichen Ausgänge eines Zivilprozesses auf und ermöglicht dadurch den Parteien den Umgang mit rechtlicher Komplexität und darüber hinaus durch Ansatz von Wahrscheinlichkeiten die Quantifizierung durchsetzbarer Ansprüche. Sie erleichtert damit den Parteien den Vergleich eines möglichen Mediationsergebnisses mit dem eines Prozesses. Dies führt erfahrungsgemäß zum Abbau des sog. Überoptimismus der Parteien hinsichtlich des vermeintlichen Ausgangs eines Zivilprozesses und hält die Parteien in der Mediation.

Taktische Manöver

Unter Hinweis auf die Notwendigkeit der Teilnahme von Entscheidungsträgern an der Mediationssitzung kann der Mediator die persönliche Teilnahme von Herrn Müller, unterstützt vom Alpha-Justitiar, und von Herrn Dupont, begleitet von seinem Anwalt, erreichen. Die Terminfindung ist durch die Terminkalender der Entscheidungsträger, aber auch durch taktisches Verhalten von Herrn Dupont und seinem Anwalt erschwert. Nach zahlreichen E-Mails und Telefonaten kann schließlich ein gemeinsamer Termin in einem Hotel an einem neutralen Ort vereinbart werden.

Um sich kennen zu lernen, soll auf Vorschlag des Mediators am Vorabend ein gemeinsames Abendessen stattfinden. Am Nachmittag ruft der Anwalt von Herrn Dupont überraschend an und teilt mit, dass sein Mandant unpässlich sei und daher an der Mediationssitzung nicht teilnehmen könne. Da die andere Partei schon im Anflug ist, kann der Mediator den Anwalt schließlich überzeugen, dass sein Mandant im Falle einer nachhaltigen Unpässlichkeit im Hotelzimmer bleiben könne, jedoch durch die Anreise seinen guten Willen zeigen würde. Pünktlich zur vereinbarten Zeit erscheint Herr Müller mit seinem Justitiar und ist sehr erstaunt, dass die Gegenseite nicht da ist. Er räumt der Gegenseite eine halbe Stunde Nachzeit ein, nach deren Ablauf er nicht mehr verfügbar sei. Die Mediation steht auf der Kippe. Herr Dupont trifft doch noch kurz vor dem Abendessen ein. Er ist mit seinem Privatflugzeug aus dem Ausland gekommen. Das gemeinsame Abendessen ist gerettet. Dennoch bleibt die Situation während des Abendessens angespannt und der übliche Smalltalk gestaltet sich schwierig. Als es um die Kosten des Abendessens geht, ist zunächst keine Partei bereit, diese zu übernehmen. Schließlich erklärt sich Herr Müller bereit, diese zu übernehmen, wenn Herr Dupont bereit ist, die Kosten des Mittagessens am nächsten Tag zu übernehmen. Diesem Vorschlag stimmt Herr Dupont zu. Ohne es zu merken, haben die Parteien eine mediative Lösung zumindest hinsichtlich dieser Rechnungen gefunden.

Vormittag der Mediationssitzung

Am nächsten Morgen erscheint Herr Dupont pünktlich und verhandlungsbereit um 8.30 Uhr zur Mediationssitzung. Die Atmosphäre ist gespannt, zumal beide Parteien der Mediation gegenüber skeptisch sind und enge Terminkalender haben. Der Mediator bittet zunächst jede Partei um eine Darstellung, wie sich der Konflikt aus ihrer Sicht darstellt und lässt offen, wer beginnen soll. Daraufhin beginnt Herr Müller mit seiner Darstellung. Er wird jedoch sofort vom gegnerischen Anwalt unterbrochen. Unter Hinweis auf die vereinbarten Spielregeln gelingt es dem Mediator, dass Herr Müller seine Sicht ohne Unterbrechung darstellen kann. Der Mediator wiederholt diese Darstellung und fragt bei Unklarheit nach. Dann erhält

Herr Dupont das Wort. Anstelle von Herrn Dupont antwortet sein Anwalt
mit einer rechtlich orientierten Darstellung. Es zeigt sich, dass der Anwalt
positional und den Konflikt verschärfend agiert. Nach den Ausführungen
des Anwalts gelingt es dem Mediator schließlich mit dem Hinweis, ihn
interessiere auch die persönliche Sicht von Herrn Dupont, diesen in die
Darlegung des Konflikts einzubeziehen. Die erste Hürde der Mediationssitzung ist genommen. Schwierig wird es bei der Festlegung der Konflikt-
agenda. Herr Müller möchte sich ausschließlich auf das erste Lieferjahr beschränken. Der Anwalt von Herrn Dupont erklärt, wenn nicht alles auf den
Tisch komme, mache die Mediation für Berta keinen Sinn. Der Mediator
schlägt Herrn Müller vor, sich auf eine Erörterung der gesamten Lieferbe-
ziehung zumindest zu Beginn der Mediation einzulassen. Er könne in jeder
Phase der Mediationssitzung das Thema von sich aus beschränken und ggf.
auch die Mediation beenden. Damit hätte Herr Müller das Heft in der
Hand, aber auch die Chance, zu einer auch in seinem Interesse liegenden
Gesamtlösung zu kommen. Hierauf willigt Herr Müller in die Behandlung
sämtlicher mit der vereinbarten Lieferung zusammenhängenden Themen
ein. Er wird auf die Einzelbetrachtung im Laufe der Mediationssitzung
nicht mehr zurückkommen. Einzelgespräche mit den Parteien brauchten
somit in dieser Phase der Mediation noch nicht geführt zu werden. Damit
ist der Weg für die Erörterung der am Flipchart festgehaltenen Konflikt-
punkte in der vereinbarten Reihenfolge frei. Dabei geht es dem Mediator
primär darum, die Beziehungsstörungen zwischen Herrn Müller und Herrn
Dupont zu bearbeiten und möglichst zu bereinigen, ohne dass er dies ausdrücklich anspricht. Erklärungen zu den jeweiligen Konfliktpunkten erbittet
der Mediator zunächst nur ihm gegenüber. Anschließend lässt er das streiti-
ge Gespräch zwischen den Parteien zu, wobei der Anwalt von Herrn Dupont immer mehr in den Hintergrund tritt und stattdessen Herr Dupont die
Erörterung übernimmt. Es zeigt sich, dass Herr Müller und Herr Dupont
vor Projektbeginn mit großer Wertschätzung fachkompetent zusammenge-
arbeitet haben. Sie erkennen, dass sie beide tatkräftig die Umsetzung des
Projektes in ihren jeweiligen Unternehmen eingeleitet haben, aber die unterschiedlichen Markt- und Produktkenntnisse vor Projektabschluss nicht
genügend kommuniziert worden waren und vor allem die jeweiligen Pro-
jektleiter überfordert waren. Es gelingt, die beidseitigen Enttäuschungen
abzubauen und die Beziehung zwischen Herrn Müller und Herrn Dupont
zu verbessern. Dies zeigt sich auch daran, dass Herr Dupont in dieser Phase
seinen Anwalt nicht mehr zu Wort kommen lässt.

Methode: Auch bei Wirtschaftskonflikten gilt die Erkenntnis, dass ohne
eine Verbesserung auf der Beziehungsebene eine Klärung auf der Sachebene nicht möglich ist. Somit hat die Bearbeitung der Beziehungsebene Vor-
rang.

Nun ist der Weg frei für die Erörterung der finanziellen Konsequenzen der unstreitig geringen Abnahmemengen. Themen sind die vertraglich festgelegte Abnahmepflicht versus bloße Absichtserklärung, eine Umsatzzahlung versus Zahlung einer Gewinnmarge, sowie Schadensersatzansprüche wegen nutzloser Aufwendungen und entgangenen Gewinns. Die gegenseitigen Interessen werden jedoch nicht offen gelegt. Am Flipchart kann der Mediator trotz intensiver Befragung jeder Partei nur festhalten, dass Herr Müller das Interesse hat, eine Zahlung von 12 Mio. EUR zu bekommen und Herr Dupont nur an einer Zahlung von 4 Mio. EUR plus interessiert ist. Damit haben beide Parteien lediglich ihre Positionen dargelegt. Die fehlende Offenlegung der eigentlichen Interessen entspricht einem rein strategischen Verhalten der Parteien, die sich nicht in ihre Karten schauen lassen wollen. Dies ist bei einem reinen Verteilungskonflikt im Wirtschaftsleben nicht unüblich. Für den Mediator bestätigt sich seine Vermutung, dass dieser Konflikt nur durch vertrauliche Einzelgespräche mit den Parteien gelöst werden kann.

Nachmittag der Mediationssitzung

Nach dem gemeinsamen Mittagessen in persönlich guter Atmosphäre werden die Ansprüche weiter erörtert. Um den Parteien zu zeigen, dass es jetzt zur Entscheidung in der Sache geht, hat der Mediator das Mediationssetting verändert. Am Vormittag saßen neben ihm die Parteien und neben diesen deren Juristen. Nunmehr wechselt er an die andere Seite des Konferenztisches, so dass die Justiziare neben ihm sitzen. Der Mediator verdeutlicht am Beamer die anstehende Entscheidungssituation, verbunden mit Hinweisen auf die Notwendigkeit einer realistischen Beurteilung der jeweiligen besten Alternative. Gleichzeitig stellt er ihnen die Benchmarks (Liquidität, keine öffentliche Auseinandersetzung, Vermeiden von Transaktionskosten etc.) einer Konfliktlösung im wirtschaftlichen Bereich dar, die bei der anstehenden Entscheidung über Einigung/Nichteinigung einzubeziehen sind. Ferner verdeutlicht er anhand einer Prozessrisikoanalyse jede in Betracht kommende Ergebnisvariante, ohne jedoch eine prozentuale Bewertung der einzelnen Unsicherheitspunkte vorzunehmen. Diese Interventionen sollen die Parteien motivieren, sich eine Einigung gründlich zu überlegen und vor allem nicht leichtfertig in einen Prozess zu gehen. Der Anwalt von Herrn Dupont, der wiederholt darauf hingewiesen hatte, dann gehe man eben „über die Straße zu Baker & McKenzie", zeigt sich zunehmend beeindruckt und unterlässt nunmehr vordergründige Hinweise. Dennoch verhalten sich die Parteien weiterhin strategisch und zeigen sich nicht kompromissbereit. Darauf bittet der Mediator beide Parteien um die vorher vereinbarten vertraulichen Einzelgespräche.

Einzelgespräche

Er beginnt mit Herrn Müller und dessen Justitiar, der bisher noch keine Ausführungen gemacht hatte. Herr Dupont und sein Anwalt werden gebeten, sich währenddessen Gedanken über Lösungsoptionen zu machen und sich telefonisch abrufbereit zu halten. Mit den Vertretern von Alpha hinterfragt er ausführlich das mögliche Ergebnis eines Gerichtsverfahrens unter Einbeziehung der Verfahrens- und Transaktionskosten anhand der Struktur seiner Prozessrisikoanalyse. Dies führt zu einer eingehenden Abwägung der Chancen und Risiken der Prozessalternative durch Herrn Müller und dessen Justiziar, wobei Herr Müller sehr nachdenklich wird, ob Alpha gerichtlich seinen behaupteten Anspruch auf Umsatz in Höhe von 12 Mio. EUR durchsetzen kann oder ob ihm das Gericht nicht nur den entgangenen Gewinn zuspricht. Auch sein Justiziar wird nachdenklich. Es zeigt sich, dass Alpha kein Interesse an einem öffentlichen Gerichtsverfahren hat, in dem vor Wettbewerbern vertrauliche Informationen ausgebreitet werden müssten. Auch die vermeidbaren Verfahrenskosten von bis zu 1,5 Mio. EUR sowie der Zeitfaktor der Konfliktlösung berühren die Interessen von Alpha, obwohl sie im Plenum nicht genannt worden waren. Am Ende der Erörterung stellt der Mediator die Frage, wie es jetzt weitergehen soll. Hierauf stellt Herr Müller fest, dass er die Mediation nicht fortsetzen könne, wenn sich Berta nicht zu einer substanziellen Zahlung bereit finde. Auf Frage des Mediators, was für ihn substanziell sei, nennt er eine dem entgangenen Gewinn entsprechende Zahlung von mindestens 700.000 EUR. Zum Schluss dieses Einzelgespräches bittet der Mediator die Vertreter von Alpha, sich Gedanken über Lösungsoptionen zu machen und sich abrufbereit zu halten.

Im anschließenden Einzelgespräch mit Berta erörtert der Mediator ebenfalls intensiv die rechtliche Situation und hinterfragt dabei kritisch die Rechtspositionen von Berta. Dabei geht es insbesondere um die Wirksamkeit der Abnahmeverpflichtung, die Dupont mehr als Gentlemen's Agreement ansieht. Auch stellt der Mediator die behauptete Gegenforderung von 4 Mio. EUR in Frage. In diesem Einzelgespräch antwortet der Anwalt von Berta sachlicher und verzichtet auf allgemeine Feststellungen. Während der Anwalt die Fragen des Mediators beantwortet, ist für den Mediator erkennbar, dass Herr Dupont aufmerksam die Erörterung verfolgt und dabei seine Prozessaussichten abwägt. Am Schluss dieser Erörterung, bei der auch die möglichen Verfahrenskosten von bis zu 1,5 Mio. EUR von Alpha wohl erstmalig erkannt werden, fragt der Mediator Herrn Dupont, wie es weitergehen soll. Dieser fragt seinerseits den Mediator, wie er die Haltung von Alpha einschätze. Ermächtigt durch Alpha nennt der Mediator einen Mindestbetrag von 700.000 EUR, andernfalls sei nicht auszuschließen, dass Alpha die Ankündigung wahr mache, die Mediation abzubrechen. Herr Dupont nimmt dies zur Kenntnis und stellt die Frage nach dem weiteren Verlauf der Mediation. Der Mediator teilt mit, dass er im Anschluss an diese

Einzelgespräche wiederum das Plenum einberufen werde. Er werde zu Beginn der Plenumssitzung beide Parteien um Mitteilung bitten, ob und wenn ja, zu welcher Lösung sie bereit seien. Er empfiehlt den Vertretern von Berta, sich intern zu beraten und ihm dann die Fortsetzung im Plenum zu signalisieren.

Einigung im Plenum

Eine halbe Stunde später wird die Mediation im Plenum fortgesetzt. Der Mediator eröffnet die Plenumssitzung mit dem Hinweis, dass die Mediation nunmehr in die entscheidende Phase eingetreten sei. Es gehe jetzt darum, ob die Parteien sich einigen können oder ob die Mediation beendet werden müsse. Zunächst meldet sich keine Partei zu Wort, die Spannung steigt spürbar. Dennoch unterbricht der Mediator das Schweigen der Parteien nicht. Schließlich meldet sich Herr Dupont zu Wort und stellt fest, dass Berta sich ohne Präjudiz eine Zahlung von 800.000 EUR an Alpha bei Verzicht auf deren weitergehende Forderungen vorstellen könne. Ohne zu zögern bejaht Alpha diesen Lösungsweg. Auf die Frage des Mediators nach dem weiteren Schicksal des Liefervertrages stellen beide Parteien fest, dass dieser Vertrag damit einvernehmlich ohne weitere gegenseitige Rechte und Pflichten beendet sei. Darauf erklärt sich Herr Dupont zur Überraschung von Herrn Müller und des Mediators bereit, die gesamten Mediationskosten statt nur seines hälftigen Anteils zu übernehmen. Der Mediator hält alle Ergebnisse am Flipchart fest. Die Parteien vereinbaren des Weiteren Zahlungszeitpunkte und Vorbehalte für die Zustimmung ihrer Aufsichtsorgane. Beide Juristen werden beauftragt, die vertragliche Formulierung der Mediationsvereinbarung vorzunehmen. Die Mediationssitzung wird einvernehmlich um 17 Uhr beendet.

Ergebnis

Bei einvernehmlicher Beendigung des Liefervertrages verzichtet die Firma Alpha gegen Zahlung einer sofort fälligen, an der entgangenen Gewinnmarge orientierten Vergleichssumme in Höhe von 800.000 EUR auf seine Abnahmerechte bei gleichzeitigem Verzicht von Firma Berta auf Schadensersatzansprüche in Höhe von 4 Mio. EUR und vorbehaltener Erweiterung auf 10 Mio. EUR. Firma Berta zahlt die Vergleichssumme zeitgerecht an Firma Alpha, womit der Vergleich wirksam wird. Beide Parteien sind mit dem Ergebnis der Mediation sehr zufrieden. Die Parteien waren vom Mediationsverfahren angenehm überrascht. Weder die Parteien noch deren Juristen kannten die Mediation und räumten ein, dass sie sich ohne die Mediationsklausel im Vertrag nicht auf dieses Verfahren eingelassen hätten.

Nachträgliche Gefährdung der Vertragsvereinbarung

Beide Parteien haben auf das sog. Eintextverfahren verzichtet, wonach der Mediator die Vereinbarung entwirft und weitergehende Anregungen der Parteien einarbeitet. Vierzehn Tage später erreicht den Mediator ein verzweifelter Anruf des Justiziars von Alpha, der von einem Streit über zu zahlende Mehrwertsteuer berichtet. Es gelingt dem Mediator, diesen Punkt einer Einigung zuzuführen. Acht Tage später verkündet Berta die Übernahme der Kapitalmehrheit durch einen Investor.

Anmerkung: Das Mediationsverfahren dauerte drei Monate und konnte in einer eintägigen Mediationssitzung abgeschlossen werden. Verfahrenskosten von bis zu 1,5 Mio. EUR konnten vermieden werden. Wichtig waren die Teilnahme der Entscheidungsträger beider Firmen und die Bereinigung ihrer Beziehungsstörungen. Hilfreich war auch die intensive Vorbereitung des Mediators auf rechtliche Fragen und die Erstellung einer Prozessrisikostruktur, die zum Abbau des Überoptimismus beider Parteien hinsichtlich ihrer rechtlichen Alternative geführt hat. Damit konnte der Mediator eine Einigungszone für die Parteien eröffnen. Ohne die vertraulichen Einzelgespräche wäre ein Erfolg nicht möglich gewesen. Die eigentliche Mediationssitzung betrug nur $\frac{1}{5}$ der Gesamttätigkeit des Mediators.

> Dein Ohr leih jedem, wenigen deine Stimme,
> nimm Rat von allen, aber spar dein Urteil.
> *(Shakespeare, Hamlet)*

Fall 9. Hotel Seeblick
Elisabeth Kurzweil

– Mediation auf dem Gebiet des Gesellschaftsrechts,
– Bereits bei Gericht anhängiger Streit zwischen fünf Gesellschaftern eines Hotelbetriebs,
– Mehrparteien-Mediation durch eine Güterichterin,
– Gutes Beispiel dafür, dass eine Zwischenlösung für den Moment die beste Lösung sein kann.

Sachverhalt

Rechtsanwalt Taler reicht Klage beim Landgericht München I ein. Seine Mandanten, Dr. Berg und Herr von Hausern sind zu je 20 % Mitgesellschafter einer OHG, die das Hotel Seeblick im Nordosten von Berlin betreibt. Es handelt sich um ein 4-Sterne-Haus direkt am See, romantisch gelegen, mit eigenem Bootshaus und neu errichtetem Wellnessbereich in herrlicher Landschaft. Das Haus war zu DDR-Zeiten Erholungsort für die damalige Politprominenz.

Dr. Berg und Herr von Hausern hatten das Haus vor zehn Jahren mit erheblichen Zuschüssen durch das Land Brandenburg gemeinsam mit den Herren Meyer, von Falkenstein und Winter erworben, die ebenfalls je 20 % der Gesellschaftsanteile halten. Der seinerzeit unterzeichnete Gesellschaftervertrag sieht vor, dass nur in Ausnahmefällen Gesellschafterbeschlüsse mit einer ¾-Mehrheit zu fällen sind. Andernfalls gilt die einfache Mehrheit.

Die Gesellschafter haben im Laufe der Jahre mehrfach Gelder in erheblichem Umfang in die Gesellschaft einbringen müssen, um deren Überleben zu sichern. Von Beginn an schreibt die Gesellschaft Verluste. Mittlerweile haben sämtliche Gesellschafter 1 Mio. EUR zusätzlich eingebracht. Im Jahr 2006 sind erhebliche Umbaumaßnahmen vorgenommen worden. Es wurden zusätzlich 20 Zimmer geschaffen. Der Wellnessbereich wurde neu eröffnet. Dennoch wurden erneut nur Verluste geschrieben. Nach derzeitiger Sachlage ist zu erwarten, dass auch 2008 jeder Gesellschafter weitere 100.000,- EUR zusätzlich in die Gesellschaft einbringen muss. Herr Winter, der im Bankgeschäft tätig ist, verhandelt derzeit mit den kreditgebenden Banken. Es geht um Tilgungsaussetzung und Verlängerung der offenen Kredite. Die Banken fordern ein schlüssiges Sanierungskonzept als Voraussetzung für weiteres Engagement. Die Gesellschafter sind sich einig, dass Insolvenz angemeldet werden muss, wenn nicht in Kürze etwas geschieht.

Das Haus hatte über die Jahre mehrere Hoteldirektoren, die jedoch wenig erfolgreich waren. Seit etwa drei Jahren ist eine frühere Angestellte, die engagierte junge Frau Wellendorf, Hoteldirektorin. Sie macht ihre Sache nicht schlecht, ist jedoch noch relativ unerfahren. Sie ist seit Neuestem mit dem Küchenchef liiert.

In dieser Situation sind die Gesellschafter, die sämtlich anderweitig beruflich engagiert sind, übereingekommen, dass professionelle Hilfe von außen erforderlich ist, bevor die Banken ihrerseits einen Unternehmensberater vorschreiben. Zudem stellt das Hotel für einige der Gesellschafter die Altersversorgung dar.

Ins Gespräch kam die renommierte Beraterfirma Gastro und der dem Gesellschafter Meyer persönlich bekannte Herr Styx, der selbst Geschäftsführer mehrerer Hotels der Kette Alpha ist und als solcher in den letzten Jahren große Erfolge erzielte. Er ist ein Mann der Praxis und eigentlich kein Unternehmensberater. Nach kontroversen Diskussionen beauftragten die Gesellschafter mit Beschluss vom 30.5.2006 Herrn Styx, als Berater bis 31.12. 2007 tätig zu sein. Die Entscheidung wurde mit der Mehrheit der Stimmen von den Herren Meyer, von Falkenstein und Winter gefällt.

Herr Styx versuchte in der Folgezeit, im Bereich Marketing und Verkauf die Weichen anders zu stellen, insbesondere stellte er das Hotel als Partnerhotel der Alpha-Kette in verschiedenen Flyern dieser Kette dar. Dr. Berg, der Hotelfachmann ist und bisher die Zielrichtung des Hotels maßgeblich vorgab, sowie von Hausern, der Unternehmensberater von Beruf ist, halten die getroffenen Maßnahmen jedoch für komplett untauglich. Sie haben den Eindruck, dass die Geschicke des Hotels nunmehr an ihnen vorbei von Styx geleitet werden und sie keine Einflussmöglichkeiten mehr haben, obwohl sie erheblich finanziell engagiert sind. Nachdem sie mit der Beauftragung von Styx nicht einverstanden waren und dieser nun Entscheidungskompetenzen besitzt, sind sie der Meinung, dass eine Beauftragung von Styx nur mit ihrer Zustimmung hätte erfolgen dürfen, folglich der gefällte Gesellschafterbeschluss nichtig sei. Dies möchte nun Rechtsanwalt Taler beim Landgericht München I festgestellt wissen.

Nach Zustellung der Klage meldet sich für die Gesellschafter Meyer, von Falkenstein und Winter Rechtsanwalt Glück bei Gericht. Er beantragt, die Klage abzuweisen, weil sich aus dem Gesellschaftervertrag nicht ergebe, dass für eine derartige Entscheidung eine ¾-Mehrheit notwendig sei.

Beteiligte

Gesellschafter:	Dr. Berg (RA Taler)
	von Hausern (RA Taler)
	Meyer (RA Glück)
	von Falkenstein (RA Glück)
	Winter (RA Glück)
Hoteldirektorin:	Frau Wellendorf
Unternehmensberater:	Herr Styx

Rechtsanwälte: Taler

                             Glück

Prozessgeschichte

Richter Friedlich, der über den Fall zu entscheiden hat, ist nach Durchsicht der Akte der Auffassung, dass hier zwischen den Parteien weitergehende Konflikte vorliegen und ihnen mit einer Entscheidung allein über den Gesellschafterbeschluss wenig geholfen ist. Er übersendet die Akte daher an seine Kollegin Sonntag in die Mediationsabteilung des Gerichts zur Prüfung. Richterin Sonntag, die zusätzlich als Mediatorin ausgebildet worden ist, prüft, ob hier eine Mediation sinnvoll wäre. Sie schließt sich der Meinung ihres Kollegen an und bietet den Rechtsanwälten an, ein Mediationsgespräch mit den Gesellschaftern in Kürze durchzuführen.

Bei der Rücksprache mit ihren Mandanten erfahren diese, dass die Sache mittlerweile dränge. Die Hoteldirektorin hat erfahren, dass die Gesellschafter über die Leistung und die Vorschläge des Styx uneins sind. Sie ist verunsichert, wie sie sich verhalten soll und versorgt Styx daher nur spärlich mit den von ihm verlangten Daten. Auf die Umsetzung seiner Vorschläge geht sie nur zögerlich ein. Sie will es sich mit keinem der Gesellschafter verderben, da sie das Hotel als ihre große Chance sieht. Außerdem sieht sie, nachdem sie mit dem Küchenchef eine Verbindung eingegangen ist, hier eine Möglichkeit, Beruf und Privates ideal zu verbinden. Vor diesem Hintergrund hat sich im Hotel Seeblick trotz der Maßnahmen des Styx wenig verändert. Die Lage ist ernst.

Die Prozessvertreter sind nun der Meinung, nur durch ein klärendes Gespräch in einer Mediation könne schnelle Abhilfe geschaffen werden. Bei einem Urteil ist, egal wie es lautet, mit einem Rechtsmittel durch die Gegenseite zu rechnen. Vor Ablauf von mindestens einem Jahr kann daher über die Beauftragung bzw. Freistellung des Styx keine Klarheit erreicht werden.

Die Gesellschafter einigen sich schließlich auf Bitten der Mediatorin auf einen Gesprächstermin noch im Dezember 2007.

Mediation

Das Gespräch findet im Mediationsraum des Gerichts am runden Tisch bei Kaffee, Wasser und Gebäck statt.

Zu Beginn erklärt die Mediatorin, dass sie zwar Vorsitzende Richterin einer Kammer für Handelssachen ist, aber heute nicht als Richterin, sondern als Mediatorin anwesend ist, den Fall also nicht zu entscheiden hat. Die Regeln der Zivilprozessordnung gelten nicht, alles Gesprochene werde vertraulich behandelt. Sie erläutert, den Ablauf der Mediation (Bestandsaufnahme, Darstellung der Interessen und Anliegen der Parteien, Suche nach theoretischen Lösungsmöglichkeiten, Bewertung dieser Möglichkeiten,

Einigung). Dabei erklärt sie auch, dass sie am Ende des Gesprächs als Güterichterin einen gerichtlichen Vergleich protokollieren könne.

Die Gesellschafter schildern zunächst das Vorgefallene und geraten darüber alsbald heftig in Streit. Insbesondere Herr Meyer und Herr von Hausern streiten sich ständig, fallen sich ins Wort und beschimpfen sich gegenseitig lautstark. Herr Meyer und Herr von Falkenstein drohen mehrfach an, den Raum zu verlassen, da sie die Dominanz des Herrn von Hausern nicht mehr ertragen könnten. Von Hausern macht seinem Herzen Luft, Styx sei völlig ungeeignet. Er habe bisher schlicht gar nichts erreicht. Nachvollziehbare Konzepte lägen nicht vor. Außerdem sei es unerträglich, dass Styx das Hotel in den Werbemitteln der Alpha-Kette mit vermarkte. Dies sei eine Herabsetzung des Hauses. Qualität und Niveau seien gefragt, nicht billige Massenabfertigung, wie sie die Alpha-Kette betreibe. Dr. Berg betont, die Rechtsfrage müsse unbedingt sofort von der Mediatorin entschieden werden, nur darauf komme es ihm an. Es könne ja nicht sein, dass er nicht gefragt werde, wenn es um seine Altersversorgung gehe.

Hier muss die Mediatorin nochmals verdeutlichen, dass sie nicht als Richterin fungiert und es auf ihre Rechtsmeinung nicht ankommt, sie vielmehr nur den Parteien helfen wolle, eigenständig den Konflikt zu lösen.

Meyer fällt den Beiden ständig ins Wort. Wie solle etwas vorangehen, wenn Herr von Hausern und Dr. Berg gemeinsam mit der Hoteldirektorin Styx dauernd bremsen würden. Er habe diesen ausgezeichneten Mann mühsam überredet, diese Aufgabe zu übernehmen. Styx habe in seinen Hotels nur Erfolge zu verzeichnen. Es könne doch nicht schaden, mit Alpha vermarktet zu werden. Das bringe Geld, welches bitter nötig sei. Er wolle endlich wieder ruhig schlafen können. Herr von Falkenstein wirft ein, die anderen sollen doch mal sagen, wie sie sich die Rettung des Hotels vorstellen würden, wenn nicht mit Styx. Daraufhin schließt Herr von Hausern seine Akten mit der Erklärung, diesem Vorschlag werde er nie zustimmen.

Die Mediatorin lässt die Parteien zunächst einfach reden. Alle sollen zu Wort kommen. Alle können ihren Standpunkt erläutern. Es besteht auch die Möglichkeit, dem Ärger Ausdruck zu verleihen. Wenn der Mediator zu erkennen gibt, dass er die Probleme jedes Einzelnen verstanden hat, ist die Grundlage geschaffen, Fakten von Emotionen zu trennen, und den Blick vom Geschehenen in die Zukunft zu richten.

Nachdem die Mediatorin die Runde gebeten hat, vorerst nur Fakten zu sammeln, beruhigt sich die Atmosphäre etwas. Herr Winter schildert noch den Stand der Verhandlungen mit den Banken und weist darauf hin, dass jede unüberlegte Veränderung, sei es seitens des Beraters oder der Hoteldirektion, die Banken irritiere. Nach etwa einer Stunde haben alle Beteiligten schließlich ihre Sorgen und Nöte dargestellt. Die wichtigsten Punkte wurden von der Mediatorin auf der Flipchart festgehalten.

Verhandlungspunkte
- Eignung des Beraters,
- Kommunikation zwischen den Gesellschaftern,
- Eignung der Geschäftsführer,
- Eignung der Hoteldirektorin,
- Sanierung der Finanzen,
- Vermarktungsstrategien,
- Auftreten der Gesellschafter gegenüber der Hotelleitung,
- Festlegung der notwendigen Mehrheiten für Gesellschafterbeschlüsse.

Nach einer kurzen Pause bittet die Mediatorin nun die beiden Lager, sich kurz vorzustellen, die andere Seite zu sein. Sie sollen auf ein Blatt notieren, was sie an deren Stelle tun würden. Die Ergebnisse werden schließlich - ausgetauscht und kommentiert. Beim Notieren auf die Flipchart stellt sich heraus, dass die Interessen der Parteien identisch sind. Alle wollen so schnell wie möglich in die Gewinnzone, wollen die Bankgespräche nicht gefährden, sind überzeugt, dass die Hoteldirektorin externe Hilfe benötigt, und wünschen sich verbesserte Kommunikation zwischen den Gesellschaftern.

Auf dieser Basis werden nun theoretische Lösungsmöglichkeiten gesucht. Der Verkauf des Hotels, dessen Verpachtung, der Verkauf einzelner Anteile, Veränderung des Gesellschaftervertrages, Neuordnung der Geschäftsführung, Styx als Geschäftsführer, Einsatz eines neuen Beraters sowie Einsatz einer neuen Direktorin werden als Möglichkeiten genannt.

Optionen
- Verpachtung des Hotels,
- Verkauf des Hotels,
- Verkauf einzelner Anteil der Gesellschaft an Gesellschafter oder Dritte,
- Berufung neuer Geschäftsführer,
- Änderung der Kompetenzen der Geschäftsführer,
- Berufung des Styx zum Geschäftsführer,
- Beauftragung eines neuen Beraters,
- Einsatz einer neuen Hoteldirektorin,
- Beibehaltung von Styx,
- Änderung des Gesellschaftervertrages,
- Befristung des Vertragsverhältnisses mit Styx,
- Konkrete Regelung der notwendigen Mehrheiten,
- Steigerung des Umsatzes durch ein neues Konzept.

Nachdem keinem der Beteiligten weitere Optionen einfallen, werden die einzelnen Möglichkeiten durchgesprochen. Schnell erweist sich, dass der Verkauf bzw. die Verpachtung zwar von allen favorisiert wird, aber nicht schnell umsetzbar ist. Dies wird, ebenso wie der Anteilsverkauf – Herr Meyer wäre hierzu bereit – aus steuerlichen Gründen vorerst verworfen. Plötzlich bittet Rechtsanwalt Taler mit Blick auf die verbliebenen Möglichkeiten auf der Flipchart um eine kurze Auszeit. Er verlässt mit seinen Mandanten den Raum.

Nach einer Viertelstunde wird das Gespräch fortgesetzt und Rechtsanwalt Taler unterbreitet einen Vorschlag. Styx soll binnen vier Wochen ein Strategiepapier entwickeln. Dies werde allen Gesellschaftern zur Prüfung zugeleitet. Diese könnten ihr Feedback geben, welches Styx dann einarbeiten könne. In ca. sechs Wochen solle im Rahmen einer Gesellschafterversammlung über die Realisierung des Konzepts mit ¾-Mehrheit abgestimmt werden. Styx solle bis 30.6. diesen Jahres Zeit erhalten, sich zu bewähren. Dann werde erneut in einer Gesellschafterversammlung abgestimmt, ob er bleibt oder freigestellt wird.

Herr von Falkenstein erklärt, er könne sich das vorstellen. Herr Winter meint, in vier Monaten könne Styx doch nichts umsetzen. Herr Meyer wirft ein, Styx sei derzeit in Amerika. Da braust Herr von Hausern erneut auf. Styx habe lange genug Zeit gehabt. Er mache das keinesfalls länger mit. Nach erneuter heftiger Auseinandersetzung versucht die Mediatorin, objektive Kriterien für den Bewährungszeitraum zu finden. Dr. Berg erklärt, der September sei der entscheidende Monat für die Vorbuchungen für das laufende Jahr. Für den Fall, dass Styx keinen Erfolg habe, müsse vor diesem Zeitpunkt etwas geschehen. Da schlägt die Mediatorin den 15.8. vor. Styx habe dann ab Beschlussfassung ein halbes Jahr Zeit und vor September könne ein neuer Berater kommen. Damit sind schließlich alle einverstanden.

Ergebnis

Gemeinsam wird nun an der Flipchart der zu treffende Gesellschafterbeschluss erarbeitet. Der Auftrag an Styx wird ausformuliert. Die Anwälte werden zudem beauftragt, den Gesellschaftervertrag für die Zukunft neu zu fassen. Da flachst Meyer, sie sollten den neuen Vertrag doch so fassen, dass kein Streit mehr entstehen könne. Dies löst Gelächter bei den Anwälten aus. Herr von Hausern sagt, wir könnten aber doch vereinbaren, dass wir wieder eine Mediation machen. Diesen Vorschlag unterstützen alle Gesellschafter. In den Gesellschaftervertrag soll eine Mediationsklausel aufgenommen werden.

Der Gesellschafterbeschluss wird schließlich zu Protokoll genommen. Rechtsanwalt Taler nimmt mit Zustimmung von Rechtsanwalt Glück nunmehr die Klage zurück.

Anmerkung: Eine besondere Schwierigkeit dieser gesellschaftsrechtlichen Mediation lag in der Anzahl der Beteiligten. Nicht nur fünf Gesellschafter, sondern auch die Hoteldirektorin, ein Unternehmensberater und die jeweiligen Anwälte mussten in die Lösungssuche eingebunden werden.

Wesentlich für den Erfolg dieser Mehrparteien-Mediation war, dass eine Vielzahl von Zukunftsoptionen entwickelt wurde, aus denen eine für alle Beteiligten akzeptable Zwischenlösung abgeleitet werden konnte.

Angesichts dessen, dass der Streit bereits vor Gericht ausgetragen wurde, ist es ein Erfolg, dass das Gerichtsverfahren beendet und eine Perspektive für eine langfristige außergerichtliche Lösung gefunden werden konnte.

> Wär´s abgetan, wenn es getan,
> Dann wär´s am besten schnell getan.
> *(Shakespeare, Macbeth)*

Fall 10. Rußende Kerzen
Bernhard Schneider

- Wirtschaftsmediation,
- Bereits bei Gericht anhängiger Rechtsstreit zwischen zwei GmbHs um Unterlassung und Schadensersatz,
- Mediation durch einen Güterichter,
- Gutes Beispiel für die Arbeit an den Interessen und Bedürfnissen der Medianden.

Beteiligte

A-GmbH	**B-GmbH**
– Geschäftsführer Wachs	– Geschäftsführer Ruß
– Rechtsanwalt Dr. Weiß	– Rechtsanwalt Dr. Schwarz

Sachverhalt

Bei dem Landgericht München I – Kammer für Handelssachen – reicht Dr. Weiß für die A-GmbH eine Klage ein. Die A-GmbH stellt Kerzen und Ausstattung für Kirchen her und vertreibt diese über ein Handelsvertreternetz. Der Hauptkonkurrent der A-GmbH ist die B-GmbH. Die Gesellschaften gingen durch Aufspaltung vor über 20 Jahren aus der C-GmbH hervor.

Gegenstand der Klage sind ein wettbewerbsrechtlicher Unterlassungsanspruch sowie ein Anspruch auf Schadensersatz. Die B-GmbH soll es unterlassen, für ihre Kerzen damit zu werben, dass diese umweltfreundlicher und rußärmer seien und keine krebserregenden Stoffe enthielten, während das von der A-GmbH verwendete Wachs minderwertig sei. Insbesondere solle die B-GmbH nicht mehr damit werben dürfen, dass das von der A-GmbH verwendete Wachs „Josephin"

- weil stark rußend, Schäden an Gebäuden und Kunstwerken verursache und toxische, krebserregende Substanzen enthalte,
- deshalb für die Gottesdienstbesucher schädlich sei, während das von der B-GmbH verwendete Wachs „Mariafin" vollkommen geruchsneutral beim Verbrennen sei und eine hohe Kostenersparnis mit sich bringe, weil Renovierungen von Kircheninnenräumen viel seltener durchgeführt werden müssten. Nur „Mariafin" sei die „saubere, gesunde und umweltfreundliche Opferlichtlösung".

Darüber hinaus soll die B-GmbH 100.000,- EUR Schadensersatz zahlen. Die A-GmbH habe durch die unlautere Werbung der B-GmbH Kunden verloren. Gewinn in dieser Höhe sei ihr deshalb entgangen.

Im Prozess haben die Kontrahenten jeweils Privatgutachten vorgelegt, die ihre Behauptungen stützten. Jede Partei ist der Überzeugung, dass das Gutachten der anderen Partei unhaltbar sei. Das Gericht erwägt, ein Obergutachten in Auftrag zu geben. Dies erweist sich aber als durchaus schwierig, da sich mehrere chemische und werkstoffwissenschaftliche Institute von Universitäten außerstande sahen, ein solches Gutachten zu erstellen.

Allein die bisher vergebliche Suche nach einem Gerichtsgutachter zieht sich nun schon über Monate hin. Auch spürt die Streitrichterin, dass zwischen den Geschäftsführern der Parteien mehr stehen müsse als nur ein geschäftlicher Streit. Die Güteverhandlung hat jedoch nicht ergeben, um was es sich dabei handeln könnte.

In dieser Situation beschließt die Vorsitzende der Handelskammer, die Sache in die Mediationsabteilung zu geben.

Mediation

Der Mediator nimmt Kontakt mit den Anwälten der Parteien auf. Beide zeigen sich aufgeschlossen gegenüber einer Mediation. Sechs Wochen nach der Abgabe durch die Streitrichterin findet das Gespräch statt. Die Geschäftsführer der Parteien finden sich mit ihren Anwälten im Mediationsraum ein. Die Kontrahenten begrüßen sich distanziert bis kühl, nehmen am runden Tisch Platz und bedienen sich an Kaffee und Gebäck.

Der Mediator erläutert nun den „Fahrplan" durch die Mediation und deren „Spielregeln". Man befinde sich zwar bei Gericht; eine Entscheidung des Rechtsstreits werde es aber in der Mediation nicht geben. Die Parteien selbst seien verantwortlich für eine Lösung, bei deren Entwicklung der Mediator helfe. Das Gespräch sei vertraulich und könne auch jederzeit von jedem abgebrochen werden. Der Mediator erklärt, dass er möglicherweise auch mit beiden Parteien Einzelgespräche führen werde, um dort Dinge zu erfahren, die nicht für die Ohren des jeweils anderen bestimmt seien. Nur mit ausdrücklicher Einwilligung der jeweiligen Partei würden Informationen aus diesen Einzelgesprächen im Plenum zur Sprache gebracht. Weiter erläutert der Mediator die einzelnen Phasen der Mediation (Sachverhaltsklärung, Interessenerforschung, Entwicklung von Lösungsoptionen und deren Bewertung, Einigung).

Zunächst ergreifen die Anwälte das Wort und untermauern die vor dem Streitgericht eingenommenen Positionen. Wie zu erwarten, kommt es nicht zu einer Annäherung. Beide Anwälte argumentieren für Ihren Mandanten. Sobald die Rede auf die tatsächlichen Grundlagen der jeweiligen Rechtspositionen kommt, wird der Ton lauter. Auch die Geschäftsführer der Parteien mischen sich jetzt ein. Insbesondere Herr Ruß ist sehr erregt. Seine B-GmbH stecke viel Geld in Forschung und Weiterentwicklung ihrer Produkte. Mariafin sei nun mal Josephin überlegen. Damit dürfe ja wohl noch geworben werden. Den Verantwortlichen der A-GmbH gehe es nur um die Vernichtung der B-GmbH; jede Neuentwicklung werde argwöhnisch beäugt. Mitarbeiter würden mit finanziellen Verlockungen abgeworben. So habe einer seiner fähigsten Handelsvertreter vor kurzem gekündigt und arbeite jetzt wohl für die A-GmbH. Das werde noch ein Nachspiel haben. So lasse man sich Kunden nicht wegnehmen. Herr Wachs hört sich solche Vorwürfe nicht lange ruhig an, fällt Herrn Ruß ins Wort und verteidigt sein Josephin. Auch sei nicht nachvollziehbar, warum Ruß den Weggang des Handelsvertreters mit der A-GmbH in Verbindung bringe. Dass Mitarbeiter auch mal kündigten, sei ein ganz normaler Vorgang. Ruß solle sich nicht so haben und so empfindlich sein; sonst sei er ja auch nicht so zimperlich. Der Wortwechsel eskaliert schnell und gipfelt nach ca. 10 Minuten in dem Bemerken von Ruß, dass er sich das ganz genauso vorgestellt habe; mit Wachs sei eben nicht zu reden. Dann müsse das eben vom Gericht entschieden werden. Eine Einigung sei hier nicht möglich. Er bereue es schon, überhaupt gekommen zu sein. Er sei einigungsbereit, aber die Gegenseite offenbar nur auf Streit aus.

In dieser Anfangsphase greift der Mediator zunächst nicht schlichtend ein. Beide Parteien sind offenbar sehr erzürnt über das jeweilige Verhalten des anderen. Diesen Emotionen muss in dieser Phase Raum gegeben werden, damit sie sich nicht aufstauen und das Gespräch dann später in der Phase der Lösungsentwicklung stören oder gar torpedieren. Erst als er spürt, dass Ruß beginnt, sich komplett zu verweigern, ergreift der Mediator das Wort. Er äußert Verständnis für die jeweilige Erregung. Er erlebe das häufig bei hartnäckig geführten Streitigkeiten; dies sei ganz normal und verdeutliche nur die bestehenden sachlichen Differenzen. Er führt die Parteien auf die Sachebene zurück und versucht einzelne Streitpunkte konkret zu identifizieren und die einzelnen Punkte voneinander abzuschichten. Er macht dies dadurch deutlich, dass er die herausgearbeiteten Probleme auf eine Flip-Chart schreibt, damit sie die Anwesenden immer vor Augen haben und sich daran orientieren können.

Sobald die ersten Streitpunkte auf der Flip-Chart stehen, beruhigen sich Wachs und Ruß etwas. Nach gut 90 Minuten steht der gesamte Streitstoff den Anwesenden buchstäblich vor Augen.

Der Mediator leitet nun die nächste Phase der Mediation ein und bittet Wachs und Ruß, sich in den jeweiligen Gegner zu versetzen und aufzuschreiben, worauf es dem jeweils anderen wohl ankommt. Was glaubt Wachs, ist Ruß wichtig, und umgekehrt. Auf einen anderes Blatt Papier sollen die Parteien ihre wirklichen Interessen schreiben. Nach einer Viertelstunde werden dem Mediator die Papiere überreicht und die Ergebnisse bekannt gegeben.

Beide, Ruß und Wachs, denken voneinander, dass es dem jeweils anderen nur auf den eigenen Vorteil ankommt, egal ob das, was getan wird, rechtens ist. Es gehe um Verdrängung aus dem Markt; Ruß schreibt sogar „Vernichtung".

Bei den eigenen Interessen kommen erstaunliche Übereinstimmungen zutage. Beide Parteien wünschen sich

- in Ruhe arbeiten und Geld verdienen zu können,
- den unproduktiven Stress mit den Prozessen vom Hals zu haben,
- die hohen Prozess- und Transaktionskosten für die Führung der Prozesse einsparen zu können,
- eine rasche Prozessbeendigung.

Der Mediator betont die Gemeinsamkeiten zwischen den Parteien in ihrem Wunsch, den Prozess schnell zu beenden und in Ruhe arbeiten zu können. Er macht beiden Parteien deutlich, dass eine Weiterführung des Prozesses mit ungewissem Ausgang noch sehr viel Zeit und Geld verschlingen würde. Auf dieser Basis werden nun Lösungsmöglichkeiten erörtert und damit die nächste Phase der Mediation eröffnet. Ohne daran festgehalten zu werden, soll jede Partei mögliche Einigungslinien skizzieren, die aufgeschrieben und danach bewertet würden. Beide Parteien sind einverstanden und beginnen erst zögerlich, dann durch eine sich einstellende konstruktive Arbeitsatmosphäre ermutigt, in rascherer Folge Eckpunkte einer möglichen Einigung in den Raum zu stellen. Der Mediator notiert alles auf Flip-Chartblätter. Nach knapp zwei weiteren Stunden haben sich die Parteien soweit verständigt, dass die B-GmbH die umstrittenen Werbeaussagen im Wesentlichen unterlässt, die A-GmbH im Gegenzug auf eine Geldzahlung verzichtet.

Als die Einigung zum Greifen nah ist, meldet sich Dr. Weiß nochmals mit der Anregung zu Wort, dass man jetzt noch etwas regeln müsse, was bisher nicht in den Prozessakten enthalten sei und daher über den Streitgegenstand hinausgehe. Im Internet werbe die B-GmbH seit kurzem mit einem neuen Opferlicht, das ein wesentlich besseres Brennverhalten aufweise und zudem umweltfreundlicher sei als alle herkömmlichen Opferlichte. Die B-GmbH müsse sich heute verpflichten, auch diese Werbung zu unterlassen. Sofort eskaliert die friedliche und konstruktive Stimmung im Mediationsraum. Ruß erklärt, dass er sofort aufstehe und den Raum verlasse, wenn jetzt noch Weiteres von ihm verlangt werde. Er habe jetzt genug nachgegeben. Jetzt reiche es. Dr. Schwarz – ebenfalls von der Entwicklung überrascht – bittet den Mediator, sich mit seinem Mandanten besprechen zu dürfen. Beide verlassen den Raum. Die Zeit nutzt der Mediator für ein Einzelgespräch mit der Seite der A-GmbH.

Dr. Weiß entschuldigt sich sofort, dass er auch nicht gewusst habe, wie er mit der Situation umgehen sollte. Die Werbung gebe es nun mal und da sei es doch besser, das Problem jetzt in der Mediation zu bereinigen und nicht wieder einen neuen Prozess anstrengen zu müssen.

Nachdem Ruß und Dr. Schwarz wieder anwesend sind, wird deutlich, dass die B-GmbH sich in dem neuen Streitpunkt nicht mehr bewegen wird. Die Mediation steht kurz vor dem Scheitern.

Dem Mediator wird klar, dass ein Nachgeben einer der Parteien in diesem Punkt nicht mehr zu erreichen sein wird. Beide Parteien würden das als Gesichtsverlust empfinden. Um die bis dahin gefundene Einigung zu retten, macht der Mediator den Vorschlag, die Streitfrage einem neutralen Rechtsgutachter zur Entscheidung vorzulegen, dessen Urteil sich beide Parteien verbindlich unterwerfen. Der Mediator werde einen Gutachter suchen und mit dessen Einverständnis bestimmen. Die Kosten des Rechtsgutachtens sollen sich die Parteien teilen, wie auch die Kosten des Prozesses, der nun durch den abzuschließenden Vergleich in der Mediation beendet werden soll. Nach kurzer Beratung mit ihren Anwälten stimmen beide Parteien diesem Vorschlag zu. Beide Anwälte erklären nach der Sitzung, dass sie sehr erleichtert über diese Lösung seien, da nun der Streit insgesamt beigelegt werden könne.

Der Vergleich wird nun im Einzelnen ausformuliert und zu Protokoll genommen. Am Ende steht die Klagerücknahme durch die A-GmbH.

Anmerkung: Bei dieser Wirtschaftsmediation waren die Geschäftsführer der GmbHs emotional jeweils sehr engagiert. Entscheidend für das Gelingen war, dass die gemeinsamen Interessen beider Parteien herausgearbeitet werden konnten.

Eine Schwierigkeit war, dass in dem Moment, als die Lösung bereits formuliert wurde, ein weiterer, bisher nicht genannter Streitpunkt auftauchte. In dieser Situation war es hilfreich, dass der Mediator nicht wieder in die Verhandlungen eintrat, sondern einen Vorschlag machte, der von beiden Parteien akzeptiert werden konnte.

> Zur Grausamkeit zwingt bloße Liebe mich.
> *(Shakespeare, Hamlet)*

Fall 11. Exhibitionismus im Treppenhaus
Gunter Schlickum

- Täter-Opfer-Ausgleich,
- Strafrechtliches Ermittlungsverfahren gegen den Ehemann wegen exhibitionistischer Handlungen,
- Schlichtung zwischen dem Beschuldigten und der verletzten Ehefrau,
- Shuttle-Mediation durch einen anwaltlichen Mediator auf Anregung der Staatsanwaltschaft.

Als Schlichter in Strafsachen bin ich vorwiegend mit Fällen befasst, die einen familienrechtlichen Hintergrund haben. Meist geht es um Unterhaltspflichtverletzungen.

Einmal bekam ich eine etwas ungewöhnliche Akte auf meinem Tisch: „Wegen Exhibitionismus u. a." stand auf dem Aktendeckel. Beschuldigter ist der 57-jährige Hans Sommer. Die Verletzte ist seine 46-jährige Ehefrau Ulrike Sommer. Exhibitionismus zwischen Eheleuten?

Aus den Akten ergibt sich, dass die Eheleute in Trennung leben. Beide wohnen im gleichen Haus, das Herrn Sommer gehört. Er wohnt im Erdgeschoss, sie im ersten Obergeschoss. Herr Sommer ist von Beruf Diplomingenieur und nennt ein Vermessungsbüro sein eigen. Frau Sommer ist Steuerberaterin.

Die Situation stellt sich als problematisch dar. Es gibt eine Vielzahl von Streitigkeiten und Gerichtsverfahren: Frau Sommer hatte zunächst ein polizeiliches Kontaktverbot gegen Herrn Sommer erwirkt. In einem Verfahren nach dem Gewaltschutzgesetz ist dieses später vom örtlichen Gericht bestätigt worden. Herr Sommer hat dagegen Rechtsmittel eingelegt.

Außerdem soll Frau Sommer gegen ihren Mann einen Arrest über dessen Vermögen erwirkt haben.

Beteiligte

Beschuldigter	Verletzte
Hans Sommer, Ehemann (getrennt lebend)	Ulrike Sommer, Ehefrau (getrennt lebend)
– 57 Jahre	– 46 Jahre
– Diplomingenieur	– Steuerberaterin
– Inhaber eines Vermessungsbüros	– arbeitslos
	– chronisch krank

In dem Strafverfahren geht es um verschiedene Vorwürfe. Herr Sommer soll wiederholt im Hausflur herumgetobt und seine Frau auf das Vulgärste beschimpft haben. Einmal soll er Steine gegen ihre Fenster geworfen haben. Ein anderes Mal soll er eigenmächtig die Schlösser ihrer Wohnungstür ausgewechselt haben, um sie auszusperren. Immer wieder soll er ihre Nachtruhe gestört haben, durch lautes Herumbrüllen und auch durch überlaute Musik. Mit einigen Freunden soll er eine Prostituierte angeheuert und dann im Treppenhaus ein lautstarkes Sexspektakel aufgeführt haben. Mehr als einmal soll er sie auch direkt sexuell belästigt haben. Er soll sie im Treppenhaus abgepasst und dann sofort zu onanieren begonnen haben. Daher also der Vorwurf des Exhibitionismus. Im Übrigen geht es im Wesentlichen auch um Beleidigungen. Zeugen, welche die Vorwürfe bestätigen könnten, gibt es nicht, wohl aber ein Foto, welches Herrn Sommer teilweise nackt im Treppenhaus zeigt, was als Beweis für exhibitionistische Handlungen allerdings kaum ausreichen dürfte.

Vorklärung

Zunächst schreibe ich beide Seiten an, mit der Bitte, mir innerhalb einer Woche mitzuteilen, ob sie bereit sind, an dem Schlichtungsverfahren teilzunehmen. Bereits nach zwei Tagen ruft Herr Sommer bei mir an. Er wirkt aufgeschlossen und redegewandt. Er kommt gleich zur Sache und teilt mit, dass er an dem Verfahren teilnehmen wolle. Meine Frage, ob er auch bereit sei, zu einem Besprechungstermin zu erscheinen, bejaht er.

Damit will ich aber warten bis feststeht, ob Frau Sommer ebenfalls zur Teilnahme bereit ist. Erst am letzten Tag der Frist ruft Frau Sommer bei mir an. Sie wirkt etwas zurückhaltend, aber durchaus wortgewandt. Wie sie mir mitteilt, hat sie sich noch nicht entschieden, ob sie an dem Verfahren teilnehmen will. Sie möchte zunächst mehr darüber wissen. Ich beantworte ihre Fragen und erkläre ihr das Verfahren. Was sie erfährt scheint sie zu interessieren, aber sie bleibt skeptisch. Immer wieder betont sie die schlimmen Erfahrungen, die sie mit ihrem Mann gemacht habe. An eine Lösung im Guten vermag sie nicht zu glauben. Jedenfalls möchte sie erst noch einmal mit ihrem Anwalt sprechen. Es vergehen nochmals einige Tage bis sie mir mitteilt, dass sie zur Teilnahme bereit sei.

Weil Frau Sommer so schlecht auf ihren Mann zu sprechen ist, entschließe ich mich, eine sog. Shuttle-Mediation durchzuführen, also mit beiden abwechselnd zu verhandeln. Ich rufe Herrn Sommer an und bitte ihn zu einer Besprechung zu mir. Mir ist daran gelegen, ein persönliches Bild von ihm zu bekommen. Nicht selten liegt in der Person des Täters auch ein wichtiger Schlüssel zur Lösung. Der Täter hat die Situation geschaffen. Er muss in der Regel auch den ersten Schritt zur Wiedergutmachung tun.

Shuttle–Mediation

Einige Tage später sitzt mir der Herr Sommer gegenüber. Es ist offensichtlich, dass ihm das Strafverfahren sehr unangenehm ist. Ich vermute, dass die Auseinandersetzungen in der niederbayrischen Kleinstadt nicht unbemerkt geblieben sind, zumal ja auch die Polizei wiederholt vor Ort war. Eine Verurteilung dürfte für ihn nachteilige Folgen haben, sowohl persönlich wie auch geschäftlich.

Ohne direkt etwas zuzugeben räumt er unumwunden ein, sich falsch verhalten zu haben. Die Anspannung sei zu groß geworden, er habe die Situation nicht mehr ausgehalten und sei durchgedreht. Ihm tue alles sehr leid. Ungefragt erzählt er mir, dass diese Ehe, seine zweite, teilweise sehr unbefriedigend gewesen sei. Seine Frau habe ihn fast die ganze Zeit mehr oder weniger sexuell frustriert. Lange Zeit habe sie immer wieder Kopfschmerzen vorgeschoben, bis sie ihm dann schließlich klipp und klar gesagt habe, dass sie keinen sexuellen Kontakt mehr wolle. Damit sei er überhaupt nicht zurecht gekommen. Als sich seine Frau vor kurzem auch noch einen Liebhaber genommen habe, seien ihm die Nerven durchgegangen. Selbstverständlich sei er bereit, sich für sein Fehlverhalten zu entschuldigen. So etwas werde nicht wieder vorkommen, jetzt habe er sich wieder im Griff. Er treffe sich auch regelmäßig einmal pro Woche mit seiner Frau zu einer Aussprache.

Nach dem Gespräch frage ich mich, ob ich mich nicht als Geschlechtsgenosse habe vereinnahmen lassen. Hat er nicht gezielt versucht, mich auf seine Seite zu ziehen und ist ihm das nicht vielleicht ein Stück weit gelungen? Ich nehme mir vor, hier ganz besonders strikt auf meine Neutralität zu achten.

Ich entschließe mich, sogleich Frau Sommer anzurufen. Die meldet sich mit depressiv wirkender Stimme und berichtet mir ungefragt von ihren Kopfschmerzen, die sie fast ständig plagten. Ihr Arzt habe sie gebeten, genau festzuhalten, wann diese aufträten. Es habe sich aber als einfacher erwiesen, die Zeiten aufzuschreiben, in denen sie beschwerdefrei sei. Das sei nämlich nur selten der Fall. Die Situation schildert sie ganz anders als kurz zuvor ihr Mann. Nichts habe sich gebessert. Ihr Mann gröle weiter herum. Er sei eben Alkoholiker und wenn er getrunken habe, laufe er völlig aus dem Ruder. Wie oft sie das schon mitgemacht habe. Wie oft sie vergeblich gehofft habe, dass er sich ändern werde. Immer wieder habe er ihr alles Mögliche versprochen und nie etwas gehalten. Sie habe alle Hoffnungen aufgegeben. Die angeblich regelmäßigen Treffen hätten erst ein einziges Mal stattgefunden.

Auch wenn Frau Sommer nicht an eine Lösung glauben mag, suche ich weiter nach Ansatzpunkten dafür. Ob möglicherweise damit zu rechnen sei, dass sich die Wohnsituation in absehbarer Zeit entspanne? Ob sie vielleicht umzuziehen plane? Nein, dies komme nicht in Betracht. Sie sei krank und arbeitslos und könne sich gar keine Mietwohnung leisten. So unangenehm die Situation für sie auch sei, sie habe gar keine andere Wahl als dort wohnen zu bleiben. Sie setze darauf, dass das Familiengericht ihr die Wohnung im ersten Stock zuweisen werde. Mit ihrer Strafanzeige verfolge sie in erster Linie das Ziel, sich gegen weitere Übergriffe ihres Mannes zu schützen. Wenn er jetzt Besserung gelobe, dann sei dies nur ein Manöver, um das Strafverfahren loszuwerden und dann weiterzumachen wie bisher. Dazu werde sie sich aber nicht hergeben.

Die **Interessenlage** der Medianden stellt sich zusammengefasst so dar:

Herr Sommer	**Frau Sommer**
– Beendigung des Strafverfahrens	– Sicherheit vor weiteren Übergriffen
– Keine strafrechtliche Verurteilung	– Aufrechterhaltung der Drohkulisse
– evtl. Regelung des Unterhaltes	– gesicherter Unterhalt
– evtl. Regelung der Wohnsituation	– gesicherte Wohnsituation

Der Interessengegensatz ist deutlich: Herr Sommer will den Druck des Strafverfahrens loswerden. Frau Sommer will die strafrechtliche Drohkulisse aufrechterhalten. Auch wenn die Positionen gegensätzlicher nicht sein könnten, scheint insoweit eine Lösung über § 153a StPO möglich. Das Ermittlungsverfahren gegen Herrn Sommer könnte vorläufig eingestellt werden unter der Auflage, sich an eine noch auszuhandelnde Schlichtungsvereinbarung zu halten. Wenn sich der Beschuldigte über einen längeren Zeitraum hinweg korrekt verhalten würde, könnte das Verfahren später endgültig eingestellt werden. So könnte am Ende beiden gedient sein. Diese Möglichkeit erörtere ich mit dem zuständigen Staatsanwalt, der die Idee gut heißt.

Für das Verfahren ließe sich also eine Lösung finden. Aber für die Sache selbst? Wie sieht es aus mit den Interessen? Und welche Optionen bieten sich an?

Gegenstand des Strafverfahrens sind Übergriffe von Herrn Sommer, die nach einem Ausgleich verlangen. Aber wie könnte der aussehen? Was könnte er seiner Ehefrau anbieten, außer einer Entschuldigung und dem Versprechen, sich in Zukunft besser zu benehmen, wozu er sich ja schon bereit erklärt hat? Bedarf es nicht auch eines materiellen Ausgleichs, eines Geschenkes etwa oder einer Geldzahlung? Vielleicht auch eines Einlenkens in der Wohnungsfrage, die für Frau Sommer von zentraler Bedeutung sein könnte, zumal deren Rechtsauffassung, dass die ehemalige Mietwohnung inzwischen Teil der Ehewohnung sei, doch sehr angreifbar erscheint.

Ich rufe Frau Sommer noch einmal an und erkundige mich, ob sie eine Entschuldigung annehmen würde. Das bejaht sie. Daraufhin frage ich weiter, ob sie sich darüber hinaus auch einen materiellen Ausgleich wünsche. Ihre Antwort ist ganz klar „nein". Das verwundert mich zunächst. Ich vermag nicht gleich nachzuvollziehen, dass sie für ihre Zustimmung zur Einstellung des Strafverfahrens keine materielle Gegenleistung erwartet.

Dann kommt mir der Gedanke, dass der Schlüssel hier nicht auf der materiellen sondern auf der persönlichen Ebene liegen könnte. Frau Sommer leidet sehr. Aber leidet er nicht auch? Wäre ein kooperativerer Umgang nicht für beide von Vorteil? Besteht nicht bei beiden der Wunsch, die Spirale der Eskalation wieder zurückzuschrauben? Jedenfalls muss auch dieser Gesichtspunkt bei den Lösungsoptionen berücksichtigt werden.

Optionen
- Entschuldigung des Mannes,
- Verpflichtung des Mannes, sich zukünftig aller Übergriffe zu enthalten,
- Geschenk des Mannes an die Frau,
- Geldzuwendung des Mannes an die Frau,
- Regelung aller familienrechtlichen Streitpunkte (insb. Wohnung, Unterhalt),
- exemplarische Regelung eines familienrechtlichen Streitpunktes (Wohnung),
- familienrechtliche Streitpunkte ungeregelt lassen,
- Neuordnung des persönlichen Umgangs,
- vorläufige Einstellung des Strafverfahrens unter Auflagen.

Klärungsbedürftig scheinen die Optionen im Hinblick darauf, ob und inwieweit die Streitpunkte, welche nicht Gegenstand des Strafverfahrens sind, in einer Schlichtungsvereinbarung geregelt werden sollen. Dies könnte auch davon abhängen, welcher Stellenwert der persönlichen Ebene beizumessen ist.

Um meine These zu überprüfen, dass der persönliche Umgang hier das Hauptproblem darstellt, rufe ich beide Parteien noch einmal an. Die Idee, nur den persönlichen Umgang zu regeln und alle Streitfragen ungeregelt zu lassen, überzeugt Herrn Sommer sofort. Frau Sommer reagiert zunächst etwas skeptisch, bittet mich dann aber, eine Vereinbarung in diesem Sinne zu entwerfen.

Vereinbarung
1. Herr Sommer entschuldigt sich für alle Handlungen, die als Beleidigungen oder sonstige Übergriffe verstanden werden könnten. Er bedauert sein Verhalten soweit dieses vorwerfbar war und verspricht, sich zukünftig korrekt zu verhalten.
2. Beide, Herr Sommer und Frau Sommer, versprechen einander, sich mit wechselseitiger Achtung, Respekt und Höflichkeit zu behandeln und erklären ihre Bereitschaft, alle Streitfragen möglichst im Guten zu lösen.
3. Frau Sommer erklärt darüber hinaus ihr Einverständnis zur Einstellung des Strafverfahrens gegen Herrn Sommer unter der Voraussetzung, dass

diesem als Beschuldigten die Einhaltung der Schlichtungsvereinbarung zur Auflage gemacht wird.

Ich schicke die Vereinbarung zunächst an Herrn Sommer mit der Bitte, diese zu unterschreiben und an mich zurückzuschicken. Davon, die Vereinbarung direkt an seine Frau weiterzureichen, rate ich ausdrücklich ab. Herr Sommer hält sich aber nicht an meine Empfehlung. Bereits zwei Tage später erhalte ich die von beiden unterschriebene Vereinbarung zurück - zusammen mit einem handgeschriebenen Dankesbrief.

Offensichtlich hat die Vereinbarung beide Seiten überzeugt, auch wenn die sachlichen Probleme sämtlich ungelöst geblieben sind. Immerhin ist ein neuer persönlicher Ansatz gefunden worden, der kooperative Lösungen in den Sachfragen ermöglichen könnte.

Nachtrag

Mein Auftrag ist beendet, aber es interessiert mich doch, wie es weitergegangen ist. Deshalb rufe ich einige Monate später den zuständigen Staatsanwalt an. Ich erfahre, dass es keine Probleme gegeben hat. Herr Sommer hat die Vereinbarung eingehalten. Das Strafverfahren ist inzwischen endgültig eingestellt worden, die Mediation war also ein Erfolg.

Anmerkung: Die besondere Schwierigkeit dieses Falles lag darin, dass das Verhältnis zwischen Täter und Opfer extrem angespannt und durch mehrere Zivilverfahren zusätzlich belastet war. Eine Lösung wurde möglich, als der Mediator erkannte hatte, dass der Schlüssel auf der Beziehungsebene zu suchen war. Tatsächlich erledigten sich später alle Streitfragen, nachdem ein Verhaltenskodex für den weiteren Umgang der Parteien miteinander gefunden worden war.

Der Mensch ist manchmal seines Schicksals Meister.
(Shakespeare, Julius Cäsar)

Fall 12. Ende der Abwärtsspirale

Autorenteam der Fachstelle für Mediation der Brücke München e.V.:
Natasha Endres, Mirko Haufe, Sonja Martin, Sonja Schmid, Wolfgang Zuck

- Täter-Opfer-Ausgleich,
- Strafrechtliches Ermittlungsverfahren gegen den früheren Lebenspartner wegen Körperverletzung, Bedrohung und Beleidigung,
- Mediation auf Anregung der Staatsanwaltschaft,
- Co-Mediation,
- Einsatz der Reflecting-Team-Methode.

1. Sachverhalt

Frau Müller, Ende dreißig, und Herr Meier, Anfang vierzig, lebten vier Jahre lang miteinander in einer Beziehung. Vor einem Jahr trennten sie sich. Beide haben eine gemeinsame Tochter, Flora, mittlerweile zwei Jahre alt. Das Verhältnis zwischen Frau Müller und Herrn Meier ist angespannt und konfliktbeladen. Auf beiden Seiten gab es Vorwürfe und tiefe Verletzungen. Fast jede persönliche Begegnung endete mit einem Streit. Schwierig waren vor allem die Situationen, in denen Flora von Herrn Meier bei ihrer Mutter abgeholt oder zu ihr zurückgebracht wurde. Frau Müller hat für Flora das alleinige Sorgerecht. Die Eltern sind sich darüber einig, dass Herr Meier seine Tochter in regelmäßigen Abständen besuchen soll. Bei einer Auseinandersetzung wurde Herr Meier gegenüber Frau Müller handgreiflich. Er zerrte sie an Armen und Haaren und fügte ihr Hämatome und Kratzwunden im Brustbereich zu. Der Übergriff passierte, während Frau Müller Flora auf dem Arm hielt. Die Tochter erlebte den Angriff aus nächster Nähe mit. Einen ähnlichen Vorfall gab es bereits etwa sechs Monate zuvor. Herr Meier schleuderte damals Frau Müller gegen einen Tisch, der dabei zu Bruch ging.

Frau Müller zeigte Herrn Meier unmittelbar nach dem letzten Vorfall bei der Polizei an. Einen Strafantrag wollte sie zu diesem Zeitpunkt jedoch nicht stellen. Einen Tag nach der Anzeigenerstattung setzte sie sich nochmals mit der Polizei in Verbindung, um die Anzeige wieder zurückzunehmen.

Etwa drei Monate später geht die Akte auf Initiative der Staatsanwaltschaft bei der Fachstelle für Mediation ein. Der offizielle Tatvorwurf gegen Herrn Meier lautet „Körperverletzung, Bedrohung und Beleidigung".

2. Erste Schritte im Vermittlungsprozess und methodische Herangehensweise

*Nach dem ersten Aktenstudium steht für uns Mediatoren fest, dass wir, wie in Paarfällen in der Regel üblich, im „**Gemischten Doppel**" arbeiten, also mit einer Mediatorin und einem Mediator, wobei die Mediatorin den Kontakt zu Frau Müller, der Mediator den Kontakt zu Herrn Meier herstellen wird.*

Die „klassische" Vorgehensweise im Rahmen einer Mediation im Strafrecht würde ein erstes Anschreiben an den Beschuldigten vorsehen, um die Geschädigtenseite davor zu bewahren, bei einer Ablehnung des Angebots durch den Beschuldigten mit einer erneuten Zurückweisung und einer damit verbundenen Verletzung durch den Beschuldigten konfrontiert zu werden.

In Fallkonstellationen, bei denen zu befürchten ist, dass durch den Beschuldigten Druck auf die Geschädigte ausgeübt werden könnte, um zu einer außergerichtlichen Erledigung des Strafverfahrens zu kommen, ist ein Anschreiben an die Geschädigte vorzuziehen. Damit erhöht sich die Wahrscheinlichkeit, dass die Geschädigte freiwillig an der Mediation teilnimmt.

Bei Frauen, die innerhalb einer Paarbeziehung Opfer von Männergewalt wurden, ist unserer Erfahrung nach die Anzeigenerstattung in der Regel nicht Reaktion auf den ersten Übergriff durch den Mann, sondern Endpunkt einer oft schon länger währenden psychischen und/oder physischen Misshandlung. Der Schritt an die Öffentlichkeit ist für die Frauen in der Regel schwierig und von ambivalenten Gefühlen begleitet. Insoweit ist es wichtig, nicht vorschnell eine Situation zu schaffen, die diesen Schritt der Geschädigten entwerten könnte, indem die Weichen für eine außergerichtliche Lösung gestellt werden, obwohl die Frauen eine strafrechtliche Verfolgung gegenüber dem Beschuldigten durch die Strafverfolgerinstanz wünschen.

3. Vorbereitende Phase: Vorgespräch mit Frau Müller

Die Mediatorin lädt Frau Müller zu einem ersten persönlichen Gespräch unter vier Augen ein, in dem abgeklärt werden soll, wie Frau Müller mit dem durch die Anzeige in Gang gesetzten Strafverfahren weiter umgehen möchte bzw. welche Art der Verfahrenserledigung – außergerichtlich oder justiziell – ihren Bedürfnissen am besten entspricht.

Wichtig ist hierbei, neben der Bearbeitung der Gewalterfahrungen, die Klientin bei der Formulierung ihrer Bedürfnisse zu unterstützen und die gegenwärtige Situation ebenso wie gewünschte Veränderungen für die Zukunft abzufragen. Dazu gehört auch die Dichte ihres sozialen Netzes abzutasten, zu eruieren, ob Unterstützungsbedarf besteht, und ggf. geeignete Beratungsstellen zu vermitteln. Hilfreich kann es sein, mit der Mediandin Erinnerungen bzw. Phantasieszenarien über erlebte und erwünschte Reaktionen durch das nahe soziale Umfeld zu entwickeln. (Wie haben meine Mutter/Freundin/Schwester/Arbeitskollegen reagiert, als sie von der Gewalt erfuhren? Wie hätte ich mir gewünscht, dass sie damals reagiert hätten? Was wünsche ich mir von ihnen in Zukunft? Wobei und wie können sie mich konkret unterstützen?)

Zum einen wird dadurch die Handlungsfähigkeit der Mediandin gestärkt. Sie wird ermutigt, die in der Phantasie positiv erlebten Szenarien zukünftig in ihre Lebenswirklichkeit zu integrieren. Zum anderen können Blockaden, resultierend aus enttäuschten Erwartungen, Zurückweisungen, Wegsehen etc., durch ein konkretes Imaginieren gelockert bzw. aufgehoben werden.

Frau Müller reagiert umgehend auf unser Anschreiben, indem sie telefonisch Kontakt aufnimmt, den Termin für das Erstgespräch bestätigt und Bereitschaft für eine außergerichtliche Lösung signalisiert.

Als Frau Müller in die Fachstelle kommt, ist ihre Anspannung deutlich spürbar. Die Auseinandersetzung mit dem Thema belaste sie. Es bedarf offensichtlich einer großen Selbstüberwindung, an diesem Vier-Augen-Gespräch teilzunehmen.

Die Mediatorin stellt in groben Zügen die Struktur und den zeitlichen Rahmen des heutigen Zusammentreffens vor. Sie bietet an, dass ggf. ein zweites Gespräch geführt werden kann.

Frau Müller erhält Informationen über die Fachstelle, deren Arbeitsweise und die beiden Alternativen, die eine Mediation im Strafrecht einerseits und eine justizielle Verfahrenserledigung andererseits bieten. Frau Müller erklärt, dass es ihr vorrangig darum gehe, die beste Variante für Flora zu wählen. Dies bedeute, dem Kind trotz der Trennung Vater und Mutter zu erhalten. Allerdings habe sie das Vertrauen in Herrn Meier verloren, der sogar in Anwesenheit der Tochter gewalttätig geworden sei. Sie befürchte zudem, dass der Hass, den Herr Meier gegen sie hege, auch auf sein Verhalten Flora gegenüber durchschlagen werde. Sie habe den Eindruck, Herr Meier könne sie als Mutter nicht respektieren. Seit dem Vorfall unterbinde sie daher den Kontakt zwischen Vater und Tochter. Er habe ihr Vertrauen verspielt und müsse sich dieses erst wieder erwerben. Frau Müller beschreibt Herrn Meier als jemanden, dem es immer schwer gefallen sei, Grenzen zu wahren. Auch nach dem gewalttätigen Übergriff stelle er sich als das eigentliche Opfer der Auseinandersetzung dar. Je weniger er bei ihr erreiche, umso mehr Druck übe er aus. Er sei wohl gegenwärtig mit seiner Arbeitssituation unzufrieden und vom Leben frustriert, mache aber auch nichts aus seinem Talent. Derzeit könne sie einen Umgang des Vaters mit der Tochter nicht befürworten, für die Zukunft wolle sie jedoch, dass Flora zu ihrem Vater Kontakt habe. Dazu gehöre auch, dass Herr Meier sie als Mutter respektvoll behandele, ihren Erziehungsstil anerkenne, sowie feste Vereinbarungen hinsichtlich der Besuchszeiten zu treffen habe.

Die Mediatorin stellt Frau Müller weitere Fragen:

Welcher Vorfall hat zur Anzeige geführt? Wie und anlässlich welchen Themas hat sich die Auseinandersetzung entwickelt? Gab es vergleichbare Situationen schon früher? Welche Gefühle hatte Frau Müller damals gegenüber ihrem Partner? Wie sind diese heute? Gab es in der Zeit nach der Anzeige nochmals Übergriffe oder unangenehme Zwischenfälle? Wie soll es in

Zukunft weitergehen? Was braucht Frau Müller, um mit den Gewalterfahrungen (im Sinn einer Integration) abschließen zu können? Wie hat ihr Umfeld auf die Vorfälle reagiert? Wo und durch wen braucht Frau Müller noch Unterstützung? Fühlt sie sich von Herrn Meier noch konkret bedroht? Braucht sie Schutz? Was müsste passieren, damit Frau Müller Herrn Meier in der Rolle als Vater wieder vertrauen kann? Gibt es Vereinbarungen, die sie als Mutter für die Zukunft schließen möchte?

Sichtbar wird, dass Frau Müller von einem gut funktionierenden sozialen Umfeld umgeben ist, das von den Auseinandersetzungen, sowie der Gewalterfahrung mit Herrn Meier weiß und Frau Müller praktische wie moralische Unterstützung anbietet. Frau Müller hat zu Herrn Meier wesentlich mehr emotionale Distanz als zum Zeitpunkt der Anzeige. Für sie ist die Trennung nunmehr endgültig. Sie hat angefangen, die Beziehung gedanklich durchzuarbeiten und kann ihre Bedürfnisse in Bezug auf Herrn Meier klarer formulieren. Sie möchte den Versuch einer außergerichtlichen Lösung wagen, um eine Basis für den zukünftigen Umgang zwischen Vater und Tochter zu schaffen. Aufgrund der gewalttätigen Erfahrungen mit Herrn Meier wünscht sie jedoch zunächst keinen persönlichen Kontakt. Sie denkt an eine Übergabe Floras bei Dritten, seien es Freunde, Verwandte oder eine professionelle Stelle. Wichtig ist ihr hier vor allem, einen angenehmen Übergabeort zu finden, der für das Kind nicht ungewohnt ist. Sie gibt der Mediatorin grünes Licht, damit diese Herrn Meier das Angebot einer Mediation unterbreiten kann. Sie möchte sich jedoch jetzt noch nicht entscheiden, ob sie an einem persönlichen Ausgleichsgespräch mit ihm teilnehmen oder eine indirekte Vermittlung vorziehen wird.

Die Mediatorin bietet Frau Müller an, in der Zwischenzeit telefonisch mit ihr Kontakt zu halten. Sie wird sich mit ihr in Verbindung setzen, sobald der Kollege mit Herrn Meier gesprochen hat, um ihr mitzuteilen, ob Herr Meier an einer Mediation Interesse hat und um dann gemeinsam mit ihr zu überlegen, wie der Vermittlungsprozess weitergeführt werden soll.

4. Vorgespräch mit Herrn Meier

Der Mediator schreibt daraufhin Herrn Meier an, um auch ihm die Teilnahme anzubieten und einen konkreten Termin für das Vorgespräch vorzuschlagen. Herr Meier setzt sich telefonisch mit der Fachstelle in Verbindung und vereinbart einen Besprechungstermin.

Herr Meier wirkt angespannt und skeptisch, als er in der Fachstelle eintrifft. Als „warming up" gibt der Mediator zu Beginn des Gesprächs die notwendigen Informationen über das mögliche weitere Procedere und den dazu bestehenden Verfahrensalternativen.

Herr Meier fühlt sich durch die Bezeichnung „Täter-Opfer-Ausgleich" auf die Rolle des „bösen Täters" reduziert und verkannt.

Aus seiner Sicht ist es so, dass Frau Müller ab einem gewissen Zeitpunkt keine Achtung mehr vor ihm gehabt und ihn dies deutlich habe spüren lassen. Er habe gehofft, durch die Schwangerschaft und das gemeinsame Kind würde wieder ein „Wir-Gefühl" entstehen. Dies sei jedoch nicht der Fall gewesen. Seine Partnerin habe sich in dieser Zeit mehr und mehr auf ihre Freundinnen zurückgezogen. Er habe tatsächlich in der in den Akten beschriebenen Gewalt ausgeübt und sei bereit, sein Verhalten kritisch zu überdenken. Einen Teil Selbstkritik erwarte er jedoch auch von Frau Müller. Sie solle ihre Anteile an den Auseinandersetzungen – ihre „seelische Grausamkeit" – erkennen. Wichtig sei ihm, sein Verhalten Frau Müller gegenüber bei Flora wiedergutzumachen. Es soll das erste und letzte Mal gewesen sein, dass das Kind so etwas habe erleben müssen. Zudem hoffe er darauf, einen Modus zu finden, der ihm den Kontakt mit Flora ermögliche. Aus allen diesen Gründen habe er Interesse an einem gemeinsamen Gespräch mit Frau Müller.

Eine Schwierigkeit der Erstgespräche mit beschuldigten Männern besteht darin, eine vertrauensvolle Beziehung aufzubauen, ihnen das Gefühl zu vermitteln, sie nicht auf ihre Täterschaft zu reduzieren, und dennoch das Problematische ihres gewalttätigen Verhaltens zu verdeutlichen.

Die Geschädigte teilt der Mediatorin in einem Telefonat mit, dass sie sich inzwischen durchaus eine persönliche Begegnung mit Herrn Meier in der Fachstelle vorstellen kann. Das Mediatorenteam koordiniert daraufhin einen Termin für das Gespräch mit den Beteiligten.

5. Das Ausgleichsgespräch

Frau Müller trifft sichtlich nervös vor Herrn Meier in der Fachstelle ein, der mit etwas Verspätung erscheint. Anfänglich wirkt er misstrauisch und abweisend.

Die Mediatoren stellen sich vor und würdigen, dass die Beteiligten zu einem gemeinsamen Gespräch gekommen sind, obwohl es offensichtlich beiden Medianden nicht leicht fällt. Sie klären den zeitlichen Rahmen für das Gespräch und bieten bei Bedarf ein zweites an. Dann wird die Struktur für den heutigen Nachmittag – das **„Gemischte Doppel"** – erklärt: Die Mediatorin wird sich mit Frau Müller, der Mediator mit Herrn Meier für etwa 15 Minuten in verschiedene Räume zurückziehen, um den gegenwärtigen Stand der Dinge zu erfragen und nochmals die Erwartungen an das heutige Treffen zu klären. Wenn alle Beteiligten sich wieder getroffen haben, werden die Mediatoren das Gespräch mit einem **„reflecting team"** beginnen, in dem sie sich gegenseitig den Inhalt der Einzelgespräche schildern. Frau Müller und Herr Meier hören ausschließlich zu. Zettel und Stifte liegen bereit, falls sie Notizen machen möchten. Danach haben Frau Müller und Herr Meier die Gelegenheit, das von den Mediatoren Gesagte zu ergänzen, richtig zu stellen oder anders zu gewichten.

*Die Meta-Struktur des „**reflecting team**" dient dazu, den Beteiligten einen Blick von außen auf ihre Konflikte zu ermöglichen und eine gewisse Selbstdistanz zu schaffen. Es erleichtert den Gesprächseinstieg gerade für Beteiligte, die länger keinen Kontakt miteinander hatten, deren Vorgeschichte emotional stark belastet ist oder bei denen immer wieder eingefahrene Streitmuster die Oberhand gewinnen.*

Im Gespräch mit der Mediatorin stellt Frau Müller nochmals heraus, dass es ihr nicht darum geht, alte Gräben wieder aufzureißen. Sie möchte aber Herrn Meier nicht ermöglichen, sich als das alleinige Opfer darzustellen. Er soll Verantwortung für sein gewalttätiges Agieren übernehmen. Wichtig sei ihr, eine Regelung bezüglich des Umgangs zu finden, die wieder eine Annäherung zwischen Vater und Tochter zulässt.

Der Vermittler arbeitet mit Herrn Meier den derzeitigen Stand heraus:

Herrn Meier ist es nach wie vor wichtig, dass Frau Müller versteht, wie sehr sie ihn verletzt hat. Außerdem möchte er endlich wieder Umgang mit seiner Tochter haben.

Nach ca. 15 Minuten treffen sich alle Beteiligten erneut in einem Raum. Die Mediatoren beginnen damit, sich gegenseitig das Gehörte zu schildern. Sie wenden sich dabei einander zu und von den Medianden ab. Diese mittelbaren Selbstaussagen zu hören, ist für die Beteiligten nicht immer einfach. Nachdem die Mediatoren sich wieder den Beteiligten zugewandt haben, fragen sie nach, ob die Darstellungen zutreffend waren. Beide Seiten bejahen dies. Herr Meier wird dann schnell laut und in seiner Körpersprache offensiv, und wirft Frau Müller vor, dass sie nichts von seinen Gefühlen ihr gegenüber verstanden habe und von den Verletzungen, die sie ihm zugefügt habe. Frau Müller schildert daraufhin nochmals ruhig, aber nachdrücklich, wie sehr er sie und Flora durch seine Gewalttätigkeit verletzt und verängstigt habe.

Die Mediatoren greifen nicht sofort ein, als Herr Meier laut wird, da Frau Müller gelassen bleibt. Sie nehmen sich aber eine „Auszeit", wenden sich also wieder einander zu, um im „reflecting-team" zu beleuchten, ob die Auseinandersetzung so, wie sie gerade abgelaufen ist, wohl ein typisches Muster in der Streit-Kommunikation von beiden darstelle. In diesem Zusammenhang kann auch das eben erlebte, grenzverletzende Verhalten Herrn Meiers benannt werden. Die geäußerten Spekulationen der Mediatoren gehen dahin, dass Herr Meier und Frau Müller einen deutlich unterschiedlichen Abstand zu ihrer Beziehung und der Trennungsthematik haben. Um dies zu visualisieren, bieten die Mediatoren den beiden Medianden Stoffpuppen an, die als Metaphern für die erlittenen Verletzungen stehen sollen.

Beide werden aufgefordert, diese Stoffpuppen in Bezug auf sich selbst dort zu positionieren, wo sie ihre Empfindungen verortet wissen wollen. Frau Müller „begräbt" ihre Figur unter dem Tisch, denn sie habe mit Herrn Meier und der Beziehung abgeschlossen. Sie müsse sich nun nicht mehr dauernd mit den problematischen Seiten der Beziehung auseinandersetzen.

Herr Meier wiederum stellt seine Figur, es ist ein Monster, nahe vor sich auf den Tisch. Er könne die erfahrenen Verletzungen noch nicht vergessen und wolle sich noch länger damit beschäftigen und konfrontieren.

Auf diese Weise ist für die Medianden sichtbar geworden, wie unterschiedlich sie (noch) mit der Aufarbeitung der Beziehung umgehen und dass es sich hierbei um einen länger dauernden Prozess handelt, den sie in verschiedener Geschwindigkeit bewerkstelligen.

Herr Meier ist inzwischen ruhiger geworden. Er kann sich für sein Verhalten entschuldigen und die Gewalttätigkeit und die durch ihn verübten Grenzverletzungen erkennen. Es ist ihm möglich zu hören, dass Frau Müller ihn nicht aus seiner Vaterrolle verbannen möchte, sondern dass sie gegenwärtig einen Übergangsmodus braucht, der ihr die Umsetzung des Besuchsrechts ohne persönlichen Kontakt mit ihm ermöglicht.

Die Mediatoren spielen mit den Beteiligten alle möglichen Varianten durch, bei wem das Abholen und Zurückbringen von Flora durch Herrn Meier stattfinden könnte. Die Hilfe ihrer Freunde möchte Frau Müller nicht noch weiter in Anspruch nehmen. Alle professionellen Übergabestellen scheinen zu weit entfernt zu sein. Im Sinn einer absurden Alternative – als „Blockadelöser" – schlagen die Mediatoren den Kindergottesdienst in einer der Stadtviertel-Kirchengemeinden vor. Die heftige Abwehr durch Frau Müller und Herrn Meier macht deren Blick wieder frei, um sich nochmals mit den Möglichkeiten der professionellen Übergabestellen zu beschäftigen. Für beide ist es wichtig, dass sie Flora für die kurze Zeit der Übergabe dort gut aufgehoben wissen.

Die Mediatoren vereinbaren mit den Beteiligten, ihnen eine Liste der in Frage kommenden professionellen Stellen für die Übergabe per Post zukommen zu lassen. Anschließend soll ein zweites Gespräch in der Fachstelle stattfinden. Bis dahin werden Frau Müller und Herr Meier sich einige Stellen ansehen, um sich einen persönlichen Eindruck zu verschaffen. In dem zweiten gemeinsamen Gespräch soll ausgehandelt werden, welche Stelle in Frage kommt und wie die ersten konkreten Schritte hin zu einem regelmäßigen Umgang zwischen dem Vater und Flora aussehen könnten. Die Mediatoren vereinbaren einen Termin für dieses zweite Gespräch und bedanken sich bei beiden für die Offenheit ihnen gegenüber und klären ab, wie sie nach Hause kommen, bzw. ob Frau Müller besondere Wünsche an das Auseinandergehen hat. Sie lässt Herrn Meier den Vortritt und wartet noch eine Zeit, bis er seinen Weg eingeschlagen hat. Dann macht sie sich auf den Heimweg - in die entgegengesetzte Richtung.

Grundsätzlich ist es an dieser Stelle wichtig, die Schutzbedürfnisse der geschädigten Seite nochmals abzufragen und ein konkretes Vorgehen abzusprechen (zeitlicher Vorsprung, Begleitung zur nächsten Haltestelle, Taxi u.v.m.).

6. Das zweite Ausgleichsgespräch

Frau Müller und Herr Meier kommen nach etwa drei Wochen erneut in die Fachstelle. Diesmal beginnen die Mediatoren mit einem **gemeinsamen** Gespräch. Sie fragen die Medianden, welche Übergabestellen sie sich angesehen haben und wo ihre Präferenzen liegen. Frau Müller hat sich eine angeleitete Selbsthilfegruppe von getrennt lebenden oder geschiedenen Eltern angesehen und schlägt diese auch vor. Allerdings müssen Eltern dort zunächst Einzelgespräche und dann mindestens ein gemeinsames Gespräch führen. Frau Müller kann sich ein solches Vorgehen gut vorstellen, da Flora die Einrichtung kennen lernen und auf diese Weise weniger Berührungsängste mit der neuen Umgebung haben würde. Außerdem wäre ein solches Engagement Herrn Meiers für Frau Müller ein Zeichen seiner Bereitschaft, sich wirklich auf Flora einzustellen.

Herr Meier hat sich keine der Übergabestellen angesehen. Beide einigen sich im Verlauf des Gesprächs darauf, die Selbsthilfegruppe in Anspruch zu nehmen und an den dort geplanten vorbereitenden Gesprächen teilzunehmen. Die Mediatoren bieten an, darüber eine schriftliche Selbstverpflichtung aufzusetzen. Frau Müller lehnt dies ab. Sie wünscht sich, dass die Mediatoren bereits jetzt einen Abschlussbericht über den Verlauf der Ausgleichsgespräche an die Staatsanwaltschaft schicken. Sie möchte damit an die Selbstverantwortung Herrn Meiers appellieren. Zudem sei für sie der strafrechtlich relevante Teil in den Gesprächen hinreichend aufgearbeitet worden. Die Entwicklung der familiären Situation soll damit nicht in Verbindung gebracht und davon abhängig gemacht werden.

Die Mediatoren bieten Frau Müller und Herrn Meier am Ende des Gesprächs an, ihnen bei Bedarf weiterhin vermittelnd zur Verfügung zu stehen.

7. Abschluss der Mediation

Die Mediatoren teilen der Staatsanwaltschaft das Ergebnis der Mediation schriftlich mit und regen, wie von Frau Müller gewünscht, eine Einstellung des Verfahrens an. Die Staatsanwaltschaft wird dieser Anregung voraussichtlich nachkommen.

Typisch für die Vermittlungsarbeit bei Streitigkeiten in Partnerschaften oder Ehen ist bei dem hier beschrieben Fall die Vielschichtigkeit der Konflikte im Rahmen von Trennungsprozessen. Neben der Bearbeitung der verübten bzw. erfahrenen Gewalt wird häufig die Erarbeitung von Regeln gewünscht, die den Umgang mit dem gemeinsamen Kind aber auch andere Trennungsfolgen betreffen können. Die Gewaltproblematik auf Seiten der Beschuldigten sollte in einer längerfristig angelegte Beratung bearbeitet werden. Das Ergebnis kann in einer zu kontrollierende Selbstverpflichtung festgehalten werden, um nach Möglichkeit eine nachhaltige Verhaltensänderung zu erreichen.

8. Folgegespräche

Nach Abschluss der strafverfahrensrechtlich relevanten Mediation wurden auf Wunsch der Beteiligten noch drei weitere Mediationsgespräche geführt, die jeweils die konkrete Umsetzung einer gemeinsam gelebten Elternschaft trotz Trennung als Paar begleiteten. Hierbei ging es überwiegend um Fragen der Gestaltung des Umgangsrechts und der Mitbestimmung (z.B. hinsichtlich der Auswahl des Kindergartens etc.). Tatsächlich ist es Frau Müller und Herrn Meier gelungen, sich auf ein Procedere hinsichtlich des Umgangs zu einigen, das sich im Alltag bewährt hat. Auch die Wahl des Kindergartens für Flora konnte am Ende einvernehmlich entschieden werden.

Anmerkung: Die Schwierigkeit bei diesem Fall lag darin, eine Annäherung zwischen den Parteien zu erreichen und das Opfer nach mehrfacher Gewalterfahrung gleichzeitig ausreichend zu schützen. Es erwies sich als hilfreich, die Parteien zunächst jeweils einzeln einzuladen und einen gemeinsamen Termin als eine Option unter mehreren anzubieten. Wichtig für die Lösung waren das Spiegeln der Kommunikationsmuster und die Fokussierung auf das gemeinsame Interesse, der Tochter einen Kontakt zu beiden Eltern zu erhalten.

Schlussbemerkung

Liebe Leserin, lieber Leser,

wir hoffen, dass Ihnen der „Blick hinter die Kulissen" einen Eindruck davon verschafft hat, wie Mediation in der Praxis aussieht.

Die elf dokumentierten Mediationsfälle zeigen, wie unterschiedlich die Lösungen sein können: so unterschiedlich wie die Beteiligten und deren Wünsche, Interessen und Bedürfnisse.

Im **Fall 1** (Ordnung im Garten, Ruhe in der Küche) gelingt es dank einer bedürfnisorientierten Kommunikation und einiger praktischer Maßnahmen, die Liebesbeziehung zu retten und zu stabilisieren.

Im **Fall 2** (Den Kindern zuliebe) finden die zerstrittenen Eltern eine Regelung, indem sie sich auf ihr gemeinsames Interesse am Wohlergehen ihrer Kinder besinnen.

Im **Fall 3** (Scheidung nach 37 Ehejahren) entwickeln die Eheleute eine Lösung für alle Streitfragen, auch für das gemeinsame Haus am See.

Im **Fall 4** (Hoffnung auf ein Happy End) beendet Peter die Mediation und verliert am Ende seine Lebensgefährtin.

Im **Fall 5** (Keine Einladung zum Geburtstag) erkennen die beiden Schüler die Gründe für ihren Streit und vertragen sich wieder.

Im **Fall 6** (Arbeitsplatz Immobilienbüro) finden die drei Kolleginnen nicht nur eine sachliche Lösung, sondern auch einen neuen Ansatz für ihren persönlichen Umgang.

Im **Fall 7** (Arbeit und Liebe) ist die Lösung so persönlich wie es die Beziehung zwischen den beiden Frauen war: Susanne errichtet Korinna auf deren Grundstück einen Meditationspavillon nach deren Vorstellungen.

Im **Fall 8** (Das Abnahmedesaster) wird eine außergerichtliche Lösung gefunden, die ein teures Gerichtsverfahren um 12 Mio. EUR Schadenersatz entbehrlich macht.

Im **Fall 9** (Hotel Seeblick) finden die zerstrittenen Gesellschafter eine Zwischenlösung, die es erlaubt, das Gerichtsverfahren zu beenden und das Hotel weiter zu führen.

Im **Fall 10** (Rußende Kerzen) steht am Ende eine für beide Unternehmen vorteilhafte Lösung: Die B-GmbH unterlässt zukünftig die fragwürdige Werbung, die A-GmbH verzichtet auf eventuelle Schadensersatzansprüche.

Im **Fall 11** (Exhibitionismus im Treppenhaus) führt ein Neuanfang im persönlichen Umgang zur Lösung der Konflikte.

Im **Fall 12** (Ende der Abwärtsspirale) gelingt es den zerstrittenen Eltern, die Eskalation des Konflikts zu stoppen und sich auf das Wohl der gemeinsamen Tochter zu besinnen.

Die Falldokumentationen machen auch deutlich, wie weit sich die Ergebnisse der Mediation von den rechtlichen Vorgaben entfernen können. Oft stehen am Ende „maßgeschneiderte" Lösungen von beeindruckender Kreativität.

Wir hoffen, dass dieses Buch dazu beiträgt, die Idee der Mediation weiter zu verbreiten, und freuen uns, wenn wir Sie dafür gewinnen konnten.

Anhang

1. Mediationsvertrag (Muster)

Mediationsvertrag
zwischen

....

....

und

(Name, Anschrift), als Mediator

1. Vorbemerkung

Mediation (Vermittlung) ist ein Verfahren zur Lösung von Konflikten.
Es wird insbesondere eingesetzt, um Streitigkeiten beizulegen. Hierbei entscheiden die Beteiligten selbst in eigener Verantwortung. Die Rolle des Vermittlers besteht darin, den Prozess der Entscheidungsfindung zu unterstützen.

2. Neutralität des Vermittlers

Die Beteiligten haben ihre Interessen selbst zu vertreten. Der Vermittler wendet sich beiden Seiten gleichermaßen zu und bleibt neutral. Das gilt auch für die Zeit nach Abschluss der Mediation. Der Vermittler wird nicht für einen Beteiligten gegen den anderen als Anwalt tätig werden, weder gerichtlich noch außergerichtlich. In einem Gerichtsverfahren kann er deshalb auch keinen der Beteiligten vertreten.

3. Aufgaben des Vermittlers

Die Gespräche werden von dem Vermittler geführt, wobei Inhalt und Tempo von den Parteien mitbestimmt werden. Der Vermittler hilft den Parteien, ihre Interessen und Bedürfnisse zu konkretisieren. Zusammen mit den Beteiligten erarbeitet er Lösungsmöglichkeiten und gibt – wenn dies gewünscht wird – der gefundenen Vereinbarung die korrekte rechtliche Form. Der Inhalt einer getroffenen Vereinbarung wird vom Vermittler nur dann kritisiert, wenn dieser gegen zwingendes Recht verstößt oder ihm unfair erscheint.

4. Dauer der Mediation

Das Verfahren ist beendet, wenn die Streitfragen gelöst sind.

Jeder Beteiligte hat aber die Möglichkeit, das Verfahren vorher zu beenden, wenn er dies wünscht.

5. Offenheit und Vertraulichkeit

Die Beteiligten erklären, dass sie sich zu den Streitfragen mit größtmöglicher Offenheit und Ehrlichkeit äußern. Jede Partei verpflichtet sich, alle entscheidungsrelevanten Informationen vollständig und wahrheitsgemäß offen zu legen. Die Beteiligten verpflichten sich, das, was im Laufe des Verfahrens gesagt wird, vertraulich zu behandeln und bei späteren Auseinandersetzungen nicht gegeneinander zu verwenden. Die Beteiligten verpflichten sich, den Mediator nicht als Zeugen in einem späteren Rechtsstreit zu benennen.

Die (anwaltliche) Schweigepflicht des Vermittlers erstreckt sich auf die gesamte Mediation.

6. Rolle des Rechts

Die Parteien streben eine Lösung ihrer Konflikte an, die für beide Seiten fair und akzeptabel ist. Hierbei ist das geltende Recht ein Maßstab unter mehreren.

7. Beteiligung Dritter

Den Beteiligten steht es frei, nach Absprache jeweils einzeln oder gemeinsam weitere Berater außerhalb des Mediationsverfahrens hinzuziehen. Hierbei kann es sich um Rechtsanwälte sowie beispielsweise um kaufmännische oder technische Fachleute handeln. Die Parteien verpflichten sich, sich zumindest einmal von einem Rechtsanwalt juristisch beraten und die gefundene Vereinbarung vor der Unterzeichnung durch einen außen stehenden Rechtsberater überprüfen zu lassen.

8. Kosten

Die Höhe der Kosten wird gemäß einer gesondert abgefassten Vergütungsvereinbarung geregelt.

Die Beteiligten sind sich darüber einig, dass die Kosten der Mediation wie folgt getragen werden:

....

....

Wird keine Regelung getroffen, tragen die Parteien die Kosten der Mediation jeweils zur Hälfte.

....
(Ort, Datum)   (Beteiligte/r)

....
(Ort, Datum)   (Beteiligte/r)

....
(Ort, Datum)   (Mediator)

2. Mediationsgesetz (Deutschland)

In der Fassung der Bekanntmachung vom 21.7.2012 (BGBl. I S. 1577)

§ 1 Begriffsbestimmungen

(1) Mediation ist ein vertrauliches und strukturiertes Verfahren, bei dem Parteien mithilfe eines oder mehrerer Mediatoren freiwillig und eigenverantwortlich eine einvernehmliche Beilegung ihres Konflikts anstreben.

(2) Ein Mediator ist eine unabhängige und neutrale Person ohne Entscheidungsbefugnis, die die Parteien durch die Mediation führt.

§ 2 Verfahren; Aufgaben des Mediators

(1) Die Parteien wählen den Mediator aus.

(2) Der Mediator vergewissert sich, dass die Parteien die Grundsätze und den Ablauf des Mediationsverfahrens verstanden haben und freiwillig an der Mediation teilnehmen.

(3) [1]Der Mediator ist allen Parteien gleichermaßen verpflichtet. [2]Er fördert die Kommunikation der Parteien und gewährleistet, dass die Parteien in angemessener und fairer Weise in die Mediation eingebunden sind. [3]Er kann im allseitigen Einverständnis getrennte Gespräche mit den Parteien führen.

(4) Dritte können nur mit Zustimmung aller Parteien in die Mediation einbezogen werden.

(5) [1]Die Parteien können die Mediation jederzeit beenden. [2]Der Mediator kann die Mediation beenden, insbesondere wenn er der Auffassung ist, dass eine eigenverantwortliche Kommunikation oder eine Einigung der Parteien nicht zu erwarten ist.

(6) [1]Der Mediator wirkt im Falle einer Einigung darauf hin, dass die Parteien die Vereinbarung in Kenntnis der Sachlage treffen und ihren Inhalt verstehen. [2]Er hat die Parteien, die ohne fachliche Beratung an der Mediation teilnehmen, auf die Möglichkeit hinzuweisen, die Vereinbarung bei Bedarf durch externe Berater überprüfen zu lassen. [3]Mit Zustimmung der Parteien kann die erzielte Einigung in einer Abschlussvereinbarung dokumentiert werden.

§ 3 Offenbarungspflichten; Tätigkeitsbeschränkungen

(1) [1]Der Mediator hat den Parteien alle Umstände offenzulegen, die seine Unabhängigkeit und Neutralität beeinträchtigen können. [2]Er darf bei Vorliegen solcher Umstände nur als Mediator tätig werden, wenn die Parteien dem ausdrücklich zustimmen.

(2) ¹Als Mediator darf nicht tätig werden, wer vor der Mediation in derselben Sache für eine Partei tätig gewesen ist. ²Der Mediator darf auch nicht während oder nach der Mediation für eine Partei in derselben Sache tätig werden.

(3) ¹Eine Person darf nicht als Mediator tätig werden, wenn eine mit ihr in derselben Berufsausübungs- oder Bürogemeinschaft verbundene andere Person vor der Mediation in derselben Sache für eine Partei tätig gewesen ist. ²Eine solche andere Person darf auch nicht während oder nach der Mediation für eine Partei in derselben Sache tätig werden.

(4) Die Beschränkungen des Absatzes 3 gelten nicht, wenn sich die betroffenen Parteien im Einzelfall nach umfassender Information damit einverstanden erklärt haben und Belange der Rechtspflege dem nicht entgegenstehen.

(5) Der Mediator ist verpflichtet, die Parteien auf deren Verlangen über seinen fachlichen Hintergrund, seine Ausbildung und seine Erfahrung auf dem Gebiet der Mediation zu informieren.

§ 4 Verschwiegenheitspflicht

¹Der Mediator und die in die Durchführung des Mediationsverfahrens eingebundenen Personen sind zur Verschwiegenheit verpflichtet, soweit gesetzlich nichts anderes geregelt ist. ²Diese Pflicht bezieht sich auf alles, was ihnen in Ausübung ihrer Tätigkeit bekannt geworden ist. ³Ungeachtet anderer gesetzlicher Regelungen über die Verschwiegenheitspflicht gilt sie nicht, soweit

1. die Offenlegung des Inhalts der im Mediationsverfahren erzielten Vereinbarung zur Umsetzung oder Vollstreckung dieser Vereinbarung erforderlich ist,
2. die Offenlegung aus vorrangigen Gründen der öffentlichen Ordnung (ordre public) geboten ist, insbesondere um eine Gefährdung des Wohles eines Kindes oder eine schwerwiegende Beeinträchtigung der physischen oder psychischen Integrität einer Person abzuwenden, oder
3. es sich um Tatsachen handelt, die offenkundig sind oder ihrer Bedeutung nach keiner Geheimhaltung bedürfen.

⁴Der Mediator hat die Parteien über den Umfang seiner Verschwiegenheitspflicht zu informieren.

§ 5 Aus- und Fortbildung des Mediators; zertifizierter Mediator

(1) ¹Der Mediator stellt in eigener Verantwortung durch eine geeignete Ausbildung und eine regelmäßige Fortbildung sicher, dass er über theoretische Kenntnisse sowie praktische Erfahrungen verfügt, um die Parteien in

sachkundiger Weise durch die Mediation führen zu können. [2]Eine geeignete Ausbildung soll insbesondere vermitteln:

1. Kenntnisse über Grundlagen der Mediation sowie deren Ablauf und Rahmenbedingungen,
2. Verhandlungs- und Kommunikationstechniken,
3. Konfliktkompetenz,
4. Kenntnisse über das Recht der Mediation sowie über die Rolle des Rechts in der Mediation sowie
5. praktische Übungen, Rollenspiele und Supervision.

(2) Als zertifizierter Mediator darf sich bezeichnen, wer eine Ausbildung zum Mediator abgeschlossen hat, die den Anforderungen der Rechtsverordnung nach § 6 entspricht.

(3) Der zertifizierte Mediator hat sich entsprechend den Anforderungen der Rechtsverordnung nach § 6 fortzubilden.

§ 6 Verordnungsermächtigung

[1]Das Bundesministerium der Justiz wird ermächtigt, durch Rechtsverordnung ohne Zustimmung des Bundesrates nähere Bestimmungen über die Ausbildung zum zertifizierten Mediator und über die Fortbildung des zertifizierten Mediators sowie Anforderungen an Aus- und Fortbildungseinrichtungen zu erlassen. [2]In der Rechtsverordnung nach Satz 1 können insbesondere festgelegt werden:

1. nähere Bestimmungen über die Inhalte der Ausbildung, wobei eine Ausbildung zum zertifizierten Mediator die in § 5 Absatz 1 Satz 2 aufgeführten Ausbildungsinhalte zu vermitteln hat, und über die erforderliche Praxiserfahrung;
2. nähere Bestimmungen über die Inhalte der Fortbildung;
3. Mindeststundenzahlen für die Aus- und Fortbildung;
4. zeitliche Abstände, in denen eine Fortbildung zu erfolgen hat;
5. Anforderungen an die in den Aus- und Fortbildungseinrichtungen eingesetzten Lehrkräfte;
6. Bestimmungen darüber, dass und in welcher Weise eine Aus- und Fortbildungseinrichtung die Teilnahme an einer Aus-und Fortbildungsveranstaltung zu zertifizieren hat;
7. Regelungen über den Abschluss der Ausbildung;
8. Übergangsbestimmungen für Personen, die bereits vor Inkrafttreten dieses Gesetzes als Mediatoren tätig sind.

§ 7 Wissenschaftliche Forschungsvorhaben; finanzielle Förderung der Mediation

(1) Bund und Länder können wissenschaftliche Forschungsvorhaben vereinbaren, um die Folgen einer finanziellen Förderung der Mediation für die Länder zu ermitteln.

(2) [1]Die Förderung kann im Rahmen der Forschungsvorhaben auf Antrag einer rechtsuchenden Person bewilligt werden, wenn diese nach ihren persönlichen und wirtschaftlichen Verhältnissen die Kosten einer Mediation nicht, nur zum Teil oder nur in Raten aufbringen kann und die beabsichtigte Rechtsverfolgung oder Rechtsverteidigung nicht mutwillig erscheint. [2]Über den Antrag entscheidet das für das Verfahren zuständige Gericht, sofern an diesem Gericht ein Forschungsvorhaben durchgeführt wird. [3]Die Entscheidung ist unanfechtbar. [4]Die Einzelheiten regeln die nach Absatz 1 zustande gekommenen Vereinbarungen zwischen Bund und Ländern.

(3) Die Bundesregierung unterrichtet den Deutschen Bundestag nach Abschluss der wissenschaftlichen Forschungsvorhaben über die gesammelten Erfahrungen und die gewonnenen Erkenntnisse.

§ 8 Evaluierung

(1) [1]Die Bundesregierung berichtet dem Deutschen Bundestag bis zum 26. Juli 2017, auch unter Berücksichtigung der kostenrechtlichen Länderöffnungsklauseln über die Auswirkungen dieses Gesetzes auf die Entwicklung der Mediation in Deutschland und über die Situation der Aus- und Fortbildung der Mediatoren. [2]In dem Bericht ist insbesondere zu untersuchen und zu bewerten, ob aus Gründen der Qualitätssicherung und des Verbraucherschutzes weitere gesetzgeberische Maßnahmen auf dem Gebiet der Aus- und Fortbildung von Mediatoren notwendig sind.

(2) Sofern sich aus dem Bericht die Notwendigkeit gesetzgeberischer Maßnahmen ergibt, soll die Bundesregierung diese vorschlagen.

§ 9 Übergangsbestimmung

(1) Die Mediation in Zivilsachen durch einen nicht entscheidungsbefugten Richter während eines Gerichtsverfahrens, die vor dem 26. Juli 2012 an einem Gericht angeboten wird, kann unter Fortführung der bisher verwendeten Bezeichnung (gerichtlicher Mediator) bis zum 1. August 2013 weiterhin durchgeführt werden.

(2) Absatz 1 gilt entsprechend für die Mediation in der Verwaltungsgerichtsbarkeit, der Sozialgerichtsbarkeit, der Finanzgerichtsbarkeit und der Arbeitsgerichtsbarkeit.

3. Europäischer Verhaltenskodex für Mediatoren

Um die Qualität von Mediationsverfahren zu sichern wurde – initiiert von der EU-Kommission – der European Code of Conduct entwickelt. Dieser wurde am 2.7.2004 verabschiedet. Dieser Verhaltenskodex stellt einen Katalog von Prinzipien auf europäischer Ebene auf, denen sich Mediatoren freiwillig anschließen können. Unter anderem beinhaltet das Regelwerk, dass

– vollkommene Unparteilichkeit der Mediatoren gewährleistet ist
– der Mediator alle erforderlichen Maßnahmen ergreift, um sicherzustellen, dass eine einvernehmliche Einigung der Parteien erzielt wird
– Mediationsvereinbarungen von den Parteien eingehalten werden
– alle Parteien in angemessener Weise in das Verfahren eingebunden sind
– die Vertraulichkeit aller Informationen aus dem Verfahren gewahrt ist.

Der Wortlaut des Code of Conduct:

1. Kompetenz und Ernennung von Mediatoren

1.1. Zuständigkeit
Mediatoren sind sachkundig und kompetent in der Mediation. Sie müssen eine einschlägige Ausbildung und kontinuierliche Fortbildung sowie Erfahrungen mit Mediationstätigkeiten auf der Grundlage einschlägiger Standards oder Zulassungsregelungen vorweisen.

1.2. Ernennung
Der Mediator vereinbart mit den Parteien geeignete Termine für das Mediationsverfahren. Der Mediator vergewissert sich ausreichend, dass er die Vorraussetzungen für die Mediationsaufgabe erfüllt und das seine Kompetenz dafür angemessen ist, bevor er die Ernennung annimmt, und stellt den Parteien auf ihren Antrag Informationen zu seinem Hintergrund und seiner Erfahrung zur Verfügung.

1.3. Bekanntmachung der Dienste des Mediators
Mediatoren können auf professionelle, ehrliche und redliche Art und Weise ihre Tätigkeit bekannt machen.

2. Unabhängigkeit und Unparteilichkeit

2.1. Unabhängigkeit und Objektivität

Der Mediator darf seine Tätigkeit nicht wahrnehmen bzw., wenn er sie bereits aufgenommen hat, nicht fortsetzen, bevor er nicht alle Umstände, die seine Unabhängigkeit beeinträchtigen oder zu Interessenkonflikten führen oder den Anschein eines Interessenkonflikts erwecken können, offen gelegt hat. Die Offenlegungspflicht besteht im Mediationsprozess zu jeder Zeit. Solche Umstände sind

– eine persönliche oder geschäftliche Verbindung zu einer Partei,
– ein finanzielles oder sonstiges direktes oder indirektes Interesse am Ergebnis der Mediation oder
– eine anderweitige Tätigkeit des Mediators oder eines Mitarbeiters seiner Firma für eine der Parteien.

In solchen Fällen darf der Mediator die Mediationstätigkeit nur wahrnehmen bzw. fortsetzen, wenn er sich sicher ist, dass die vollkommene Unparteilichkeit gewährleistet ist, und wenn die Parteien ausdrücklich zustimmen.

2.2. Unparteilichkeit

Der Mediator hat in seinem Handeln und Auftreten den Parteien gegenüber stets unparteiisch zu sein und ist gehalten, im Mediationsprozess allen Parteien gleichermaßen zu dienen.

3. Mediationsvereinbarungen, Verfahren, Mediationsregelung und Vergütung

3.1. Verfahren

Der Mediator vergewissert sich, dass die Parteien des Mediationsverfahrens das Verfahren und die Aufgaben des Mediators und der beteiligten Parteien verstanden haben. Der Mediator gewährleistet insbesondere, dass die Parteien vor Beginn des Mediationsverfahrens die Vorraussetzungen und Bedingungen der Mediationsvereinbarung, darunter insbesondere die einschlägigen Geheimhaltungsbestimmungen für den Mediator und die Parteien, verstanden und sich ausdrücklich damit einverstanden erklärt haben. Die Mediationsvereinbarung wird auf Antrag der Parteien schriftlich niedergelegt. Der Mediator leitet das Verfahren in angemessener Weise und berücksichtigt die jeweiligen Umstände des Falls, einschließlich einer ungleichen Machtverteilung und des Rechtsstaatsprinzips, eventueller Wünsche der Parteien und der Notwendigkeit einer raschen Streitbeilegung.

Die Parteien können unter Bezugnahme auf vorhandene Regeln oder anderweitig mit dem Mediator das Verfahren vereinbaren, nach dem die

Mediation vorgenommen werden soll. Der Mediator kann die Parteien getrennt anhören, wenn er dies für nützlich erachtet.

3.2. Faires Verfahren

Der Mediator stellt sicher, dass alle Parteien in angemessener Weise in das Verfahren eingebunden sind. Der Mediator kann das Mediationsverfahren gegebenenfalls beenden und kann die Parteien davon in Kenntnis setzen, wenn

– er aufgrund der Umstände und seiner einschlägigen Urteilsfähigkeit die vereinbarte Regelung nicht für durchsetzbar oder
– für vorschriftswidrig hält oder er der Meinung ist, dass eine Fortsetzung des Verfahrens aller Voraussicht nach nicht zu einer Regelung führen wird.

3.3. Ende des Verfahrens

Der Mediator ergreift alle erforderlichen Maßnahmen, um sicherzustellen, dass eine einvernehmliche Einigung der Parteien in voller Kenntnis der Sachlage erzielt wird und dass alle Parteien die Bedingungen der Regelung vorstehen.

Die Parteien können sich jederzeit aus dem Mediationsverfahren zurückziehen, ohne dies begründen zu müssen. Der Mediator kann auf Antrag der Parteien im Rahmen seiner Kompetenz die Parteien darüber informieren, wie sie die Vereinbarung formulieren können und welche Vorraussetzungen erfüllt sein müssen, damit sie vollstreckbar ist.

3.4. Vergütung

Soweit nicht bereits bekannt, gibt der Mediator den Parteien stets vollständige Auskünfte über die Kostenregelung, die er anzuwenden gedenkt. Er nimmt kein Mediationsverfahren an, bevor nicht die Grundsätze seiner Vergütung durch alle Beteiligten akzeptiert wurden.

4. Vertraulichkeit

Der Mediator wahrt die Vertraulichkeit aller Informationen aus dem Mediationsverfahren oder im Zusammenhang damit und hält die Tatsache geheim, dass die Mediation stattfinden soll oder stattgefunden hat. Es sei denn, er ist gesetzlich oder aus Gründen der öffentlichen Ordnung zur Offenlegung gezwungen. Informationen, die eine der Parteien dem Mediator im Vertrauen mitgeteilt hat, dürfen nicht ohne Genehmigung an andere Parteien weitergegeben werden. Es sei denn, es besteht gesetzliche Pflicht zur Weitergabe.

4. Zivilrechts-Mediations-Gesetz (Österreich)

BGBl. I Nr. 29/2003
Inhaltsverzeichnis

Lehrgänge
VII. Abschnitt
§§ 29 und 30 Verordnungsermächtigungen
VIII. Abschnitt
§§ 31 und 32 Strafbestimmungen
IX. Abschnitt
§§ 33 bis 36 Schluss- und Übergangsbestimmungen

I. Abschnitt. Allgemeine Bestimmungen

Begriff
§ 1. (1) Mediation ist eine auf Freiwilligkeit der Parteien beruhende Tätigkeit, bei der ein fachlich ausgebildeter, neutraler Vermittler (Mediator) mit anerkannten Methoden die Kommunikation zwischen den Parteien systematisch mit dem Ziel fördert, eine von den Parteien selbst verantwortete Lösung ihres Konfliktes zu ermöglichen.

(2) Mediation in Zivilrechtssachen ist Mediation zur Lösung von Konflikten, für deren Entscheidung an sich die ordentlichen Zivilgerichte zuständig sind.

Regelungsgegenstand
§ 2. (1) Dieses Bundesgesetz regelt die Einrichtung eines Beirats für Mediation, die Voraussetzungen und das Verfahren für die Eintragung von Personen in die Liste der eingetragenen Mediatoren, die Führung dieser Liste, die Voraussetzungen und das Verfahren für die Eintragung von Ausbildungseinrichtungen und Lehrgängen für Mediation in Zivilrechtssachen, die Führung dieser Liste, die Rechte und Pflichten der eingetragenen Mediatoren sowie die Hemmung von Fristen durch die Mediation in Zivilrechtssachen.

(2) Durch dieses Bundesgesetz wird in gesetzlich geregelte Rechte und Pflichten von Angehörigen freier Berufe, auch bei Ausübung im Rahmen eines Dienstverhältnisses, sowie in die gesetzlichen Aufgaben der Mitarbeiter der Jugendwohlfahrt nicht eingegriffen. Gleiches gilt für die Voraussetzungen der Berufsausübung und die Tätigkeit der Bewährungshilfe in Strafsachen sowie für die Mitwirkung von Konfliktreglern am außergerichtlichen Tatausgleich nach § 90g Abs. 3 StPO und § 29a BewHG. I 35

Bezeichnungen
§ 3. (1) Soweit in diesem Bundesgesetz
1. von Mediation die Rede ist, ist damit die Mediation in Zivilrechtssachen gemeint;

2. vom Mediator die Rede ist, ist damit die eingetragene Mediatorin oder der eingetragene Mediator gemeint;

3. sonstige personenbezogene Bezeichnungen nur in männlicher Form angeführt sind, beziehen sie sich auf Frauen und Männer in gleicher Weise.

(2) Bei der Vollziehung dieses Bundesgesetzes ist bezüglich einer bestimmten Person die jeweils geschlechtsspezifische Anrede oder Bezeichnung zu verwenden.

II. Abschnitt. Beirat für Mediation beim Bundesministerium für Justiz

Einrichtung des Beirats

§ 4. (1) Zur Beratung des Bundesministers für Justiz in Angelegenheiten der Mediation ist ein Beirat für Mediation einzurichten.

(2) Die Mitglieder und Ersatzmitglieder des Beirats hat der Bundesminister für Justiz für die Dauer von fünf Jahren zu ernennen. Eine wiederholte Ernennung ist möglich. Zur Vorbereitung der Ernennung hat der Bundesminister für Justiz Vorschläge einzuholen

1. für zwölf Mitglieder (Ersatzmitglieder) von repräsentativen Vereinigungen auf dem Gebiet der Mediation;

2. für je ein Mitglied (Ersatzmitglied)

a) vom Berufsverband Österreichischer Psychologinnen und Psychologen, vom Österreichischen Bundesverband für Psychotherapie sowie der Vereinigung der österreichischen Richter,

b) von der Bundesministerin für Bildung, Wissenschaft und Kultur, der Bundesministerin für Gesundheit und Frauen, vom Bundesminister für soziale Sicherheit, Generationen und Konsumentenschutz sowie vom Bundesminister für Wirtschaft und Arbeit,

c) von der Bundesarbeitskammer, der Wirtschaftskammer Österreich, der Österreichischen Notariatskammer, dem Österreichischen Rechtsanwaltskammertag, der Kammer der Wirtschaftstreuhänder sowie von der Bundeskammer der Architekten und Ingenieurkonsulenten;

3. für zwei Mitglieder (Ersatzmitglieder) aus dem Bereich der wissenschaftlichen Lehre und Forschung auf dem Gebiet der Mediation von der Österreichischen Rektorenkonferenz.

(3) Repräsentativ im Sinne des Abs. 2 Z 1 ist eine Vereinigung, der unter Berücksichtigung des fachlichen Tätigkeitsbereichs eine ins Gewicht fallende Anzahl an in der Mediation tätigen Mitgliedern angehört und die bundesweit oder in einem überwiegenden Teil des Bundesgebiets wirkt.

(4) In die Vorschläge sind möglichst Personen aufzunehmen, die über praktische Erfahrungen oder theoretische Kenntnisse auf dem Gebiet der Mediation verfügen. Bedacht zu nehmen ist auch auf eine Vertretung der

Belange jener, die Mediation in Anspruch nehmen oder hiefür besonders in Betracht kommen.

Aufgaben des Beirats

§ 5. Dem Beirat obliegen

1. die Erörterung von Themen und Fragen, die ihm vom Bundesminister für Justiz vorgelegt werden, sowie die Abgabe von Stellungnahmen und die Erstattung von Gutachten,

2. die Mitwirkung bei der Erlassung von Verordnungen gemäß §§ 29 und 30,

3. die Mitwirkung an Verfahren über die Eintragung von Ausbildungseinrichtungen und Lehrgängen (§§ 24, 25 und 28) sowie

4. im Wege seines Ausschusses die Mitwirkung am Verfahren über die Eintragung in die Liste der Mediatoren (§§ 12 bis 14).

Sitzungen des Beirats

§ 6. (1) Der Bundesminister für Justiz führt im Beirat den Vorsitz und beruft diesen zu Sitzungen ein. Dabei kann er sich durch einen Bediensteten des Bundesministeriums für Justiz vertreten lassen.

(2) Die Sitzungen des Beirats sind nicht öffentlich. Er ist beschlussfähig, wenn mindestens die Hälfte der Mitglieder anwesend ist. Dem Vorsitzenden kommt kein Stimmrecht zu.

(3) Beschlüsse fasst der Beirat mit einfacher Mehrheit. Bei Stimmengleichheit ist ein Vorschlag oder Antrag abgelehnt. Die in der Minderheit gebliebenen Mitglieder haben das Recht, ihre Auffassung dem Beschluss des Beirats schriftlich anzuschließen.

(4) Die Tätigkeit der Mitglieder des Beirats ist ehrenamtlich.

Sie haben Anspruch auf Ersatz der notwendigen Barauslagen einschließlich der Kosten für die Reise und Unterkunft entsprechend der Gebührenstufe 3 der Reisegebührenvorschrift 1955, BGBl. Nr. 133.

Ausschuss für Mediation

§ 7. (1) Der Beirat hat aus seinen stimmberechtigten Mitgliedern für die Dauer von fünf Jahren einen Ausschuss, bestehend aus fünf Mitgliedern samt Ersatzmitgliedern, zu wählen sowie einen Vorsitzenden und dessen Vertreter zu bezeichnen. Die Funktionsperiode endet mit der Bestellung eines neuen Ausschusses.

Sind ein Mitglied oder dessen Ersatzmitglied ausgeschieden, so hat der Beirat für den Rest der Funktionsperiode einen Ersatz zu wählen.

(2) Der Vorsitzende hat die Mitglieder des Ausschusses auf Ersuchen des Bundesministers für Justiz zu Sitzungen einzuberufen.

§ 6 Abs. 2 erster und zweiter Satz sowie Abs. 3 gelten entsprechend. Die Mitglieder haben Anspruch auf eine dem Aufwand angemessene Vergütung für ihre Tätigkeiten (§ 30).

III. Abschnitt. Liste der Mediatoren

Führung der Liste

§ 8. Der Bundesminister für Justiz hat eine Liste der Mediatoren zu führen. In der Liste sind Vor- und Familiennamen, Geburtstag, die Bezeichnung des sonstigen Berufs des Mediators, seine Arbeitsanschrift und sein akademischer Grad anzugeben. Gibt der Mediator seinen fachlichen Tätigkeitsbereich oder seine fachlichen Tätigkeitsbereiche an, so sind auch diese in der Liste anzuführen. Die Liste der Mediatoren ist in geeigneter Weise elektronisch kundzumachen.

Voraussetzungen der Eintragung

§ 9. (1) Anspruch auf Eintragung in die Liste der Mediatoren hat, wer nachweist, dass er

1. das 28. Lebensjahr vollendet hat,
2. fachlich qualifiziert ist,
3. vertrauenswürdig ist und
4. eine Haftpflichtversicherung nach § 19 abgeschlossen hat.

(2) Der Eintragungswerber hat in seinem Antrag anzugeben, in welchen Räumlichkeiten er die Mediation ausübt.

Fachliche Qualifikation

§ 10. (1) Fachlich qualifiziert ist, wer auf Grund einer entsprechenden Ausbildung (§ 29) über Kenntnisse und Fertigkeiten der Mediation verfügt sowie mit deren rechtlichen und psychosozialen Grundlagen vertraut ist. Die Ausbildung ist tunlichst in Lehr- und Praxisveranstaltungen solcher Einrichtungen, einschließlich der Universitäten, zu absolvieren, die der Bundesminister für Justiz in die Liste der Ausbildungseinrichtungen und Lehrgänge für Mediation in Zivilrechtssachen eingetragen hat.

(2) Bei Beurteilung der fachlichen Qualifikation sind jene Kenntnisse und Fertigkeiten, die Angehörige bestimmter Berufe, insbesondere Psychotherapeuten, klinische Psychologen und Gesundheitspsychologen, Rechtsanwälte, Notare, Richter, Staatsanwälte, Wirtschaftstreuhänder, Ziviltechniker, Lebens- und Sozialberater, Sozialarbeiter, Unternehmensberater oder Hochschullehrer aus einem einschlägigen Fach, im Rahmen ihrer Ausbildung und ihrer Berufspraxis erworben haben und die ihnen bei Ausübung der Mediation zustatten kommen, zu berücksichtigen.

Antrag auf Eintragung

§ 11. (1) Das Verfahren zur Eintragung in die Liste der Mediatoren wird auf Grund eines schriftlichen Antrags des Bewerbers an den Bundesminister für Justiz eingeleitet. Der Antrag hat die nach § 8 erforderlichen Angaben zu enthalten.

(2) Die Voraussetzungen nach §§ 9 und 10 sind durch entsprechende Urkunden, wie Zeugnisse, Bestätigungen und Berufsdiplome, nachzuweisen. Die Vertrauenswürdigkeit ist, sofern sie nicht gesetzliche Voraussetzung der sonstigen beruflichen Tätigkeit des Bewerbers ist, durch eine Strafregisterbescheinigung nachzuweisen, die nicht älter als drei Monate ist und in der keine Verurteilung aufscheint, die eine verlässliche Tätigkeit als Mediator zweifelhaft erscheinen lässt.

(3) Dem Antrag sind eine Darstellung der bisherigen beruflichen Tätigkeit sowie des Ausbildungsweges als Mediator, einschließlich einer Aufstellung der Einrichtungen, bei denen die Ausbildung absolviert worden ist, anzuschließen.

Prüfung der Voraussetzungen

§ 12 (1) Der Bundesminister für Justiz hat zunächst auf Grund des Antrags und dessen Beilagen zu prüfen, ob beim Bewerber die Voraussetzungen nach § 9 Abs. 1 Z 1, 3 und 4 und Abs. 2 vorliegen und ob dem Antrag die zur Prüfung der Voraussetzung nach § 10 erforderlichen Urkunden und Nachweise angeschlossen sind. Erforderlichenfalls hat er den Bewerber zu einer Ergänzung innerhalb einer angemessenen Frist aufzufordern. Die ungerechtfertigte Nichtbefolgung dieser Aufforderung gilt als Zurückziehung des Antrags.

(2) Liegt die Voraussetzung nach § 10 nicht offensichtlich vor, so kann der Bundesminister für Justiz ein Gutachten des Ausschusses für Mediation einholen.

(3) Der Bundesminister für Justiz und der Ausschuss können den Bewerber zu einer Anhörung laden. Die ungerechtfertigte Nichtbefolgung der Ladung gilt als Zurückziehung des Antrags.

Eintragung

§ 13 (1) Wer die Voraussetzungen der Eintragung in die Liste erfüllt, ist vom Bundesminister für Justiz für die Dauer von fünf Jahren, unter Anführung des Tages des Endes der Frist, einzutragen. Personen, die die Voraussetzungen nicht erfüllen, ist die Eintragung mit Bescheid zu versagen.

(2) Der Mediator kann frühestens ein Jahr und spätestens drei Monate vor Ablauf der Eintragungsdauer schriftlich die Aufrechterhaltung der Eintragung für weitere zehn Jahre begehren. Er bleibt bis zur Entscheidung über den fristgerecht gestellten Antrag in die Liste eingetragen. Erneute Anträge, die Eintragung für jeweils weitere zehn Jahre aufrecht zu erhalten, sind zulässig.

(3) Im Antrag auf Aufrechterhaltung der Eintragung hat der Mediator seine Fortbildung (§ 20) darzustellen. Die Eintragung ist aufrechtzuerhalten, wenn die fachliche Qualifikation durch den Besuch von Fortbildungsveranstaltungen weiter gewährleistet ist und keine der übrigen Voraussetzungen nach § 14 vorliegt.

Zur Prüfung der Voraussetzungen der Aufrechterhaltung der Eintragung kann der Bundesminister für Justiz den Ausschuss befassen.

Streichung von der Liste

§ 14. (1) Der Bundesminister für Justiz hat, erforderlichenfalls nach Einholung eines Gutachtens des Ausschusses für Mediation, mit Bescheid den Mediator von der Liste zu streichen, wenn ihm zur Kenntnis gelangt, dass eine Voraussetzung nach § 9 weggefallen ist oder nicht bestanden hat, der Mediator seiner Pflicht nach § 20 nicht nachkommt oder er sonst gröblich oder trotz Mahnung wiederholt gegen seine Pflichten verstoßen hat.

(2) Darüber hinaus ist der Mediator im Fall seines Verzichts, seines Todes oder wegen Ablaufs der Frist (§ 13) von der Liste zu streichen.

(3) Im Fall der Streichung ist der bisherige Eintrag in Evidenz zu halten.

IV. Abschnitt. Rechte und Pflichten des eingetragenen Mediators

Allgemeine Rechte und Pflichten

§ 15. (1) Wer in die Liste der Mediatoren eingetragen ist, ist

1. berechtigt, die Bezeichnung „eingetragener Mediator" zu führen;

2. bei Ausübung der Mediation verpflichtet, diese Bezeichnung zu führen.

(2) Der Mediator darf keine Vergütung für die Vermittlung oder Empfehlung von Personen zur Mediation geben, nehmen, versprechen oder sich zusichern lassen. Rechtsgeschäfte, die gegen dieses Verbot verstoßen, sind nichtig. Leistungen aus solchen Rechtsgeschäften können zurückgefordert werden.

Pflichten gegenüber den Parteien

§ 16. (1) Wer selbst Partei, Parteienvertreter, Berater oder Entscheidungsorgan in einem Konflikt zwischen den Parteien ist oder gewesen ist, darf in diesem Konflikt nicht als Mediator tätig sein. Desgleichen darf ein Mediator in einem Konflikt, auf den sich die Mediation bezieht, nicht vertreten, beraten oder entscheiden. Jedoch darf er nach Beendigung der Mediation im Rahmen seiner sonstigen beruflichen Befugnisse und mit Zustimmung aller betroffenen Parteien zur Umsetzung des Mediationsergebnisses tätig sein.

(2) Der Mediator darf nur mit Zustimmung der Parteien tätig werden. Er hat die Parteien über das Wesen und die Rechtsfolgen der Mediation in Zivilrechtssachen aufzuklären und diese nach bestem Wissen und Gewissen, persönlich, unmittelbar und gegenüber den Parteien neutral durchzuführen.

(3) Der Mediator hat die Parteien auf einen Bedarf an Beratung, insbesondere in rechtlicher Hinsicht, der sich im Zusammenhang mit der Mediation ergibt, sowie auf die Form hinzuweisen, in die sie das Ergebnis der Mediation fassen müssen, um die Umsetzung sicherzustellen.

§ 17. (1) Der Mediator hat den Beginn, die Umstände, aus denen sich ergibt, ob die Mediation gehörig fortgesetzt wurde, sowie das Ende der Mediation zu dokumentieren. Als Beginn der Mediation gilt der Zeitpunkt, zu dem die Parteien übereingekommen sind, den Konflikt durch Mediation zu lösen. Die Mediation endet, wenn eine der Parteien oder der Mediator erklärt, sie nicht mehr fortsetzen zu wollen, oder ein Ergebnis erzielt wurde.

(2) Auf Verlangen der Parteien hat der Mediator das Ergebnis der Mediation sowie die zu dessen Umsetzung erforderlichen Schritte schriftlich festzuhalten.

(3) Der Mediator hat seine Aufzeichnungen mindestens sieben Jahre nach Beendigung der Mediation aufzubewahren. Auf Verlangen der Parteien hat er diesen eine Gleichschrift der Aufzeichnungen auszufolgen.

Verschwiegenheit, Vertraulichkeit

§ 18. Der Mediator ist zur Verschwiegenheit über die Tatsachen verpflichtet, die ihm im Rahmen der Mediation anvertraut oder sonst bekannt wurden. Er hat die im Rahmen der Mediation erstellten oder ihm übergebenen Unterlagen vertraulich zu behandeln. Gleiches gilt für Hilfspersonen des Mediators sowie für Personen, die im Rahmen einer Praxisausbildung bei einem Mediator unter dessen Anleitung tätig sind.

Haftpflichtversicherung

§ 19. (1) Der Mediator hat zur Deckung der aus seiner Tätigkeit entstehenden Schadenersatzansprüche eine Haftpflichtversicherung bei einem zum Geschäftsbetrieb in Österreich berechtigten Versicherer abzuschließen und diese während der Dauer seiner Eintragung in der Liste der Mediatoren aufrechtzuerhalten.

(2) Für den Versicherungsvertrag muss Folgendes gelten:

1. auf ihn muss österreichisches Recht anwendbar sein;

2. die Mindestversicherungssumme hat € 400.000,- für jeden Versicherungsfall zu betragen;

3. der Ausschluss oder eine zeitliche Begrenzung der Nachhaftung des Versicherers ist unzulässig.

(3) Die Versicherer sind verpflichtet, dem Bundesminister für Justiz unaufgefordert und umgehend jeden Umstand zu melden, der eine Beendigung oder Einschränkung des Versicherungsschutzes oder eine Abweichung von der ursprünglichen Versicherungsbestätigung bedeutet oder bedeuten kann, und auf Verlangen des Bundesministers für Justiz über solche Umstände Auskunft zu erteilen. Der Mediator hat diesem den Bestand der Haftpflichtversicherung jederzeit nachzuweisen.

Fortbildung
§ 20. Der Mediator hat sich angemessen, zumindest im Ausmaß von fünfzig Stunden innerhalb eines Zeitraums von fünf Jahren, fortzubilden und dies dem Bundesminister für Justiz alle fünf Jahre nachzuweisen.

Mitteilungspflicht
§ 21. Der Mediator hat dem Bundesminister für Justiz unverzüglich jede Änderung von Umständen, die seine Eintragung in die Liste der Mediatoren betreffen, mitzuteilen. Die Eintragung ist entsprechend zu ändern.

V. Abschnitt. Hemmung von Fristen

§ 22. (1) Der Beginn und die gehörige Fortsetzung einer Mediation durch einen eingetragenen Mediator hemmen Anfang und Fortlauf der Verjährung sowie sonstiger Fristen zur Geltendmachung der von der Mediation betroffenen Rechte und Ansprüche.

(2) Die Parteien können schriftlich vereinbaren, dass die Hemmung auch andere zwischen ihnen bestehende Ansprüche, die von der Mediation nicht betroffen sind, umfasst. Betrifft die Mediation Rechte und Ansprüche aus dem Familienrecht, so umfasst die Hemmung auch ohne schriftliche Vereinbarung sämtliche wechselseitigen oder von den Parteien gegeneinander wahrzunehmenden Rechte und Ansprüche familienrechtlicher Art, sofern die Parteien nichts anderes schriftlich vereinbaren.

VI. Abschnitt. Ausbildungseinrichtungen und Lehrgänge

Führung der Liste der Ausbildungseinrichtungen und Lehrgänge
§ 23. Der Bundesminister für Justiz hat eine Liste der Ausbildungseinrichtungen und Lehrgänge auf dem Gebiet der Mediation in Zivilrechtssachen zu führen. Die Liste ist in geeigneter Weise elektronisch kundzumachen. Von der elektronischen Kundmachung dürfen wegen Zeitablaufs unaktuell gewordene Eintragungen ausgenommen werden.

Eintragung in die Liste

§ 24. (1) Das Verfahren zur Eintragung einer Ausbildungseinrichtung oder eines Lehrgangs für Mediation in Zivilrechtssachen wird auf Grund eines schriftlichen Antrags des Bewerbers an den Bundesminister für Justiz eingeleitet. Der Antrag kann sich auch auf Teilabschnitte oder einzelne Gebiete der Ausbildung beziehen.

(2) Der Bewerber hat den Inhalt der Ausbildung, Anzahl und Qualifikation des Lehrpersonals und die Finanzierung der Einrichtung oder des Lehrgangs darzutun. Bei einer Ausbildungseinrichtung ist nachzuweisen, dass die Nachhaltigkeit der Ausbildungstätigkeit gewährleistet ist.

(3) Ist auf Grund des Nachweises des Bewerbers das Erreichen der Ausbildungsziele sowie im Fall einer Ausbildungseinrichtung die Nachhaltigkeit ihrer Tätigkeit gewährleistet, so hat der Bundesminister für Justiz, erforderlichenfalls nach Befassung des Beirats, die Ausbildungseinrichtung oder den Lehrgang für die Dauer von längstens fünf Jahren in die Liste einzutragen. Bewerbern, die diese Voraussetzungen nicht erfüllen, ist die Eintragung mit Bescheid zu versagen.

§ 25. (1) Eine Ausbildungseinrichtung kann frühestens ein Jahr und spätestens drei Monate vor Ablauf der Eintragungsdauer schriftlich die Aufrechterhaltung der Eintragung für weitere zehn Jahre begehren. Sie bleibt bis zur Entscheidung über den fristgerecht gestellten Antrag in die Liste eingetragen. Erneute Anträge, die Eintragung für jeweils weitere zehn Jahre aufrechtzuerhalten, sind zulässig.

(2) Die Eintragung ist aufrechtzuerhalten, wenn sich aus den Berichten (§ 27) der Ausbildungseinrichtung ergibt, dass die Eignung weiter gewährleistet ist, und keine der Voraussetzungen nach § 28 vorliegt. Zur Prüfung der Voraussetzungen der Aufrechterhaltung der Eintragung kann der Bundesminister für Justiz den Beirat befassen.

Zeugnisse

§ 26. Die eingetragenen Ausbildungseinrichtungen und die Veranstalter von eingetragenen Lehrgängen haben den Teilnehmern über die Erreichung der Ausbildungsziele Zeugnisse auszustellen.

Berichtspflicht

§ 27. Zum Nachweis der Nachhaltigkeit der Tätigkeit haben die eingetragenen Ausbildungseinrichtungen dem Bundesminister für Justiz bis längstens 1. Juli eines jeden Jahres schriftlich über Umfang, Inhalt und Erfolg der Ausbildungstätigkeit des vergangenen Jahres zu berichten.

Streichung von der Liste der Ausbildungseinrichtungen und Lehrgänge

§ 28. (1) Der Bundesminister für Justiz hat, erforderlichenfalls nach Einholung eines Gutachtens des Beirats, mit Bescheid eine Ausbildungseinrichtung oder einen Lehrgang von der Liste zu streichen, wenn ihm zur Kenntnis gelangt, dass eine der Voraussetzungen der Eintragung weggefallen ist oder nicht bestanden hat, die Ausbildungsziele im Wesentlichen nicht erreicht werden, ausgestellte Zeugnisse wiederholt grobe Unrichtigkeiten enthalten, eine Ausbildungseinrichtung trotz Mahnung gegen ihre Berichtspflicht verstößt oder die Nachhaltigkeit ihrer Tätigkeit nicht gewährleistet ist.

(2) Darüber hinaus ist eine Ausbildungseinrichtung oder ein Lehrgang im Fall eines Verzichts oder wegen Ablaufs der Frist (§ 25 Abs. 1) von der Liste zu streichen.

(3) Im Fall der Streichung ist der bisherige Eintrag in Evidenz zu halten.

VII. Abschnitt. Verordnungsermächtigungen

§ 29. (1) Der Bundesminister für Justiz hat nach Anhörung des Beirats für Mediation durch Verordnung nähere Bestimmungen über die Ausbildung für Mediatoren festzulegen. Dabei können die Ausbildungsinhalte nach Fachbereichen unterschiedlich festgesetzt werden.

(2) Der theoretische Teil der Ausbildung ist, aufgegliedert nach einzelnen Ausbildungsinhalten, mit 200 bis 300, der anwendungsorientierte Teil mit 100 bis 200 Ausbildungseinheiten festzulegen. Es haben insbesondere zu umfassen

1. der theoretische Teil:

a) eine Einführung in die Problemgeschichte und Entwicklung der Mediation, einschließlich deren Grundannahmen und Leitbilder;

b) Verfahrensablauf, Methoden und Phasen der Mediation unter besonderer Berücksichtigung verhandlungs- und lösungsorientierter Ansätze;

c) Grundlagen der Kommunikation, insbesondere der Kommunikations-, Frage- und Verhandlungstechniken, der Gesprächsführung und Moderation unter besonderer Berücksichtigung von Konfliktsituationen;

d) Konfliktanalysen;

e) Anwendungsgebiete der Mediation;

f) Persönlichkeitstheorien und psychosoziale Interventionsformen;

g) ethische Fragen der Mediation, insbesondere der Position des Mediators;

h) rechtliche, insbesondere zivilrechtliche, Fragen der Mediation sowie Rechtsfragen von Konflikten, die für eine Mediation besonders in Betracht kommen;

2. der anwendungsorientierte Teil:

a) Einzelselbsterfahrung und Praxisseminare zur Übung in Techniken der Mediation unter Anwendung von Rollenspielen, Simulation und Reflexion;

b) Peergruppenarbeit;

c) Fallarbeit und begleitende Teilnahme an der Praxissupervision im Bereich der Mediation.

(3) Die für einen Beruf erforderliche Ausbildung und die bei dessen Ausübung typischerweise erworbene Praxis ist angemessen zu berücksichtigen (§ 10).

§ 30. Der Bundesminister für Justiz hat nach Anhörung des Beirats durch Verordnung die angemessene Vergütung für den Vorsitzenden und die Mitglieder des Ausschusses unter Bedachtnahme auf den mit deren Tätigkeit verbundenen Aufwand festzulegen.

VIII. Abschnitt. Strafbestimmungen

§ 31. (1) Wer entgegen seiner Pflicht zur Verschwiegenheit und Vertraulichkeit (§ 18) Tatsachen offenbart oder verwertet und dadurch ein berechtigtes Interesse einer Person verletzt, ist vom Gericht mit einer Freiheitsstrafe bis zu sechs Monaten oder einer Geldstrafe bis zu 360 Tagessätzen zu bestrafen.

(2) Der Täter ist nicht zu bestrafen, wenn die Offenbarung oder Verwertung nach Inhalt und Form durch ein öffentliches oder ein berechtigtes privates Interesse gerechtfertigt ist.

(3) Der Täter ist nur auf Verlangen des in seinem Interesse an Geheimhaltung Verletzten zu verfolgen.

§ 32. Sofern die Tat nicht den Tatbestand einer in die Zuständigkeit der Gerichte fallenden strafbaren Handlung bildet, begeht eine Verwaltungsübertretung und ist mit einer Geldstrafe bis zu 3 500 Euro zu bestrafen,

1. wer sich unbefugt als eingetragener Mediator bezeichnet oder eine ähnliche verwechslungsfähige Bezeichnung führt,

2. wer den Bestimmungen der §§ 15 Abs. 2, 16, 17, 19, 21 und 27 zuwiderhandelt.

IX. Abschnitt. Schluss- und Übergangsbestimmungen

§ 33. (1) Dieses Bundesgesetz tritt, sofern im Folgenden nichts anderes bestimmt ist, mit 1. Mai 2004 in Kraft.

(2) Der II. Abschnitt tritt an dem auf die Kundmachung folgenden Tag in Kraft.

(3) Der VI. Abschnitt tritt mit 1. Jänner 2004 in Kraft.

(4) Anträge nach § 11 können ab 1. März 2004 gestellt und bewilligt werden; die Eintragung in die Liste wird erst ab 1. Mai 2004 wirksam.

(5) Verordnungen auf Grund dieses Bundesgesetzes können ab dem Tag der Kundmachung erlassen werden; sie treten frühestens ab dem Tag des In-Kraft-Tretens der jeweils maßgebenden Bestimmung in Kraft.

§ 34. Wer spätestens am 30. Dezember 2004 einen Antrag auf Eintragung in die Liste der Mediatoren stellt und eine theoretische und anwendungsorientierte Ausbildung in Mediation im Gesamtausmaß von mindestens 200 Ausbildungseinheiten absolviert hat, die, wenn auch nicht umfänglich, so doch inhaltlich einer Ausbildung nach § 29 gleich zu halten ist, gilt als fachlich qualifiziert.

§ 35. (1) Die Gewerbeordnung 1994, BGBl. Nr. 194/1994, ist auf die Tätigkeit eingetragener Mediatoren nicht anzuwenden.

(2) Soweit in diesem Bundesgesetz auf Bestimmungen anderer Bundesgesetze verwiesen wird, sind diese in ihrer jeweils geltenden Fassung anzuwenden.

§ 36. Mit der Vollziehung dieses Bundesgesetzes ist der Bundesminister für Justiz betraut.

5. Berufsregeln für Mediator/Innen (Schweiz)

Beschlossen durch die Delegiertenversammlung des schweizerischen Dachverbandes für Mediation vom 22.4.08 in Kraft gesetzt per 1.7.2008

Präambel

Unter Mediation wird im Folgenden ein freiwilliges Verfahren der Konfliktbearbeitung verstanden, in dem fachlich ausgebildete Dritte (MediatorInnen) die Konfliktbeteiligten darin unterstützen, ihren Streit einvernehmlich zu lösen. Die MediatorInnen fördern als unparteiliche Dritte die Lösungserarbeitung, sind allen Beteiligten gleichermassen verpflichtet, interessenunabhängig und sorgen für einen fairen, transparenten und effizienten Ablauf der Mediation. Sie haben keine Entscheidkompetenz in der Sache.

Geltungsbereich Diese Berufsregeln gelten für alle als MediatorInnen tätigen Personen, die Mitglied einer dem SDM-FSM angeschlossenen Organisation sind oder über eine Anerkennung des SDM-FSM verfügen.

A. Die Mediatorin / Der Mediator

1. Qualifikation
Die MediatorInnen verfügen über die Fähigkeit, auf Menschen einzugehen und gleichzeitig die nötige Distanz zum Konfliktgeschehen einzuhalten. Sie respektieren unterschiedliche Wertordnungen und Weltanschauungen.

Die MediatorInnen verfügen über eine ihrer Mediationstätigkeit angemessene Ausbildung. Sie verpflichten sich zur regelmässigen Fortbildung und Reflexion der eigenen Arbeit durch Supervision und / oder Intervision.

2. Unabhängigkeit, Transparenz und Verzicht auf spätere Vertretung
Mediation setzt die Unabhängigkeit der MediatorInnen voraus. Sie sprechen mit den Beteiligten offen über mögliche Interessenkonflikte sowie über Umstände, die in deren Augen Zweifel an ihrer / seiner Unabhängigkeit und Neutralität aufkommen lassen könnten. Anschliessend entscheiden die Beteiligten, ob ein Hinderungsgrund vorliegt.

Transparenz ist eine weitere Grundvoraussetzung für Mediation. Die MediatorInnen informieren darüber, dass sie für die Konfliktbeteiligten während des laufenden Mediationsverfahrens keine weiteren Mandate übernehmen, noch nach Beendigung der Mediation in den verhandelten Angelegenheiten als Rechtsvertretung auftreten werden.

3. Unparteilichkeit und Fairness

Die MediatorInnen nehmen gegenüber den Konfliktbeteiligten eine unvoreingenommene und unparteiliche Haltung ein.

Die MediatorInnen sorgen für ein faires Verfahren und unterstützen die Konfliktbeteiligten darin, dass sie zu einer Lösung ihres Konfliktes gelangen, die von allen Beteiligten als gerecht empfunden wird. Die MediatorInnen fordern die Beteiligten auf, alle für das Mediationsverfahren wesentlichen Informationen offenzulegen.

4. Geheimhaltung und Vertraulichkeit

Das Mediationsverfahren basiert grundsätzlich auf Vertraulichkeit der darin offen gelegten Informationen. Die Konfliktbeteiligten einigen sich über den Umgang mit dieser Vertraulichkeit und die Kommunikation nach aussen.

Die MediatorInnen bewahren gegenüber Dritten Stillschweigen über die Identität der Beteiligten und über alle Inhalte der Mediation. Ist eine Person AuftraggeberIn, die nicht an der Mediation teilnimmt, ist mit den Beteiligten zu klären, ob und wie weit diese informiert wird.

Die MediatorInnen stehen keiner der am Konflikt beteiligten Personen in einem allfälligen Gerichtsprozess als Zeugin / als Zeuge zur Verfügung.

B. Mediationsverfahren

5. Mediationsvereinbarung

Beteiligte, Konfliktgegenstand, Ziele und Verfahrensregeln der Mediation sind in einer Mediationsvereinbarung festzuhalten. Es wird empfohlen, die Vereinbarung zu Beginn der Mediation schriftlich abzuschliessen. Die Mediationsvereinbarung sollte sich in der Regel über folgende Punkte aussprechen:

1. Beschreibung der Themen und der an der Mediation beteiligten Personen
2. Rolle der Mediatorin / des Mediators, der Konfliktbeteiligten und der übrigen Verfahrensbeteiligten
3. Prinzip der selbstbestimmten und eigenverantwortlichen Entscheidung der Konfliktbeteiligten
4. Unabhängigkeit und Unparteilichkeit der Mediatorin / des Mediators
5. Pflicht der Mediatorin / des Mediators zur Offenlegung von Interessenkonflikten
6. Vertraulichkeit bezüglich Inhalt und Verlauf der Mediation
7. Kosten der Mediation und deren Aufteilung
8. Recht zur jederzeitigen Beendigung der Mediation durch alle Beteiligten

9. Verzicht auf die Einleitung von rechtlichen Verfahren, bzw. deren Sistierung, falls solche bereits eingeleitet wurden.

6. Freiwilligkeit

Die Teilnahme am Mediationsverfahren ist grundsätzlich freiwillig. Vorbehalten bleiben vertragliche Verhältnisse oder Gesetzesbestimmungen, auf Grund derer die Teilnahme an einer ersten Sitzung verlangt werden kann.

Die Mediation kann sowohl von den Konfliktbeteiligten wie auch von den MediatorInnen jederzeit beendet werden.

7. Informationspflicht und Grenzen der Mediation

Die MediatorInnen prüfen zusammen mit den Beteiligten, ob Mediation der geeignete Weg ist und weisen auf deren Risiken und Grenzen hin.

Wünschen Konfliktbeteiligte, die in einem Unterordnungs- oder Abhängigkeitsverhältnis stehen, eine Mediation, so weisen die MediatorInnen vor Beginn der Mediation auf diese Ausgangslage und ihre möglichen Konsequenzen hin und vereinbaren mit den Beteiligten, wie mit den Machtpositionen umgegangen werden soll.

Die MediatorInnen sollten sich in der Regel zu folgenden Punkten äussern:

1. Unterschiede und Ähnlichkeiten zwischen Mediation und anderen Methoden der Konfliktregelung, sowie daraus fliessende Chancen und Risiken
2. Ablauf des Mediationsverfahrens
3. Bedeutung des Rechts in der Mediation
4. Möglichkeit einer anwaltlichen Beratung und Fairnesskontrolle gemäss Ziffer 8
5. Möglichkeit des Beizugs von externen Fachleuten und Klärung deren Rolle.

8. Rolle des Rechts und Fairnesskontrolle

Die getroffenen Lösungen sollen sich in erster Linie am individuellen Gerechtigkeitsgefühl der Beteiligten und ihrem Bedürfnis nach Ausgleich orientieren. Sie dürfen nicht gegen zwingende Rechtsvorschriften verstossen.

Die MediatorInnen besprechen mit den Konfliktbeteiligten die Möglichkeit, die Vereinbarung vor Unterzeichnung durch aussenstehende Fachpersonen überprüfen zu lassen.

Mit Zustimmung aller Beteiligten können RechtsvertreterInnen an Mediationssitzungen teilnehmen.

9. Gewährleistung der freien Wahl der MediatorInnen

Die MediatorInnen verpflichten sich, die freie Wahl der MediatorInnen durch die Beteiligten zu gewährleisten, soweit sie nicht durch einen Auftraggeber bestimmt werden, der selbst nicht Konfliktpartei ist.

Vereinbarungen, die die freie Wahl der MediatorInnen im Voraus ausschliessen, sind nicht zulässig.

10. Einhaltung der Berufsregeln

A. Mitglieder von Organisationen, die dem SDM-FSM angehören

Die Mitgliedsorganisationen des SDM-FSM halten alle ihre als MediatorInnen tätigen Mitglieder an, diese Berufsregeln zu respektieren.

Bei Nichtbeachtung ermahnt die Mitgliedsorganisation des SDM-FSM das betreffende Mitglied und kann es im Wiederholungsfall ausschliessen.

B. Träger des Titels „MediatorIn SDM-FSM"

Mit dem Gesuch um Anerkennung verpflichten sich die MediatorInnen schriftlich, diese Berufsregeln einzuhalten.

Auf Antrag von Personen, die Schwierigkeiten irgendwelcher Art mit laufenden oder abgeschlossenen Mediationsverfahren haben, versucht eine Ombudsstelle, zwischen den Betroffenen zu vermitteln (Art. 27 Anerkennungsreglement SDM-FSM).

Die betroffene Mediatorin / der betroffene Mediator wird über die vorgebrachten Vorwürfe informiert. Sie / er ist verpflichtet, Klienten, die mit ihrer / seiner Arbeit unzufrieden sind, auf die Ombudsstelle hinzuweisen.

Die Berechtigung zur Führung des Titels „MediatorIn SDM-FSM" kann entzogen werden, wenn trotz schriftlicher Mahnung die Berufsregeln in schwerwiegender Weise verletzt werden oder der geforderte Nachweis nach angemessener Fortbildung und / oder berufsbegleitender Supervision bzw. Intervision trotz Mahnung nicht geliefert wird (Art. 25, Abs. 2 Anerkennungsreglement SDM-FSM).

Bei schwerwiegenden Fällen von Verfehlungen einer zur Führung des Titels „MediatorIn SDM-FSM" berechtigten Person kann der Vorstand durch Mehrheitsbeschluss eine sofortige Suspendierung (vorläufiges Verbot, den Titel zu führen) aussprechen. Der definitive Entscheid obliegt der Delegiertenversammlung auf Antrag des Vorstands. Diese entscheidet mit einer Mehrheit von 2/3 der anwesenden Delegierten (Art. 25 Abs. 3 Anerkennungsreglement SDM-FSM).

6. Adressen

Bundes-Arbeitsgemeinschaft für Familien-Mediation (BAFM)
bafm-mediation@t-online.de
www.bafm-mediation.de

Bundesarbeitsgemeinschaft Täter-Opfer-Ausgleich e.V.
info@bag-toa.de
www.bag-toa.de

Bundesverband Mediation e. V. (BM)
info@bmev.de
www.bmev.de

Bundesverband Mediation in Wirtschaft und Arbeitswelt e.V. (BMWA)
info@bmwa.de
www.bmwa.de

Centrale für Mediation
cfm@mediate.de
www.centrale-fuer-mediation.de

Mediations-Zentrale München e. V.
kontakt@mediationszentrale-muenchen.de
www.mediationszentrale-muenchen.de

Österreichischer Bundesverband der Mediator/Innen
office@oebm.at
www.oebm.at

Schweizerischer Dachverband Mediation
admin@infomediation.ch
www.infomediation.ch

7. Vitae

Autoren

Dr. Gunter Schlickum, geb. 1947
– Rechtsanwalt in München mit Tätigkeitsschwerpunkt Familienrecht
– seit 1997 Mediator
– seit 2003 Schlichter für den Ausgleich e.V. (Täter–Opfer–Ausgleich)
– Vorstandstätigkeit im Ausgleich e.V.
– Sprecher der Arbeitsgemeinschaft Mediation im Münchner AnwaltVerein
  mail@schlickum.com
  www.schlickum.com
  www.mediationspraxis-muenchen.de

Eva Weiler, geb. 1955
– Rechtsanwältin in München
– seit 1998 Mediatorin (BAFM) mit Tätigkeitsschwerpunkt in den Bereichen Familienrecht, Arbeits- und Gesellschaftsrecht
– seit 1999 Schlichterin für den Ausgleich e.V. (Täter–Opfer–Ausgleich)
– Vorstandstätigkeit im Ausgleich e.V.
– mediationsanaloge Supervisorin, mit der Ausbildung von Mediatoren betraut
  evaweiler@t-online.de
  www.mediationspraxis-muenchen.de

Co-Autoren

Autorenteam der Fachstelle für Mediation der Brücke München e.V.
  Natasha Endres, Mirko Haufe, Sonja Martin, Sonja Schmid, Wolfgang Zuck
– sozialwissenschaftliches Studium
– Zusatzausbildung zum/zur Mediator/in
– sytemische Weiterbildung
  www.bruecke-muenchen.de

Beatrix Albrecht, geb. 1961
– Master of Mediation
– bis 2004 Produktmanagement und Marktforschung in einem Versicherungsunternehmen
– seit 2004 Studienleitung beim Berufsbildungswerk der Versicherungswirtschaft München, Dozentin, Coach und Mediatorin, mediationsanaloge Supervisorin
  beatrix.albrecht@bwv-online.de

Anne Backer, geb. 1960
- Rechtsanwältin in Kissing
- seit 1999 Mediatorin (Universität Hagen) mit Tätigkeitsschwerpunkt Wirtschaftsmediation
- seit 2004 systemischer Coach (Universität Hagen)
  Anne.Backer@web.de

Irmgard von Ertzdorff, geb. 1952
- seit 1976 Dipl.-Sozialpädagogin (FH),
- Schwerpunkte: gesetzliche Kinder- und Jugendhilfe, Kinderschutz nach § 8a SGB VIII
- seit 1997 Mediatorin (Ausbildung bei IMS, Poing)
- seit 2000 Ehe-, Familien- und Lebensberaterin (EFL) bei einer Eheberatungsstelle
- seit 2002 Trainerin für Paarkommunikation (Ausbildung beim Institut für Forschung und Ausbildung in Kommunikationstherapie, Rückertstr. 9, 80336 München)
- seit 2006 Ausbildung in systemische Paartherapie (bei Dr. Martin Schmidt, Uni München)
- seit 2009 Trainerin des Programms "Kinder im Blick" (KIB), entwickelt von der Uni München und dem Familiennotruf München
- 2011 Weiterbildung zur Fachkraft gemäß § 8a SGB VIII
  irmgard.vonertzdorff@muenchen.de

Günter Herold, geb. 1961
- Diplom-Betriebswirt (FH)
- seit 1985 selbstständig als beratender Betriebswirt mit Schwerpunkten Marketing, Organisation und Controlling, vor allem in Non-Profit-Organisationen
- Trainer in gewaltfreier Kommunikation nach Dr. Marshall Rosenberg
- mehr als 12 Jahre Training (Studium und Praxis) in Mediation und Mitgefühl
- seit 1998 Trainer und Konfliktbegleiter in beruflichen und privaten Beziehungen sowie in innerbetrieblichen Fortbildungen, eigene Seminare und Mediationen
  dialog@heroldg.de

Dr. Elisabeth Kurzweil, geb. 1957
- Direktorin des AG Wolfratshausen
- seit 2004 Wirtschaftsmediatorin (CVM)
- seit 2005 Güterichterin beim Modellprojekt „gerichtsinterne Mediation" des Freistaats Bayern

– seit 2005 Lehrbeauftragte an der Friedrich-Alexander-Universität Erlangen-Nürnberg für die Vermittlung der Schlüsselqualifikationen Kommunikation und Verhandlungsmanagement.
– Seit 2008 Ausbilderin von Richtermediatoren im OLG-Bezirk München
elisabeth.kurzweil@ag-wor.bayern.de

Dr. Hans-Uwe Neuenhahn, geb. 1942
– Langjährige Industrieerfahrung – zuletzt als Geschäftsführer eines Energieversorgungsunternehmens
– Seit 1998 Rechtsanwalt und Mediator mit Schwerpunkten Verhandlungsmanagement und Wirtschaftsmediation
– Off-Counsel von HEUSSEN-Rechtsanwaltsgesellschaft
– Stv. Vorstandsvorsitzender des Europäischen Instituts für Conflict-Management e.V. (Eucon)
– Gründer des AK Außergerichtliche Konfliktlösungen bei der RAK München
– Lehrbeauftragter für Konfliktmanagement der Universität Jena
dr.hans-uwe.neuenhahn@muenchen-mail.de
www.drneuenhahn.de

Simone Pöhlmann, geb. 1941
– 1993–1996 Ausbildung bei ICOM Bonn (200 Stunden) und bei namhaften Mediatoren wie Gary Friedman, Jack Himmelstein und John Haynes
– 1999 Seminar bei Dr. Davenport USA „Mediation in der Schule"
– 2001 Seminar beim NCRC San Diego Mediationszentrum
– 2001 Seminar zum Thema Mobbing/Dagmar Cordes
– 2003 Anerkennung als Mediatorin durch den Bundesverband Mediation (BM)
– 2005 Anerkennung als Ausbilderin durch den Bundesverband Mediation
– 2005 Aufnahme in die Mediatorenliste der Rechtsanwaltskammer München
streitschule@aol.com

Angela Roethe, geb. 1946
– Journalistin mit Schwerpunkt Psychologie und Lebenshilfe
– seit 1998 Ausbilderin an der STREITSCHULE
– seit 1999 Ausbildung zur Mediatorin am National Conflict Resolution Center in San Diego, USA
– seit 2000 selbständige Mediatorin in München und am NCRC, San Diego
– seit 2005 Lehrbeauftragte an der Otto-von-Guericke-Universität in Magdeburg

– seit 2006 Ausbilderanerkennung BM, Ausbilderin an der Akademie für Mediation und Ausbildung in München und am NCRC in San Diego
– seit 2010 Ausbilderanerkennung des SAV (Schweizerischer Anwaltsverband)
www.angela-roethe.de

Dr. Bernhard Schneider, geb. 1957
– Richter am Bundesgerichtshof
– seit 2004 Wirtschaftsmediator (CVM) und Güterichter beim Modellprojekt „gerichtsinterne Mediation" des Freistaats Bayern
– Ausbilder von Rechtsreferendaren zu Wirtschaftsmediatoren
– Referent in Seminaren für Kommunikation und Rhetorik
– Seit 2008 Ausbilder von Richtermediatoren im OLG-Bezirk München
bernhard.schneider@olg-m.bayern.de

Sachverzeichnis

(Die Zahlen beziehen sich auf die jeweiligen Seiten.)